U0903006

荊楚文庫編纂出版委員會
武漢出版社

小　说

邂　　逅[1]

一説，業已十九年了，我在一個隊伍裹頭“行軍”。

大概是九十月間，南邊的天氣還熱得怕人。太陽就像一團火在人頭上烤，不過并没把人烤乾、烤焦，倒越烤越濕——水淋淋的，像在洗澡一樣。

前不久，我在廣州失了業，正是上天無路入地無門的時候，偶然碰見一個人，叫我跟他到厦門中學去賣粉條。可是一上船，那人就帶着我朝官艙裹跑；在官艙裹，那人跟一個軍官模樣的人講話。看那樣子，明明是約好了的路伴。經過介紹，我曉得那位軍官模樣的人就是連報上也常常看見名字的某某軍總指揮。我一點也没覺得希奇——那時候，青年們個個都很“革命”，軍官們個個都肯“接近青年”，我的朋友認識個把總指揮，甚至跟總指揮約好一路走，實在算不得什麼一回事。

船開了之後，朋友很客氣地跟我説，厦門中學因爲時局關係，怕不容易開學，現在跟那位總指揮商量好了，請我到他的部隊裹去辦黨。一個失業的人，同時就是個萬能的人，還有什麼不能幹的事麼？顧客已經看好了貨，覺得要是拿我去辦黨，該不會很推盤；作算我説不會辦黨，也未必就可以推脱；就算推得脱，於我又有什麼好處呢，我不是正在找一個“工作”麼？我没推辭，可有點兒不高興：我覺得我的朋友在騙我，什麼厦門中學賣粉條，什麼時局影響，原都是一片鬼話。其實，他早説要我到軍隊裹去辦黨，我未見得就不去，何必多玩這麼一個圈套呢？關於這，一直到現在，我還想不明白。

忘記了那時候我算過命或者看過相没有；我衹相信雖説有人給我找

---

① 編者注：本篇又題作《一根棍子》。

好了一個差事帶我去做，我却還一點也没交到好運。瞧，我們第一天到了駐扎地，第二天隔了一天，第三天一清早，晴天一個炸雷：開拔！説是什麽地方的叛兵排山倒海地向我們壓迫來了，我們要退到廣州去。好幾天以來計劃着的辦黨的事抛到九霄雲外，不消説得，我在部隊裏簡直連一個臨時出入證都還未弄到手咧！

這樣，我，一個穿着便服，没有職位的人，就夾在這翻翻滚滚的穿灰色軍裝的人們中間，“行軍”起來。

“行軍”，是弟兄們的事；至於官長，那是應該叫做“坐軍”的。總指揮什麽的，何消説，四名長伕，一頂凉轎；就是中下級官佐們，也至少可以幾個人合夥，親自到街上去招兩名伕，找一根杠子，臨時綁上一塊板子什麽的來换班地坐。我雖説没有職位，從有人找我合夥這樁事看來，很可以驕傲自己是屬於官佐這一方面的。

開拔是現説起的，連弟兄們也措手不及，老百姓自然更没有準備。身上披的是老虎皮，手裏拿的槍，一聲吆喝，到街上去招兩名伕，决不是樁難事。祇是通心杠子上綁的一塊板子，縱然那板子上還墊上一床軍毯或軍裝什麽的，一望就曉得坐起來不很舒服。兩隻脚騰空吊起，不到五分鐘就會麻得不是自己的了；頭上的太陽祇有比走的時候曬得還要熱，還要疼；并且剛開始坐，縱然伕子不敢作弄你，自己也會害怕翻下來栽斤斗。我對於那自己有幾分之幾的權利的“轎子”，没感到多大的興趣。一直到自己把自己拖都拖不動了，想到祇要有個東西坐坐都好的時候，纔佩服我的夥伴們真有點先見之明。

可是一個還没有交好運的人，是連坐一根通心杠子的福分也不許長享的。正是我輪班坐着的時候，合夥的人不曉得是上了前還是落了後，離我跟我的伕子都有相當遠了。忽然，前頭那個伕子説：

“官長，我要小便。”

他曉得我不會因爲他要小便就跳下杠子，説着，就向路邊讓了一讓，讓那在後頭走的人好上前去；於是，停了脚，略爲轉了一轉身，一隻手扶着杠子，一隻手去解褲子，打算就那樣掏出管小便的東西來。可是後頭那個也在咕嚕咕嚕，像是也説要解溲。我坐在杠子上説：

“你也小便好咯。”

“不，官長，我……我……大便!”

“什麽話?”我曉得他一定是在扯謊。

“真真……老爺……我我……”

聽那聲音，他像是要哭了。前頭那個正在小便的也替他求情。雖説我并没説什麽，他們甚至都像在發誓，表示决不逃跑。還説前後都是我的人，要是怎麽的話，誰都可以把他們趕回來，打，殺。我懂得，形勢鬧得那麽嚴重就不是好消息；可是我没法子證明人家要大便一定是假，也没有法子叫他堵住大便。我衹能嚇唬他們，要他們走。没走到半步，那要大便的傢伙，在後頭像真的哭起來了。没法，叫他們把杠子弄低一點，讓我下來。

脚一落地，我的娘，從脚板心到膝頭，就像兩根木頭；不，是木頭還好點，又酸又麻，簡直站不穩，也伸不長腰，兩隻手放在膝頭上，幫助腿子支持着我的身體。就在這時候，那兩個傢伙，把杠子一丢，分做兩頭，飛一樣地朝兩邊没有路的荒場子裏跑了。

就是能趕，也趕得這個，趕不得那個，何况我的腿子還動都不能動。没法，我望望這邊，又望望那邊，望着兩個越跑越遠越跑越小的背影子乾喊：

“不要跑。”

他們曉得我手裏并没有槍。

我又氣又急，把横在路上的杠子向旁邊踢了一脚，意思是想出一出悶氣。後路趕上來的灰東西們還毫無同情地哈哈大笑。他們用那很難堪的譏笑的態度對我説：

“把杠子扛起來呀，前頭還招得到伕的。”

不但自己後悔，還要受譏笑，後來還受合夥的人的埋怨。我總以爲老百姓是很老實的，嘿，誰知……

天是這樣熱，路是這樣遠，又不是上坡就是下嶺的。我背着我的皮鞋跟西裝上衣，拖着身上的幾根骨頭跟一雙穿着草鞋的脚，在這灰色軍裝的波浪裏，在這一丈多高的灰土裏，不由自主地踏那像永遠也踏不完的滚熱的路，回想起住在司後街的小客棧裏盼望什麽機關招考録事的滋味，簡直像天堂一樣地可愛了。

我也幹過一陣子軍隊。在軍隊裏我最最怕的是開差。無窮無盡的路，不知多麽高多麽陡的山。要不是開差，誰也不會想到世界上會有這麽多的山，世界上的山會這麽難爬的。人排成一陣長的單行，前頭看不見頭子，後頭也望不見尾子。剛剛比你快一步的人在前頭，他擋住你，要快一步也不行；剛剛比你慢一步的人在後頭，他催着你，要慢一步也不行。你衹有機械地邁着你那沉重的脚步。要是平路，自然是謝天謝地。就是上山，也不見得怎麽難。因爲上山的時候，眼前看的斜坡，斜坡離眼睛有時候不過一二尺遠，看不出有什麽可怕。作算一跤吧，鼻子跟地的距離也近些，不見得就有大的損傷。衹有下山情形完全不同：朝前一望，眼前是這無窮的世界；朝下一望，脚下是幾十幾百丈的陡坡，人就會覺得自己的身子特别長，頭跟脚隔得特别遠，脚踏在什麽地方特别没有把憑。一不小心，撲龍通，不消説，還要骨溜溜地朝下滚，説不定滚得連自己都找不着自己。并且你是在一條長的行列的中間，前頭跟後頭，不，頭上跟脚下，全是别人。自己跌倒不打緊，一定會把走在前頭的人，一個撞一個地一齊撞倒，一直撞到平地爲止。不但擔心自己撞倒前頭的人，還怕後頭的人不小心直撞倒自己。作算這種擔心都是多餘吧，人到了這種境界，可就不能没有這種擔心。

我是這樣怕開差，怕走路，纔離開軍隊的；誰知現在又跑到軍隊裏來了，一來，又是開差！唉！

在一個山坡裏，不知怎麽一來，我跟那位介紹我來幹這樁好差事的朋友走在一塊兒了。他走得蠻帶勁。

“你也在走麽?”我問。

“不，我跟一個營長换坐一頂轎子，現在該我走一截。”

他爬山，爬得很快，我簡直趕不上。

這傢伙真行，我想。他跟我一樣瘦，弱，爲什麽這麽能走路呢？究竟是在跟別人换班坐轎子的人，走一點路，不算什麽。我不該讓我的伕子逃走的。他走得快，我羡慕他，對他留神。很快我就看出他走得起勁，還有别的原因：他手裏拄着一根棍子。

有一根棍子，一步一拄，一步一拄，人就像多了一隻脚，身上像減輕了一截擔子。

我恍然大悟：我從前之所以怕開差，現在之所以走不動，至少有一部分理由，是因爲我没拄棍子。

要是我現在有一根棍子該多好哇。

在廣州的時候，我用一塊五角錢買過一根很講究的手杖，又好看，又結實，可惜走的時候，送給朋友做了臨别紀念了。要是帶在身邊……

看見别人拄着棍子，自己越是覺得拖都拖不動了。

我羡慕他的棍子，不妒嫉，我心裏打主意，口裏很和悦或者説很諂媚地跟他説：

“走不多遠，你又要坐轎子了吧？”

“對了，”他看了看手上的錶，“還有一刻多鐘。”

“那麽，坐轎子的時候，我可以幫你把這根棍子拿起麽？”

“棍子？”

他轉頭來在我身上打量了一下，那眼睛像在表示我的提議可笑；不過口裏却没有説什麽。

我有點慚愧。馬上可就没有什麽了。在他坐轎子的時候借用一下，像并不怎麽過分，我又説得那麽客氣。

走了那麽一個十幾步，我忍不住又説：

“你再走的時候，一定還給你呀。”

“本來是，不過這麽多的人，我會跟你走脱伴的。這種時候，你還是自己找一根吧。一根棍了，其實……”

他完全拒絶我了。

這回我一點也不覺得慚愧，衹覺得受了一點侮辱：他太不相信人了！

他真是個自私自利的傢伙！

本來走不動，又故意落後了幾步，我不情願跟他走在一塊兒。不過我想有一根棍子。隨便什麽人我都注意，看他手裏有棍子没有。要是有，有時簡直想奪或者騙！

走了兩天，過了兩個縣城跟好幾個鎮市。隨在什麽地方，都衹看見灰色軍裝，一個老百姓都没有，滿街都是關門閉户的。并且隨在什麽地方，都像洗過了的一樣，光光的，什麽也没有。我簡直連一根棍子都找不到手。

忘記了是第幾天，我真走得狼狽極了。一隻脚板裏起了一個泡；另外一隻呢，起了兩個。一走一顛，一走一拐，就像裹的一雙小脚。身上的襯衣褲子，穿得烏黑，一陣汗臭，并且濕得滴水，這且不説；就是在背上的西裝上衣，也變成剛從缸裏拿出來的鹽菜了。

太陽當頂，我正從一個山坡裏下來。在半山腰裏一望，不知道頭子走到哪裏去了；彎彎曲曲，零零落落，好長的一陣灰色的螞蟻隊！

一路走，一路看，一路想些不相干的什麽，不知不覺就下了山坡。忽然迎面來了一個人，忽然在我的左前方站住了。我正要留神的時候，他嚮我一個敬禮！

我本能地舉了一下手，略爲停了一下步，抬起眼睛來看他：軍帽，軍裝，皮帶，裹腿，草鞋，一望就曉得是這隊伍裏的一個弟兄。爲什麽不朝前走，倒朝我這面而走來呢？又爲什麽要跟我敬禮呢？

看看他的臉：一臉汗跟泥，格外顯得黑得放光。粗眉毛，細眼睛，塌鼻子，翻起的厚的上嘴唇，大，可有點歪的嘴，配在那兩個大顴骨，上尖下瘦，像橄欖什麽的臉上。這是隊伍裏一個頂普通的面孔。面孔上還帶着一點傻笑。

我不認得他。

“先生……”

他看見我要走，就湊攏來，跟着我，挨着我的左手前面没有好遠地側着身子慢慢地走。他跟我説話，可又不知稱呼什麽的好。

“可不是您哪，先生!”

他説，像是北方話，可帶着一點“扶南鼊沙”口音，聽到蠻彆扭的。可是那態度跟他的身分，面孔，口音，或服裝都簡直不相稱，女人一樣地柔和、委婉、卑怯。一開口，臉上的傻笑格外清楚，嘴格外歪，眼睛格外細，眼睛角上挂的紋道皺起來像一把掃帚什麼的。

我可真想不起在什麼地方會過他。我偷偷地看他的徽章：“一等兵王德……”還有一個字在口袋裏，看不見。我可業已猜着了，一定是“王德勝”一個頂普通的名字。我要是當兵的時候，作興也會叫“×德勝”的。

“我曉得您啦不認得我，我可……”

我看出他跟别個弟兄不同的地方來了：他没背槍，身上也没繫子彈帶，手裏却拿着一根粗棍子。嘿，這傢伙，他有一根棍子！我心裏在打這根棍子的主意，雖説我并不歡迎他跟我講話，也就裝得蠻願意的。

後頭走的好幾個人都上了前，我不能常常走得太慢，把脚步放快了一點兒；他也放快了脚步，跟我并着走。

“我是第三連……我聽您啦説過道。”

“説過道”？剛聽見，還不知他説的什麼。腦筋裏轉了一個彎，哦，原來……

提起來真是一樁很可得意的事。甚至是一生裏頂得意的事。剛到隊伍裏來的第二天，他們叫我到第一營去演説過一回。一個大禮堂，坐着四五百個弟兄，一聲“立正”，都站起來，連長們都跟我敬禮，值星官向我“報告”……可是我完全不曉得講了些什麼。人家説，“秀才碰到兵，有理説不清”，因爲兵們無知識，又蠻不講理，縱然有什麼好話，也是對牛彈琴；我對兵們講話，原衹是奉行故事，没有指望他們聽得懂或懂了還對我表示什麼的。現在，這位弟兄，真是失敬得很，他公然因爲聽了我講了一回話，就對我客氣起來，莫非他倒聽進去了麼？莫非還使他發生興趣了麼？這真是一樁叫人高興的事。當然，無論什麼人説喜歡聽我講話，説我講得好，我都是高興的；這位“有理説不清”的丘八，表示我講的話不錯，我可格外高興，因爲説服了一個不容易説服的人，常常是比説服了十個容易説服的人還要有意思些。我心裏快活極了，馬上跟他談起話來；問他覺得我講的話怎樣，問别的弟兄們覺得怎樣。誰知，嘿，一問倒問出禍來了，這傢伙像巴不得有人跟他叙叙家常，他自己早已安置了好多話，你一提他就像你是他的幾十年的老朋友，東一句，西一句，驢長馬短地打開了話匣子。我碰到一位“説客”了。

他扯起袖子來揩了一把臉上的汗，告訴我説弟兄們對我那回講的有些什麽意見，對我的職務也有些怎樣的猜想。他一路説，一路盡朝我身上從上到下從下到上地瞅，像要從我身上找出什麽東西。在他的眼睛裏，我知道我是副怎樣的神氣。本來在廣州餓瘦了的臉，現在經太陽一烤，大概跟黑鍋巴什麽的差不多了；窩下去幾深的眼眶，兩個大顴骨，一個尖下巴子，蓋在一頂舊草帽底下，叫黑汗把一點青春的脚印子都洗得無影無踪了。身上是一層條子花的襯衫，已經有五六天没换；不消説没有打領帶什麽的，那是一團糟地窩在跟皮鞋一道兒背在背上的衣服口袋裏。垢渣跟汗水把襯衫吸住，叫它成了我身上的一層外皮。從這透濕的外皮上可以看見身上的一根根的肋骨。脚裏，雖説穿的草鞋，可是跟穿的鐵鞋一樣叫我邁不開步；我衹能有一步没一步地朝前拖，一路拖一路喘着大氣……

我這副尊容，大概有點什麽叫這位“説客”注意上了，因爲他忽然問：

“您啦就這麽在走麽？您啦怎不……您啦身體……您啦一定吃不來這虧，瞧您啦這樣子……這遠的路，天又熱……真是！哪個官長不……”

聽倒蠻好聽，可是廢話不？有轎子坐還怕不好？我現在是連一根棍子——對了，這傢伙手裏不是有一根粗棍子麽？不過我當然不能對他講什麽，我衹説年輕人吃點虧也不算一回事，能够走，何必坐轎子？大家不都在走麽？

“是的是的……”他説，“‘年輕人……大家……’這是一句好話，我聽見過，可衹有您啦……您，啦，唉真是！他們還説您啦……您，啦，說得到做得到……”

他像蠻感動，蠻佩服。我暗暗好笑。不知把那伕子逃跑了的事告訴他，他會說什麽。當然我不會告訴他，我正在説些“與士卒同甘苦”的套頭。

“不過——”他說，“一個弟兄那又……一個弟兄，我說……要借錢，挨罵，看臉嘴，没有！”

他的話很叫我吃驚，莫非他喝醉了酒麽？爲什麽講出這些話來呢？爲什麽對一個陌生人講呢？我不好插什麽嘴，口裏隨便咕嚕咕嚕，大概是這時候常常有人說的“革命理論”一路的話。

“是，您啦說得對，我相信。如今，營盤裏常常有什麽主任，什麽代表來講道，有時候成天站隊，上講堂……，不過您啦說得好，您啦說得我懂得，您啦……，我相信。那些隨便的官長，那些不知從哪裏來的學生，說起道來也蠻是個派頭……”

他簡直是當面駡人！我漸漸不情願他跟我一路走了。想支開他，又放不下他手裏的那根棍子；說叫他送給我吧，總像不好開得口。我本來走得很吃虧，就格外裝得吃虧的樣子，讓他自己看不過眼，或者會自動地……

他一點也不覺得我在打他的主意，還是不住地說，口裏涎沫子直噴。他說以前對我不起，以爲我也跟别個賣狗皮膏藥的一樣，衹會說空話，說假話；現在看見我這樣子，曉得我不是騙人的人，好人；所以不知不覺地親近我，放肆地跟我說話。

他跟我怕走了這麽半里多遠，就說了半里多的話，差不多全是他在說。天熱，人累，又要跟他嘮叨，心裏真有點煩躁。算了吧，棍子不用想了，怎麽打發他滾蛋呢？我想起他先不是朝後頭那方面奔的麽？我就問他是不是有事要到後頭去，他說是，他在連上傳令，因爲要跑快點，連槍也没背。我很有理由地催他走，怕耽擱了他的事；他還像蠻捨不得的樣子。要走了，又朝我身上瞅了一陣，眉頭一蹙，像有什麽要說又不好意思開口，可也低聲地說了：

“您啦有錢麼?”

是的，是這麼一句話，我聽得清清楚楚。這是什麼意思呢? 莫非我没有打上他的主意，他倒打起我的主意來了麼? 剛纔訴過一回苦，不是隨便的。看見我年紀輕，容易對付，我又“講過道”，是個好人，所以……

我裝着没聽懂他的話。

“嘿嘿!”他笑，“我問您啦帶得有錢没有?”

我本有幾塊錢，可是敲竹杠是不情願拿出來的。這是怎麼回事呢，頭回見面，説過幾句話就……，我説我一個錢也没有。我相信這時候我的面孔一定板得很難看。

“真的麼，先生? 開差的時候不是發過……瞧，這麼遠的路，口乾肚子餓……”

這説法又像没有什麼野心。不過也説不定，作興他在使點小手腕，想逼出我的話來。我説我剛到，還没有就事，帶的錢又用完了。真奇怪，爲什麼要扯謊，難道我怕他麼?

扯謊的結果是完全没預料到的。這傢伙，這傳令兵，這傻子，這名叫“王德勝”的，您説他怎麽的? 他，臉上一點笑意都没有了，很難過的樣子。

“先生，您啦真是個好人，您啦……我早就看出……”

一路説，一路把一隻手伸進口袋裏摸。

“小意思，先生，我借……您啦……我情願借……瞧，還遠的咧……”

他口裏不知在説什麼，手掏出來，拿着的怕有四五個雙毫子要遞給我。天咯，這是怎麼回事啊! 我完全誤會他的意思了! 又是慚愧，又是感激，不知怎麼，連鼻子都像有點酸了。他是個“弟兄”，我是個“先生”，可是這時候，我簡直什麼也不是；他呢，他是無限量的個大人。他把他自己都忘記了，怎麼苦，怎麼窮，怎麼危險，全不算回事；可不情願别人，一個不相干的人，一個賣狗皮膏藥的人，受到跟他一樣的貧苦。

瞧，他憐惜我，要救濟我，我可一點兒也不懂得，還疑惑他，以爲他在打我的主意。跟他一比，我太太、太不成了，地下有縫麼，我情願鑽進去！

我推辭。他格外凑攏來，再三地要栽給我；口裏説着很多不很好懂的話，那意思像是説我要了他的錢，决不算什麽，他也决不告訴别人。瞧，快點咯，免得叫後頭來的人看見了！并且，他的聲音説得這麽低！

要説明我不消他這筆錢也可以走路真不容易！當然，我没有勇氣説我身上有錢，好像一説出剛纔我對他扯了謊，他就會打我兩嘴巴；我衹得扯謊一直扯下去。我説前面不多遠，有我一個朋友，他身上有錢；錢是他的，也可以説是我的。我們向來不分彼此。同時，我還加重聲明：不接受他的錢，衹是因爲不消得，并没有一點旁的意思。

“真的麽，先生？我相信您啦。不是扯謊的吧？那末，當然，這算什麽一回事呢！好，我們再見。”

他又敬了一個禮，這回敬禮手舉到半途裏就放下來了，因爲手裏還捏着那幾個毫子。他臉上又是傻笑了一下，就轉身向後頭那邊走了。我一路走，一路掉轉頭去望他。在人空裏，我望見了他的寬的背。多麽可愛的一個背喲！呸，我配説愛他麽？

不知是第幾回掉過頭去，不但那寬的背，還看見了他手裏的那根粗棍子。呃，真是錯過了好機會！怎忘了向他要那根棍子呢？看那樣子，衹要我稍爲表示一下，他一定會心服情願地送給我的。現在，可惜他走遠了！

可是馬上我又自己罵自己：究竟還有點人氣没有呢？

末一回掉轉頭去，看不見那寬的背了；衹見好多朝前面走來的面孔。我以爲他業已走遠了，誰知剛扭回頭來的時候，他又趕回來喊我：

“先生，先生！”

我完全不曉得他爲什麽又跑回來。

“我忘記了！”他説，“真是！您啦不是走得很吃虧麽？我，我不能……這根棍子，瞧，拄起蠻好的，送給您啦。它，它……”

啊啊！簡直像在做夢一樣！我一句話都不能説，也忘記了那時候究竟還説了些什麽話；衹記得最後我接受了他的棍子，拄着那根棍子，我比較省力地走到了廣州。

在路上我常常想着他，玩味他的話跟説話的神氣。我後悔没收下他的錢，辜負了他的好意。我不要他的錢，固然也是因爲不需要；最大的原因恐怕還是因爲他是弟兄，我是“先生”，彼此不是平等的朋友！我覺得他跟我隔得很遠，簡直像隔着一架山！我要打破這種隔閡！到了廣州，一定要去找他玩，跟他做個朋友。唉！誰料得到呢，一到廣州，我就因爲别的機會，離開那隊伍了！

以後，以後我永遠没再碰見他。

一九三五，四，一九，上海

走　掉

一

縣農會門口的大場子裏。

人的海。幾萬頂各式各樣的帽子在動，像波浪。幾萬枝各種顏色的紙旗在摇，像波浪。幾萬個人説話的聲音在響，像波浪。幾萬個人的心，幾萬個人的熱情，在起落，在奔騰，像波浪。人的海！

農民、工人、商人、學生、教職員、婦女，各種人民團體，在各式各樣的大旗底下站着。

“打倒……”，“擁護……”，“……萬歲”，“工農商學兵聯合起來”，“紀念五一……”，各式各樣的標語，寫在大幅的白竹布做成的旗子上，高高地舉到半天裏風吹得呼呼地響。黑影子落在許多人頭上，没有戴帽子的就在這傘底下躲太陽。

農會跟農民武裝隊的標語頂大，寫得頂好；都是斗大的字，端端正正。有的是“張遷碑”，有的是“錢南園”，墨又黑布又白，太陽一照，風一飄，格外好看。

“寫得真不錯！”

兩個武裝的年輕人在人空裏穿來穿去地看這樣看那樣。

“麥其佳！”一個身體强健的喊那瘦長的有點漂亮的年輕人，向他翹了翹大拇指。

麥其佳穿的嶄新的軍裝，繫的斜皮帶，皮鞋，皮裹腿，都是新的，擦得放光。他抬起頭，挺起胸，走着很匀整的步子。聽見他的老同學現在又在一塊兒做事的班卓稱贊他，心裏暗暗得意。

一張傳單遞到班卓手裏："告農民書"，一張傳單遞到麥其佳手裏："各界聯合宣言"。班卓瞟了麥其佳一眼，麥其佳用眼睛角笑了一下。

"這種文章，"班卓說，"不虧你，不過，快，多……"

"没有意思！"麥其佳把傳單向地下一摔。

演講臺上一個人拿着擴音器向大家喊：

"講完了，現在出發，照預定的秩序！"

人的海，掀起大的浪濤，漸漸地、漸漸地變成人的河。人的河，彎彎曲曲地，浩浩蕩蕩地向大街流去。

洋鼓、洋號的聲音，笛子、喇叭的聲音，鑼鼓、十樣景的聲音，"打倒"、"擁護"、"萬歲"、"紀念"的聲音。

街上挨門抵户擠滿了男男女女，老老少少看熱鬧的人。

各種各樣的大旗，各種各樣的小旗，各種各樣的標語傳單在街上飛滚。

"青的山，緑的田，燦爛的山河，

美的衣，鮮的食，玲瓏的樓閣"；

"打倒列强！打倒列强！除軍閥！除軍閥！"

麥其佳高興極了。這樣一個大的游行，他自己是個重要的角色。這浩大的人的河流裏，有他這些時以來的心血，工作的表現；看見那些大字標語像帆船一樣在河流當中，看見那些傳單像蝗蟲在河岸上飛，他滿足了；像一個賠了很多血汗的農夫，看見自己的田發了青。

他跟班卓一路跟在農民武裝隊的後頭走。

太陽高高地曬在頭上，雖説四月還衹剛剛過完，這靠近南海的天氣，穿單衣已經覺得像火一樣烤人了。

麥其佳渾身都是汗，但他很興奮，一點也不覺得。後頭是婦女的行列。

婦女們一路喊口號，唱歌，一路拉拉扯扯，嘻嘻哈哈地。

"麥其佳走快點呀！"班卓説。

"我不行了，讓我慢慢來。"他落後了幾步。

他走在婦女們的旁邊。

抬起頭，挺起胸，邁着正步一樣的步子。

“打倒列强！”他扯起旗子來唱歌，喊口號，口袋裏搜出雪白的手巾來擦額角。

他斜起眼睛來看婦女的行列。如果那行列中有一個人朝他一望，他又馬上收回眼風，望着前頭。

他邁着快活的脚步。

二

東征軍大隊在短期間剋復了很多地方，超速度地追擊着他的敵人。總預備隊××第二期學生軍，在後頭簡直趕都趕不上隊伍。

白天裏連天連地走路爬山，夜晚連夜連夜地放步哨。學生軍據説還没有參加戰綫，這趟差事也不很便當。

一枝槍，兩百發子彈，一個背包，兩床毯子跟别的東西，背在背上。走呀走呀，太陽曬在頭上，麥其佳已經不存在了。

誰都不存在了。這隊伍就像一整個東西，蛇、龍等或别的什麽，在曠野在山林裏，東一扭西一扭地爬。

“走呀，麥其佳！”

“是在走呀，朋友！”麥其佳聳了一聳肩，背上背的東西鬆動了一下，他覺得舒服。啊，要是休息五分鐘喲！

就像一個大力士在背後抓住他的領子説：

“不許你走！”

然而，他要的，一動一身汗。多熱的天氣喲，怕走了一百里了！

兩扇城門開着。一扇門上有一張布告，一張是敵人的，未撕掉；一張是自己這邊的，糨糊還未乾。

敵人説：他們是軍閥，刮地皮，害百姓，該打倒！

自己的説：敵人該打倒，刮地皮，害百姓，是軍閥！

兩張布告的意思一樣，話也一樣，衹有出布告的官銜不同。

這兩張告示抓住了麥其佳。

“走呀，麥其佳！”

“是在走呀，朋友！”麥其佳聳了聳背上的東西。

一頂轎子走上前去了，許多人吼起來。

“誰，坐轎子！總隊長吧，他媽的，拖下來。”

“不是，小余有病。”

啊哈！小余？坐轎子，好舒服！許多人羨慕。

“有病？”麥其佳想，“這小子真聰明！”

第二天早晨，隊伍快出發了。

麥其佳一副苦悶的臉。他的背疼；他的頭就像有一千斤。提一提背包，提不動；拿一拿槍，拿不動。

“報告隊長，我我……”

“你，你怎樣？你又病了？”

“不是開玩笑，真正……”

“不行！有病也不行，這是什麽時候！”

“隊長！”麥其佳請求他，“我有病，有病不算錯呀！又不要坐轎子，又不要騎馬，衹找一個人背背東西！”

“背東西？這時候，哪裏找人去，各人知點趣。”

麥其佳不是個不肯吃虧的人，雖説有病，如果隊長好好地説，態度親切點，他也許就背起東西走的吧。然而，隊長的話太硬了，麥其佳又是個富於反抗性的！

“那，隊長太那個了！”麥其佳臉上像潑了血的，他横了心。“好！槍也在這裏，子彈也在這裏，背包……繳還隊長，隨隊長把我怎樣。我走不動，我有甚辦法呢？我願意生病麽？”

隊長報告總隊長，總隊長皺了眉頭，喊麥其佳。

麥其佳一副苦悶的臉。身子歪歪倒倒，站也站不穩。

“看你這樣子！”總隊長説，“隊長，今天要到逸水吧？聽説那裏新成立農民武裝隊，正要人做事！送他到那邊去吧。跟着也麻煩!”

麥其佳感到一點羞辱。然而，很順從地接受了。

第三天晚上，他離開了這正在行軍的隊伍。

三

“親愛的先生:”

麥其佳在一隻洋蠟燭燈下寫信。在三個多月的行軍生活中，他没有想起誰，没有給誰寫信。他不得意的時候，連他的母親，惟一的親人，他也懶給寫信的。

時間已經很晚了，各個教官們的寢室都熄了燈。麥其佳的桌上還亂七八糟地堆滿了很多東西：從城裏運來的宣傳品紅格十行紙，批好了的標語稿子，未寫完的傳單……

他有好多工作要做，好多文章要寫。來了兩個多星期，除了頭一兩天，差不多都很忙。每天很遲纔睡，很早就要起來。

然而他很高興。他覺得開始了一種新的生活。這裏的人，都是這樣年輕，這樣活潑，這樣忠實、勇敢，差不多是從前没有看見過的。并且，他們都很敬重他。好多工作，都説非他做不可。那末，就算忙一點又有什麽要緊呢?

這夜間，他一路提起筆寫文章，一路很興奮，很愉快，覺得自己正蓬勃着無限的熱情。他恨不得跟誰痛快地談一場話，教别人也知道他現在是怎樣地舒服。然而，眼前没有人，他就想起故鄉的一個鍾愛他幫助過他的先生來。他把未完的稿子推在一邊，拿出紙來就給先生寫信。

爲了寫信，他回憶那剛到這裏的時候。

天黑了一會兒，他拿着一封總隊長的介紹信，在街上一路問到農民武裝隊門口。在門房那兒，正要説明自己的來意，一個軍官從黑處走來，突然在他的背上一拍:

“阿阿，是你麽”?

回頭一看，馬上就認出那是一個老同學班卓。

他們很快活地握手，很快活地一路進去，到班卓房裏。

班卓是第一期學生，在中學時候就跟他同班。如果麥其佳有一個好朋友，那就是班卓。因爲，雖說他不很看得起班卓，班卓却事事讓他幫助他。在功課上，班卓看出他是個有才氣的人。

想不到在這裏碰見。

一路説着許多在省城分手以後的話，麥其佳一路留心看班卓這傢伙，好像越發結實了。胸膊脯子挺得高高地，渾身都是勁，一對拳頭又粗又大。天生的一個軍人胚子，可惜頭腦簡單一點。現在，居然是個軍官了，斜皮帶，皮裹腿什麽的，都蠻整齊，比自己的這一身長滿了虱子，又臭又髒的丘八大老爺的衣服，真是好得遠了。突然，班卓的左邊上口袋上，露出横着的一行小字，送到他的眼睛裏了。燈光下，看不很清楚，又不好意思把眼光盡盯着一個地方；於是口裏説着：

“你擔任的什麽工作?”

就老實不客氣地把頭低到班卓的胸前去看符號。

班卓熱情地跟他説着話，好多話，他都没有聽清楚，衹是這樣幾句却很明白地鑽進他的耳朵裏去了：

“你來了再好不過，就差你這樣的人。你知道，筆杆子我是玩不來的；可是好多事他們還要我做。你來了簡直是……”

這天晚上，班卓給他介紹了好幾個人物。

一種新鮮的空氣圍着他，使他渾身的血液都活潑起來。他覺得很慚愧：覺得自己一向都是個怯懦的，自私的人。

從現在起，我要……

就了職之後，他每天要給一些受訓練的農民們講“操典”，講“三民主義”。他的話，農民們聽不懂，要做出種滑稽的姿勢給他們看。天氣熱，又是這靠近熱帶的地方，又要服裝穿得整整齊齊地上講堂，當然一講一身汗。然而他很快活，他面前坐着的這百把個學生，别看他們土頭土腦的；未來的理想，要靠他們的鋤頭跟槍杆子纔能够實現。

現在五一節快來了，他要寫很多文章；差不多各個民衆團體的宣傳品都該他寫；有時候一通夜都不能睡覺。然而他也快活，不是麽，這是在爲群衆做事呀！

他一路想，一路很快活地寫信，把這裏的好多新的氣象，儘量寫進去。他怕他的先生不很懂得新思想，故意在文字上用了些舊的典故：

"您還記得麽？您從前給我們講班超，講宗慤，講馬援的馬革裹尸，講得眉飛色舞，那印象多麽深刻喲！真的，現在正是大丈夫建功立業的時候，這裏又是正好建功立業的地方，如果還像從前，我還算是您最鍾愛的學生麽？"

他的信，一直寫到吹起床號的時候。

四

五一節游行回來，麥其佳累極了。

倒在床上，閉起眼睛想睡一會兒。但是睡不着，一個人的面孔，在他的腦筋裏現出。

許多年輕人，一個個雄赳赳氣昂昂地站在講臺上。

一個老頭子，鬍子尺把長，長得一副鑾和善的面孔。這面孔，麥其佳在哪裏看見過。

呃，記性怎這麽壞！一個禮拜以前，麥其佳領了農民武裝隊的命令，帶起人到鄉下把他捉來的。

老頭子在講臺上站着，他的手反綁着，背上插着一根像斬條的白紙標子，上面寫着一行紅字——

"土豪劣紳田南山。"

一個年輕人跑上臺，麥其佳認識，他叫做海遁，他能够號召幾千幾萬的農民，他是這裏權力最大的一個，他手裏拿着一根竹條子。

海遁，新時代的英雄！雖是很短的時間的會合，他的丰采，他的言談，是多麽足以歆動麥其佳喲！麥其佳是不輕易向什麽人低頭的，到這裏，不知爲什麽，他很佩服海遁，很恭維海遁。

“親愛的農民們，工友們！……”

海遁演説。會場上肅静起來。

這傢伙，是個煽動家，他的演説，聽起來蠻過癮的，雖説麥其佳還不很懂他的話。

他説到最激昂的時候，幾萬人拼命地鼓掌，拼命地吼，拼命地摇那手上的旗子，没有旗子的就把帽子拿起來舞。

“打倒”，“擁護”，“萬歲”……他喊什麽，底下幾萬人就跟着喊什麽。那聲音就好像天崩地塌一樣。

末了，他指着那個老頭子：“他，田南山，是土豪劣紳，是大軍閥田光輝的叔子，他强占農民的土地，他放高利貸，他當訟棍，最近他還勾結田光輝私運軍火，想消滅農民的武裝。”

“打倒！打倒！”不等説完，幾萬人發狂地吼起來。

海遁照那老頭子的背上“啪！”一竹條子。

“打！打！”幾萬人吼。

“并且，我告訴你們，這傢伙是怎樣狡猾。我們的同志去捉他，他在家裏裝病，説他不是田南山，是一個老做活的，留在家裏看門。要不是有人認識……”

“打！打！”幾萬人又吼。

“啪！”又是一竹條子。

那老頭子低着頭，咬緊牙齒，臉上挂着汗跟眼泪，打一下，他就往前竄一下，站都站不穩，别人扶住他。

“我們要他喊……”海遁説，“我是土豪劣紳，我是反革命，我該打倒！”

“好，好！要他喊，要他喊！”

“喊啊！”

老頭子不做聲，一竹條子；又不做聲，又一竹條子。

“我是……”嘶破的嗓子。

“哦，哦!”幾萬人又吼起來。

在當時，麥其佳正跟班卓一路在滿場跑，兩個人正談得非常高興，雖説也看見了一點點講臺上的情形，都没有很注意。現在一静下來，那老頭子的面孔就攪擾着他。那是個苦痛的，羞辱的面孔。

聽，那老頭子的聲音，壓倒了幾萬人的聲音。那是求救的、絶望的、垂死的聲音，没有一種聲音有這様慘。

麥其佳耳朵裹還聽得見那老頭子在喊，多可怕，他像半夜裹聽見鬼雀子叫的打了一個冷噤。那老頭子是他捉來的。

還有海遁，已經不是一個英雄的姿態了。一個凶惡的，粗野的傢伙!

“你喊!”一竹條子，“你喊!”又是一竹條子!

麥其佳累極了，想睡。但是怎樣也睡不着。那老頭子的面孔，那老頭子的聲音還有海遁的凶惡的面孔，一竹條子，一竹條子，像抽在他自己身上一樣。

何消説，土豪劣紳該打倒，革命的障礙該鏟除的。但是千千萬萬的理論，敵不住老頭子那苦痛的臉，那悲慘的聲音!

他戰敗了!

“啊!”他像一匹負了傷的野獸，在什麽山崖裹狂吼了一聲!

五

發餉的第二天早晨。

班卓還睡在床上。勤務兵送來一封信説：

“麥教官走了。這是他留給你的。”

班卓拆開來。

班卓老友：

　　辜負了你這些時來的勸告，我還是走了。脆弱的心，就是看電影也要流泪的，何况身歷其境？你知道，我的父親當國民黨，被人抓去殺了；我的家境日壞，母子無依。我那時雖小，但是還記得母親的眼泪！誰想起我自己還會去捉人家的父親呢？

海遁有一句名言，“不要讀死書，衹知‘革命’兩個字就行了。”讀死書固然要不得，然半部《論語》治天下式的革命衹有更壞。海遁的精神！我至今還很佩服！其性格粗暴，不脱草澤臭味，未始非讀書太少之過。此間青年，均惟恐不似海遁，於是我衹有孤獨，我的心早已走了。

軍人生活已厭棄；此次離去，當別覓途徑，老友應祝我成功。

你的朋友麥其佳即晨。

班卓看完了，霍地一下爬起來。哧！哧！把信撕得粉碎了！

金元爹

媽來了。媽從家裏來的。這老人家真本事，從來没出過門，幾千里路，一獨個兒，跑來了。説是家裏不能住。

十幾年没見媽。媽老了。剛看見，簡直不認得。這是我的媽麽？這老哀巴①！跟我出門的時候的媽，跟我在夢裏面常看見的媽，都不同！簡直不像！

十幾年没看見，應該有很多話要説，可不曉得從什麽話説起！雖然不曉得從什麽話説起，却已經東一榔槌，西一喇叭，説了很多話了。

夜晚，我跟媽在一個床上睡。照家裏的老規矩，一個睡一頭。天氣冷，被窩也不暖和，都不肯就鑽進被窩裏去；媽偎在媽被窩裏，我偎在我被窩裏，衣服披在背上，面對面——我在媽床上睡了十幾年，現在，真古怪，倒像一個生人睡到我床上來了！這樣，我跟媽，都像準備了很多話來大説一臺的。燈光照到床上，我望媽，媽望我。我從新在心裏自問自：這是我的媽麽？唉！

話談開了。我説的少，媽説的多。媽的記性不好，總把我出門以後的事，當做我知道的話説。

“媽，您説的那孩子是誰呀？”

“嘻嘻，我忘記了，你在家的時候，他還衹兩三歲咧。看，就是——”

媽留心了。什麽話都怕我不懂，加上好多解釋。并且把我在家裏時候的事，當做我不知道的話説。

從媽的口中，我知道我們家裏的情形，不知改變了多少。很多從前

---

① 老太婆的卑稱。

好過的人家窮了，窮人簡直没有吃的。四鄉没人種田，衹有匪，到處殺人放火的。媽一來因爲窮，二來也因爲亂，住不下去，就來了。

談到自己屋裏[1]的人，媽忽然説：

“金元，你還記得麽?”

“金元? 哪金元?”

我實在不曉得説的哪金元。我們那裏，叫金元的，我認識十好幾個。

“看，自己屋裏的金元呀。在觀音岩幫人家做長活的。”

“哦哦，記起來了，是不是金元爹?”

“還有哪個呢? 就是他，那牌鬼!”

“唔唔，他，他還好吧?”

“好? 好什麽? 殺了!”

“殺了?”我嚇了一跳，不知不覺地朝前移動了一下問，“爲什麽? 哪個殺的呢? 難道也當做資本家、地主，叫匪們殺了?”

“不，你猜錯了，是當土匪，叫軍隊獲去殺了的。”

哦……我鬆了一口氣。媽的! 一個幫人家的莊稼漢，不安分，想發洋財，當土匪! 殺了，活該! 但是我又想，金元爹那樣老實的人也會當土匪麽?

“準是冤枉的吧? 軍隊冤天枉地捉人殺，不是常有的麽?”

“那哪個曉得呢? 他又没有到過我們家裏。聽見别個説，像是真的。他没有獲去的時候，好多人都曉得他在搞那猴。那傻子，他還蠻出名咧。”

“怎麽，鄉下的土匪，真的很多麽?”

“你在外面，不曉得；才兒的世界，哼，簡直……一些無知無識的人。一些歪鼻斜臉的人，一些……一搞，就什麽都不做，搞那猴! 名堂多咧：又是什麽孝衣會，又是硬肚會，又是紅槍會緑槍會。數不清，不是這會就是那會，鄉下人，没有不來一個會的。”

---

① 族人。

“他們來會搞什麽呢?”

“哼! 他們在鄉下搞什麽龍軍狗軍的。你不曉得，鬧得鷄飛狗上屋! 連火龍都到過我們那裹。火龍，懂麽? 他們的頭子。火龍帶了很多人馬來攻城，攻到城脚底下了。城外的人都往城裹面跑。你大舅在當區長，跟你二舅，没有趕得上進城，都叫那砍頭的們殺了! 金元那砍頭的也跟在一路咧。”

媽說到這裹，想起她的弟弟們來了吧，像要哭。

這消息，我早就聽見過。舅父們剛死的時候，媽也請人寫過信來。那些人來攻城。攻了兩回，攻不下，就走了。但是，金元爹跟在一路，後來又叫捉住殺了，還衹今天纔曉得。

媽媽要哭。我怕媽真哭起來了，趕緊找了些旁的話來岔開。過了一會，我說:

“媽瞌睡來了吧?”

“是喲，我也該睡了。我不能吵你，你們有事的人。”

媽跟我，都把衣服蓋在被窩上，蓋得好好地；我又熄燈。這樣，媽跟我，都睡下了。

媽睡了不好久就翻身。我也没睡着。我在想金元爹的事: 那樣老實的人，也會當土匪麽? 聽見媽在翻身，自己也不知不覺地翻了一個身。

“你也還没有睡着麽!” 媽伸出手來隔着被窩摸我的脚。

“没有。您也——?”

“前三十年睡不醒，後三十年睡不着。我們老人家，是不容易睡覺的呀。”

“我也睡不着。那末，還是說話吧。您說的金元爹的事，是真的麽?”

“還有什麽假的呢? 都是這樣說。”

“他是在城裹殺的麽?”

“不，在哪裹殺的，殺的時候怎樣，我一點都不曉得。你不曉得，兵跟土匪常常那兒趕到這兒，這兒趕到那兒，你殺我，我殺你。哪個曉得他們的事呢?”

“金元爹幫人家，不是蠻好的麼？爲什麼搞那猴呢？”我也不知不覺地跟母親打起鄉談來了。搞那猴，普通話就是，做那樁事。

“是呀，人，真是量不到的。”

“準是太老實了，叫人家哄住了。”

“不見得。你不曉得；他搞那猴以前，好像就起了心。有一年，他跑到我們家裏，問你在什麼地方，做什麼事，回不回來。他說：‘二姑，你福氣好；有兒子，兒子掙氣，會賺錢，養你，老了也不要緊。像我，我們幫人家的人，祇有做一生；不做，祇有死。你不曉得，我祇是今年明年的客了。要是你的兒子回來，我想腆起兩塊臉，來吃口閑飯，混副棺材。可是，你說他又不回來！’我說：‘金元叔，您怎說這話？您還祇剛剛四十歲，小我一截年紀，正好活呀。’他說：‘你不曉得，我從六串錢一年做起，做到今年，一年換三十串了。不過，我一定不能做到三十一串。爲什麼？我老了，做不得了。你不曉得，天一濕，渾身就疼；手一抬，骨頭軋軋聲響。哪個用幾十串錢請個不能做活的長工呢？年輕的時候，不學好，祇學打牌，把錢都輸了。不聽你們的話，討個媳婦，成個家。現在失悔也來不及了！’我想，他說這樣話，怕真是要死。一個人，你不曉得，忽然變了，不管是歹人變好，好人變歹，祇要跟平常不同了，是不會活得長的。哪個曉得他倒是這樣死法呢？我當時聽了他的話，心裏真是不好過，想叫他到我們家裏來住，又怕他真死了，那多怕人！我問：‘金元叔，您要是不做活了，又無灾無病的，打算怎樣過日子呢？’他說：‘怎樣過日子呢？有命的時候，還不祇有拼命！’我以爲他說拼命做活，哪個曉得他說的搞那猴呀？第二年，聽説就不幫人家了；死，是第三年，前年。”

什麼事，不説穿，也就馬馬虎虎過去了；一説，唉，真是！像金元爹，爲三十串錢——在我們那裏，六串錢換一塊，三十串，五塊；爲五塊錢，一年做上頭！并且，五塊錢，還要買他的年輕力壯，一老了，就没有人要！怎麽辦呢？人老了，不能把嘴縫起；没法，爲了吃，還得冒險，拼命，叫人捉得殺，説是土匪！豈不太，太那個了麼？呸，見鬼！

我的思想，怎，怎，怎忽然像幫起土匪的忙來了呢！

忘記了在一本什麽書上，看見提到像金元爹的那種人。照書上説，那種人，是英雄，有什麽高貴的理想，他們做的事，譬如搞什麽軍什麽會那樣的事，有一種特别的話，叫做……那本書，不用説，是一種誨淫誨盜的書，依他説，李闖，洪秀全，都算做那個了，何况我叫生活的擔子壓得氣都喘不過來，哪有閑心管什麽英雄不英雄？所以看不幾頁就摔了。現在想起來，也還像有些道理。不過，像金元爹，説是英雄，説有什麽理想，太不能叫人相信。我盡力想，記，金元爹，没有一點像英雄，像有理想的地方。他是一個道地的老實人，一個，或者説，好人。他去搞那猴，没有什麽，爲了活，没法。作興他不知道他幹的是椿險事。作興明知道，也得幹。因爲，就是今天幹了明天死，總也活了一天；不幹，作興一天也不能活！

當然，這是我這樣想；真的金元爹，像怎樣，誰知道！十幾年了，作興變了樣兒。媽不是説麽，人會變的，尤其是快死的時候。不興金元爹，真變成一個英雄了麽？不過，金元爹儘管變，在我的記性裏，還是那老樣子。正像我的媽，雖説老了；要是我今天不看見，一想起，還不是十幾年前的那個四十多的中年人。何况媽説，才兒的世界，真也有些不同。我們家裏的什麽事，都跟十幾年前不一樣了咧。我這樣想，又想到金元爹在世時候的一些事。我説：

“媽，金元爹跟我們買鹽的事，您還記得麽?”

“怎會不記得呢？那砍頭的，騙了我一串錢，到老没有還，他要還來生賬的!”

媽雖説過，後三十年睡不着；可是説話的時候，精神有點不濟了。我説：

“媽，您要睡了吧?”

“是呀。不曉得怎樣，今天倒有點……”

“是話太説多了吧；您就睡，明早再談。”

媽睡着了。我可睡不着。金元爹的影子，衹在我腦筋裏轉。尤其是跟我們買鹽的那樁事。

一説，是好些年以前的事了。我還很小，我爸還在世。有一天夜晚，我們要睡覺了。忽然來了好些鄉下人，用竹床翻過來抬着一個糊着一臉血的人。媽告訴我，那些人，都是自己屋裏人。那有一臉血的，叫金元，是我的“爹”字輩，是個長工司務。不曉得爲什麽，叫人家殺了一刀，没有死。族人們抬他來城裏打官司的。媽她們弄飯他們吃，我在廳屋裏看。那叫金元的，那長工司務，他不躺在反竹床上了。看，他坐着跟他們一塊兒吃咧。一臉乾血，又不弄掉，把鼻子眼睛都糊得一籠統。活像鬼，我真有點兒怕。可是我又禁不住要看他。看，他還説話咧。一張血嘴，一面吃，一面説話，一動一動，真嚇人。他是個矮個子，骨瘦如柴，眯眼睛，小鼻子，歪嘴。臉上，我後來看，漆黑，黑得發紫。相，笨得要死，一句話，無知無識。嘿，這傢伙，是我們自己屋裏人，説還是“爹”字輩。媽的，我爲什麽有一個做長工司務的爹字輩呢！

第二天，他們都回去了，没有打官司。金元，那長工司務，臉也洗了，也不躺在竹床上了，走回去。竹床，空着。爸説：金元那傻傢伙，人家説殺他去賴别人，他也幹！到了真的用剃頭刀子殺了一刀，他又怕疼，叫起來。事情就岔了，族裏人把他抬來跟殺他的人打官司，那有什麽打頭，是他自己願了的。衹好叫人家給他點錢，請族裏人喝杯酒就算了。但是我没有看見人家給錢，也没看見請酒。

以後，這矮小的長工司務，就常到我們家裏來。起初，我還有點怕！他額角上還有刀傷！慢慢也就看慣了。不過，我總不願意喊他一聲“金元爹”。除非媽她們逼住了，當然咯，我爲什麽要喊一個鄉下的長工司務做爹呢？

金元爹來的回數多了，跟我們都混熟了。媽她們就有時候跟金元爹説玩話。媽説：

“金元叔，您吃也没吃，穿也没穿，一年的工錢，怎樣用了的呢？”

“怎樣用了的？還不是手爪子癢。”

其實，媽她們都知道，金元爹好打牌。每年臘月三十，十幾串工錢一到手，是要連夜裏趕場去打牌的。不輸得屄乾卵净，總不回家。牌本打得不好，別人又有點明欺暗混，每年不等半個月年過完，金元爹就站在桌子角裏看別人打了。媽是故意問的，金元爹回答的却是老實話。媽聽了好笑。媽說：

“聽說趕場去打牌的人，到牌場裏一問：金元來了没有？如果說没有，他就背起褡褳子走路。爲什麼不打呢？他說没有人輸錢呀。這話是真的麼？”

“我哪曉得呢？不是說我没有去麼？”

金元爹回答的時候，臉都不紅一下，媽她們却哈哈地笑了。不過媽她們也有時跟他說正經話。

“金元叔，您也該接個嬸娘了。將來您老了，也要人伺候；百年歸山，也要人哭。人，怎樣窮，香爐碗總該接起呀。”

“話倒怕不是一句好話，我没有那命咧。《增廣》說：萬般都是命，半點不由人！”

一年兩年，總是這樣說。後來媽問：

“您是怕没有錢麼？不打牌，把工錢都攢起，一年少，兩年多，兩三年工夫，不就可以討一個麼？”

金元爹叫這樣一追，好像有點不耐煩了。他說：

“二姑，你怕我當真是個傻子麼？靠工錢，一年十二串，兩年二十四，三年也衹三十六。就算巴巴結結接個人，衣服首飾，媒人水酒，一下地，錢完了不說，怕還不是一身債。人過了門，把她放在哪裏呢？把什麼給她吃？”

“不是也可以幫人麼？”

“你不曉得，端人碗，服人管，就在一家幫也不方便。不的話，我幫這家，她幫那家，作興隔個七八上十里，還不是各是各！我怕没有緑帽子戴麼？出錢買一頂！”

媽好像覺得金元爹的話不錯，想了一會兒說：

“您不可以領點田種麼？像老四。”老四也是自己屋裏，是我的叔字輩。

“唉，跟你們街上的太太奶奶們説不清！你不曉得，種粿田，要頂頭，要牲口，要傢伙，肥料，忙月還要請短工。比接個媳婦還難。像老四，怕不好；我怎比得上？人比人，氣死人！”

“您就這樣完了麽？”

“我没有這樣説呀。你不曉得，人，第一靠命，第二靠運脚。運脚來了，連門板也擶不住；不來，伸起頸項望也白説。比方説，種穀，逢天乾，種雜糧吧，偏又碰着雨水多了。我這幾年打牌總是輸，你怕我不會打，是運脚呀！瞎子説過，我過幾天要换大運；還有，讓我算算，一年，三個月，五個月，一年半，還有一年半，我就走大運了。你們不要笑，就是打牌，什麽，行行出狀元，也還不是可以翻梢？比方説，打一回，贏一回，衹是打衹是贏。贏錢三隻眼！像鬼使神差一樣；你們還看不見麽，贏幾串，贏幾十，贏一百！我還不接媳婦的麽？現在是，有意栽花花不發，到了那一天，哼，無心插柳柳生蔭！你不曉得，運脚一來，作興比老四還那個。真的，人不有幾年大運走還得了麽？”

金元爹手之舞之地説得蠻高興；眼睛睁得像燈籠，涎沫子噴在别人的臉上，好像瞎子的話，就是金口玉言，上了銅版册。

一年半，很快就過了。兩年，兩年半，三年四年了。金元爹呢，還是没有交大運。

“金元叔，您今年贏了錢吧？”

“唔唔？唉！”

金元爹來城裏的時候，媽她們問起來，回答的話，可不像先前那樣帶勁兒了。

“您今年要討……”

“唔唔？唉！”

慢慢，媽她們的正經話又來了。媽勸金元爹從今以後，改邪歸正——不打牌。不打牌多好，要是起首就不打牌，年年攢錢，現在怕不有百把串了。

“你不曉得，”金元爹説，“我不是一生來就打牌的呀。起首打牌，是心裏不好過；打去打來，就打慣了；一没事，就想打。”

“您心裏有什麽不好過呢？”

“有什麽不好過？你不曉得幫人家的人，受的些什麽氣。一説，好些年了。那年，我看呀，十九歲，在幫松亭屋裏。松亭，他媽的，仗着他兒子在城裏住高等小學堂，是大相公，他自己在屋裏也就蠻拿架子。一天坐地吶喊，金元，點個火來！金元，釃杯茶來！怎麽？我金元，也不是小門小户出來的，我爺爺不還是秀才麽？現在窮了，受人家的氣！這還不算；臘月間，他屋裏辦這樣辦那樣，安置過年，又是打揚塵，又是塌豆餅，又是揣糍粑，哪一樣不是我做？到了過年，吃飯的時候，少不得要弄幾樣菜；鄉下吃飯，比不得你們城裏規矩大，是做活的也還跟松亭們一塊兒吃。好點的菜，放得老遠的；口裏説，金元，拈這呀；金元，拈那呀！等你真伸手去拈，松亭這狗肏的就用眼睛横。當然咯，拈了一回，第二回就不好去得了。一桌子人，都是大吃大喝，祇有我不去拈，你説氣不氣？這也不説；過年，也不叫人歇歇，跟起他的‘大相公’到這家那家去拜年，一跑一天！到了要去好點的人家，比方説，丈人屋裏，跟的人，可以打發幾個錢；松亭他媽的，他又不叫你去！寧可叫在幫别人家的他一個遠房兄弟去。好，我就在屋裏玩吧，他又金元，做做這個呀，金元，做做那個呀。不是過年麽？也要人一天忙！一來也是我年紀輕，脾氣大，就滿肚子氣不憤，跑到場裏去玩。玩了幾天，碰見鬼，就學會了牌啦。”

“以後不是不幫松亭屋裏了麽？”

“是呀。你以爲别人會好些麽？鄉下人，都是刻薄成家，一個賽似一個！所以，我寧可在外面輸錢，不願意在屋裏看‘東家老爺’的臉嘴了！”

“可是現在，年紀慢慢大了，也該朝後頭想想呀！”

“我有什麽後頭不後頭的呢？一生裏幫人，命定了！純好，也是個長工。打牌，不是好事，我曉得；可是我也不失悔。我一生，没有一樁快活事，祇有打牌；也没有一樁是自己要做的事，祇有打牌，你想，一個人連牌都不打，活着做什麽呢?”

媽她們心裏怕不想：真是生得賤，無藥醫！可是口裏什麽也没説。以後，也没有人跟金元爹談起這些話了。

一下子就到了我爸過世的那年。

我爸過世，金元爹也跟好些自己屋裏人們一路來了。在我們家裏幫了很久的忙纔回去。

不知過了好多時候，金元爹又來了；樣子就蠻有精神；一來就眉開眼笑，跟媽她們談七談八；勸媽她們不要常常想着我爸，人總是要那個的，都是四五十歲，也不算短壽；孩子們要成人，該好好地管管，我們族裏人少，没有多大指望，祇有靠孩子們了。話是甜蜜，親切，蠻是一個長輩的口氣；一點也不像平常那樣傻頭傻腦了。末了，還説從今以後，自己也要改邪歸正，不打牌，不跟些不三不四的人們閑玩了。

夜晚了。金元爹也不談起回去，跟媽她們談了很多話。媽她們都當面説金元爹過好了，過精明了。

不知怎麽一下子談到鹽。金元爹問：

“城裏的鹽，賣幾多錢一斤?”

“二百八九，有時候三百，一串錢三斤六兩。”

“哎喲!”金元爹像叫嚇壞了一樣，“怎這樣貴！哪裏是吃鹽，簡直是吃錢！我們場裏，一串錢六斤半，合城裏的秤，足足五斤，還蠻旺。”

“真的。”媽是個打算盤的人，平常就愛貪點小便宜；聽見金元爹的話，禁不住就這樣問了。并且媽也曉得，城裏的鹽，運進來，要從金元爹們那裏打過。

“哪個還説假話？不過，别人作興買不到這許多；我們村子裏王老三是個鹽販子，跟我很熟。要是買我……”

“那末，金元叔，您可以跟我們……”

“那當然没有什麽，買多少都行。這點小事情，還是外人麽?”

媽是很謹慎的，没有想買多，就祇拿了一張一串錢一張的票子出來給金元爹了；約定十天半月就送鹽來。

第二天早晨，金元爹回去了。走的時候，媽説：

“金元叔，帶個籃子去吧，怕您没有東西裝鹽。”

“不消得，籃子，鄉下多得很，隨便哪個的，都……”

“還是帶起吧，反正是要用的，何必向别人借呢?”

金元爹也就把一個大菜籃子帶走了。

過了上十天，燒火的説要稱鹽了。媽説：

“不消稱得，包一兩個銅板的就有了，這幾天有人會送來的。”

兩個銅板的鹽完了。燒火的問：這回是稱鹽呢，還是包呢?

“金元叔説好了要送來的，還是包幾個銅板的吧。”

包了五個銅板的。

五個銅板的鹽還未用完。媽就常常在口裏了念：

“金元叔怎還不來呢!”

過了些時，媽問我們：

“你們看金元不是來拆白的麽?”

稱的鹽怕又吃完了一兩斤。媽可駡了：

“金元那砍頭的，討不到好死，欺我們孤兒寡婦！要是你爸在……”

媽不但駡，并且由金元爹想到爸，哭起來。

但金元爹還不來!

冬天了，天氣很冷。有一個早晨，我還在床上挨被窩。媽在外面喊：

“起來，起來!”

我不做聲。我知道媽有時候雖説有點事，要是喊不應，也就算了的。

“還不起來！還不起來!”

媽可喊得格外厲害了。

“唔唔……”瞧，我還衹剛醒咧！裝得多像！“什麽事?”

“管什麽事，滚起來。”

“媽！我昨晚作了文章的……”

“不起來?要來掀被窩，打屁股了。”

這可真没法！起來真冷咧！

“你去找金元，”媽説，“問那砍頭的買的鹽怎麽樣了！有鹽交鹽，無鹽交錢！把籃子也帶回來。”

天咯！這樣冷，要下鄉跑幾十里路！

“媽，您看天色多拐，怕要下……”

“這懶鬼，没有打得，下雪下雨，要你去？看會死不！”

“曉得他在什麽地方呢？媽呀，他又没有屋！”

“他上天了？他没有屋，他幫的人家總有屋呀。你不曉得去問四叔麽？反正他又供不起你吃、住，是要去吵四叔的。難道四叔還不曉得他在哪裏麽？”

媽什麽都好，就是太小氣：這樣冷，爲了一串錢，叫我跑幾十里路，去找一個没有着落的人！我想，趁這時候恰巧金元爹把鹽送來了就好了；甚至在路上還想：説不定會碰見金元爹咧！但是，失望了！

天瞞得很緊，北風吹得人打哆嗦。來往的人，簡直没有幾個。我一面埋怨媽，一面又恨金元爹——金元爹什麽人都没有害，獨害到我了！我想，金元爹簡直念不成句，要是真地拆白，世上還有靠得住的人麽？作興有别的緣故。不是麽？金元爹多老實！

到四叔家裏的時候，四嬸娘已經在燒晚飯火了。四叔他們都想不到我這樣冷的天氣，會跑到鄉下來；可是都猜到爲金元爹來的。原來買鹽的事，四叔他們早曉得了。

四叔比我上回看見的時候老些；四嬸娘呢，眼睛像格外近了。不過别的還是那樣——堂屋裏還是滂牛糞臭，天地君親師的家神紙還是那樣爛，飛起着一大塊一大塊地。

“啊啊你來了，你來了，你快長成人了咧——喂，去借幾個鷄蛋來！弄給孩子吃……啊，冷吧……”

四叔一隻手不放他的竹筒子水煙袋跟麻梗火，一隻手端了一個矮凳給我坐。他自己坐在門坎上，四嬸娘從竈門口出來，拿圍裙擦了一把臉上的灰，眯起一雙眼睛笑着問長問短。

吃飯的時候——并不是嘴刁，那臭鹽菜的氣味，光衹聞聞，也就真有些不舒服——四叔說：

“金元叔真是……你不曉得，金元爹把錢一拿回來就把給人家了。他今年輸了錢，扯了債，人家逼他還；不，他自己不還不得了！不争氣的人，到老不争氣，到處出乖賣醜，哪裹不好騙，跑到城裹去騙自己屋裹的錢，騙孤兒寡母！怎麽，不打牌就會死麽？”

“孩子，”四嬸娘說，“拈菜呀，拈菜呀！”

一盤鷄蛋炒得像石頭，恐怕交了一斤大蒜什麽的。還是特别爲我弄的咧——我四嬸娘真好厨工！除了鷄蛋就是臭鹽菜，四嬸娘還衹叫拈咧！没法，我衹有淘茶。

“你不曉得，”四叔叉了一口鹽菜，咕嚕咕嚕地跟我說，“金元爹這一兩年來，越過越不成話了。以前，也打牌；輸乾了就不打——喂，你再跟孩子倒杯茶呀——現在，哼，借錢打：今年借了五串，一個月兩百錢的利錢。要是不還，利上翻利，過年就得八串多——怎麽，鷄蛋炒得不好麽——他自然借不起，就在這裹那裹拆。就是我這裹，也今天跑來：老四，借這樣；明天跑來：老四，借那樣。我老四，就算比您好得一篾片兒，也是我們兩口子辛辛苦苦换來的呀！不打牌，總該不會死。像我……”

“我說，”四嬸娘插進來，“那也難怪，一個人，做慣了活，一閑下來，就悶得慌。像過年，没事做，跟别人談閑天吧，金元叔的幾句話，硬邦邦的，跟哪個也打不攏！不玩個什麽吧，一天又望不到黑。這時候，人，是很容易學會打牌的。哪個不想快活幾天呢？像你？你有婆娘，别人没有婆娘呀。你不是我管住，你還不是……一樣。”

“多嘴！一個婦道家！是的，打牌可以，有錢打，没有錢就算了呀。”

“你不曉得，金元叔心纔大咧。他說他轉了運脚，要發財了。一年三百六十天做，做得皮包骨，可憐，真該發點財，歇歇。怎樣發財呢？田裹挖不到銀子，路上撿不到錢，人老實，又不會偷不會搶？他說，看，打牌不也……他想贏。赢了想多，輸了想趕本。怕什麽？運脚好。他還要買牛，買……不幫人家了。不曉得哪個瞎子跟他算的命，可憐，像叫鬼迷住了？去年叫人家逼得差點兒上吊！”

“哼！他那手牌也能够贏錢，龍都不在天上了！光留對對，又不會量字，一張牌過了四個，他還在望成！不説吧，他是要把命送給瞎子手裏的。怎麽，不吃了麽？吃飽呀！”

四叔告訴我，金元爹在離這裏三里多路的一家人家，説好了明天早晨帶我去找。

鄉下的鬼規矩，我頂不喜歡的是，吃了晚飯，坐不得一屁工夫就睡，亮也不點。

我跟四叔睡在一張床上。四嬸娘在竹床上墊棉絮。壁子是没有窗子的，可是很多大的洞，細的縫，看見外面黑洞洞的。風一陣陣吹進來，蠻冷。狗子有一聲没一聲地叫，就在壁子外面叫，是鬼呢，還是賊呢，我怕，睡不着。

“四叔！四叔！”

四叔跟死了一樣，衹是打鼾，我把眼睛閉得緊緊的，不敢睜開，并且用被窩蒙着頭。

過了好一會，我還未睡着。好像有什麽東西在響。我露出一隻耳朵來聽，是屋上。啊，糟了，可不是下雨麽，我格外怕起來。隔壁左右都没人家，荒場子，又下雨。

“四叔！”

四叔不做聲。我把頭衹向裏鑽。四叔的脚好臭！

怎麽？響聲像到屋裏來了！有鬼！啊，在床上！糟，被窩是濕的，準是屋漏！鄉下人簡直是猪，一過幾年不興整房子！我大聲地把四叔喊醒，半夜裏，不，還蠻早咧！起來搬了一回床。天，多冷喲！

第二天早晨起來，不下雨了。可是在下雪。鵝毛團静静地一陣一陣地下。真倒霉，金元爹找不成了！

没法，金元爹找不成，家也回不成。我在四叔家裏住了三四天，天天吃臭鹽菜！

好容易雪不下了，但是天還没有晴。屋上，天井裹堆的雪還没有化的意思。四叔説：

“趁雪還没有化，我們去找金元爹吧。”

我們就走了出來。一出來，我的頭，像落在冰窖裹一樣冷。一望，一片白。四叔在前面引路；其實路也没有了。什麽也没有了，全是白汪汪的雪。北風捲起樹枝上的雪在空中飛，刀一樣地撲到人頭上。我馬上覺得我臉上已經凍發燒；脚也凍僵了，有一步没一步地算是在走。

路，真也難。一踏，凹下去尺把深，面上是一樣平，踏下去之後，作興是個坑，作興是凍着了却又没有凍緊的水。一不小心，撲龍通，一跤，撲一個雪人，鼻子、眼睛、嘴什麽的都印在地上。總算好，怕足足走了兩個鐘點，四叔説到了。

隔不多遠。是一個有三四家人家的村子。四面疏疏朗朗排着些裸體的樹，不，穿着白衣服的樹。門口，凹下去，是一大口堰，説是堰，也看不見水，衹有雪。

我們正朝着這村子的正面去，隔着堰，看見正當中那間屋，大門大開着，裹面好像有人在做什麽。四叔説，好，金元爹在屋裹推磨咧。但是，我没有看見。我衹看見隔堰有歡迎我們的幾隻狗。狗也怕冷吧，叫得不很起勁。

我們沿着堰繞進村子的時候，那正中的一家，已經有人出來了。

“我説是哪個，是老四！這樣冷，怎來了的？這個是？哦，城裹的侄少爺……”

出來的這人是個老頭子。臉還白，比别人好像好看一點，差不多像城裹人。衹是穿的并不好，一件很舊的藍布棉襖，腿裹還繫着一根粗棕繩。

四叔跟那老頭説了幾句話，就問起金元爹。

“金元？他在屋裹。金元，金元，老四來找你呀！”

三個人一齊朝屋裹走。四叔喊金元叔，我也跟着喊金元爹，但是屋裹没有人答應。

走進堂屋，米，磨擔子，就那樣放着；椅子上還有一件破棉襖，衹有金元爹不見了。

“金元，金元，”老頭子喊，“噫，到哪裹去了？一定是上茅房，他的衣服還在這裹——”他指那件破棉襖，“那準是推磨推熱了脱下來的——坐一會兒就會來的。”

坐了一會兒，金元爹還不來。老頭子後門外面去喊，也没有人應。四叔聽見有人對老頭子説，金元朝往場裹去的那條路上走了。

“嘿!”四叔説，“他跑了，真是！孩子，咱們趕他去，一定還没跑好遠的。”

四叔没有等老頭子轉來，就拉起我跑。老頭子還在後頭喊：

“坐一下了去呀。有什麽事麽？有什……”

我們跑出了村子，幾隻狗跟起叫。別的屋裹也出來了幾個人。四叔説：

“那不是!”

但是我看不清楚。衹覺得很遠很遠的那頭，雪當中，有點東西，好像在動。

“你站在這裹，我去趕他轉來。”

四叔丢下我就跑。不曉得爲什麽，我覺得一陣子不好過。我年紀小，向來没欺負過人，也没有看見別人欺負人。金元爹，來不來，是自己屋裹，又衹一串錢的事！我追着四叔喊：

“趕不轉來就算了，衹看籃子在哪裹，我帶回去就算了!”我還記得媽叫我帶籃子回去的話。

四叔不曉得聽見了没有，衹是跑。口裹還喊：

“金元叔，金元叔，站住呀!”

過了一會兒，金元爹看不見了，四叔也看不見了，我站在雪裹面，風向我臉上颸，像打嘴巴一樣。我的耳朵凍得很疼!

村裹老頭子，還有好幾個别的男的女的，都望着我，你一句我一句議論起金元爹來。

——一定有什麽事！

——一定是爲了錢什麽的。

他們問我，我裝着認生，不做聲。心裏不好過，好像自己在玩把戲給别人看。

過了好半天，雪地裏一個黑東西向這頭跑來；一走攏，是四叔，口裏還不住地喘着氣。

“回去，孩子——啊，對不起，驚動了你們。没有事，什麽也没有。”

路上，四叔告訴我，金元爹無論怎樣也不轉來，説没有兩塊臉見孩子。事情做錯了，他曉得。鹽，總是要買的，衹是這幾天没有錢。叫孩子先回去，籃子還是留下，一有錢，就買了送去。四叔問他哪裏有錢，他説，你不管，偷，也得給他們送去。我不能叫孩子們駡我。我賤，衹在别人面前；在孩子們面前，我是前輩，我不能丢這人，將來連面都不能見。四叔又説，金元爹打的單布衫，説冷，我脱了一件棉背心給他穿去了。這種人，真是！又可恨，又可憐。四叔一説，我纔注意到四叔身上真少了一樣東西。

聽了四叔的話，心裏格外像有個什麽東西横着在。我失悔不該來。曉得這樣，媽就打我駡我，也不來的。我又埋怨媽太小氣，爲一串錢，把金元爹逼得往雪地裏跑，棉襖都没有穿！

第二天我就踏着雪回城裏來了。鞋子襪子打得切濕，脚都凍腫了。媽還駡我没脾胃，連籃子都没有拿得回。

過了好些天，有一個早晨，媽有事到大門口去。住屋的人們説，有一個菜籃子，是您鄉下的那族人送來的。叫他進去他也不進去，叫他坐一會兒也不肯坐。慌慌張張，好像怕誰拉住了，籃子一丢，就回頭走，走向來的那條路上去了。

媽問：

“是空籃子麽？”

“是空籃子。”

“没有説什麽嗎？”

“没有。”

“這砍頭的!”

我曉得金元爹説得那樣硬，現在還是空籃子送來，準是連偷也偷不到什麽了。一想起……唉!

以後我就没有看見金元爹到我們家裏來。再來的時候，我已經出門了。

十幾年没回家，金元爹説是變了。叫人家殺了。那打起單衫在雪裏跑的事，不就像在眼前一樣麽!

許多奇怪的幻影擠滿了我的腦袋。我簡直睡不着。

酒　船

貪看了一天巫山峽的風景，傍晚的時候又到岸上去跑了一回，一到晚上，人就疲乏得要命了。可是統艙裏人多，嘈雜得一塌糊塗；空氣又渾濁，又悶燥，躺在鋪上，就像躺在一爐子火的旁邊；是有一陣傾盆大雨，等着要下下來吧，却又儘着不下，白叫人翻來覆去，不住地流着臭汗，無論怎樣也睡不着。拿了一把大蒲扇，拖着一雙草拖鞋，跑到艙外去尋找風涼些的地方。一出艙門，馬上就感到一陣清新涼爽的氣味，深深地呼了一口氣，像是清醒了一陣醺醺大醉的酒。

這外邊果然是個烏黑的天，靠在船邊的鐵欄杆一望，無遠無近是一整片的昏茫；除了遠遠地有一隻同樣停在江心的下水船；那船上的燈光和映在江心、被蕩動着的火的波紋，像天上的星星在睜閉着眼睛以外，就祇有低頭看下去，這船旁邊的一兩隻賣東西的小船上，纔有着放光的東西。那青葱的江岸，那岸上的又高又陡的坡子，那稀稀朗朗的綠樹，那像頑皮的孩子在一張風景圖上塗上的一道粗的黑綫的古老的城墻，那比灰白的城樓還高的西洋式的禮拜堂的尖頂——這是這裏惟一帶有近代風味的東西，在幾個鐘頭以前，映着那傍晚的霞光，映着遠近的青山，映着這黄澄澄的江水，曾經畫圖似地在我們面前展開，我自己也曾跑上去做過這畫圖上的點綴；如今，這軸畫圖却叫黑夜來捲起，帶到不知什麽地方去了。

江水静静地流着，隱約可以聽出那流水的聲音；從船上排泄出去的髒水，一陣一陣地落在江心，擾亂着流水的步調，也遮斷了那小船上賣東西的喊叫。我靠在船邊，望着那看不見的遠處，聽着細微的流水的音樂，儘量地享受這半夜的江景，仿佛在船上蜷伏了幾天的悶氣，都要向這黑夜要求賠償。

“老王!”

忽然背後有人喊我。回頭一看，是睡在我隔壁鋪上的一個路伴；經過了幾天的交談，彼此就都像老朋友一樣地熟了。他也是到前方去找什麽差事去的。我出來的時候，他不是睡着了麽?

“你吃東西囉?”他説，“底下有一隻酒船，有東西賣，聽説還有鴉片煙咧。”

聽説有鴉片煙，不知怎麽，心裏動了一下，我説:

“東西倒不想吃，去抽口煙去吧。”

“怎麽，你喜歡這玩意兒麽?”

我没有答話，就和他一路，從船尾上下到厨房間，那裏有一個臨江的門，那酒船就在門外頭。我們先跳到一隻小划子上，再一步就跨到酒船上了。

這酒船就像一個小煙紙店，貨架上擺着五顔六色的香煙。緊挨着貨架子是一張案板，或者説是櫃檯，上面擺着一些酒瓶、茶碗、鹹菜、油麵等等。案板當頭是一個正煮着什麽的炭爐子，靠另外一邊擺着兩張方桌和板凳，幾個人坐在那裏擺龍門陣。看見我們一去就有人站起來招呼。經過了指引，我們知道賣鴉片煙的在那用一條大黑布門簾隔着的後艙。

一掀開門簾，裏面黑洞洞地，一陣熱氣，朝臉上撲來，我正想退回，聽見前艙有人喊:“客人來了!”祇好硬着頭皮進去。

呸！這是什麽呀，上不着天，下不着地，半頭腰裏這麽一塊白不白灰不灰的東西在那黑咕隆咚的地方晃蕩晃蕩！藉着那煙鋪上一個女孩子弓着身子剛纔點燃的煙燈光和那東西自己發出來的聲音，我一半兒是看出，一半兒也是猜到那是一個人的臉，并且是個女人的臉。煙燈的燈焰祇有黄豆那麽大，又叫那伏在鋪邊裏的女孩子遮住了一大半，雖説已經曉得那東西是臉，一張臉上所應該有的東西，像鼻子眼睛什麽的却一點兒也没有看出。不光衹鼻子眼睛，别的東西也没有看出。如果是一張臉，總該是長在一個人頭上的吧，可是那個人呢?那人的身幹呢?手呢?脚呢?還有，她是站着的呢?坐着的呢?還是躺着的呢?我馬上想起小時候聽見的鬼的故事，説鬼是衹有一張光臉，像一塊瓦片一樣，鼻子眼睛什麽的一概没有。説實話，我怕。躺到鋪上的時候，還不住地睃着眼睛向那臉看，想看清楚一點了纔放心；可是越看越不像人的臉。倒像在黑的幕布上貼着這麽一張面孔般大小的什麽紙頭。這時候我聽見前艙裏有脚步聲音，船頭上有人在喊："哦，麵麽！伏汁酒！要鷄蛋啵！"同時望了望躺在我對面的路伴，纔覺得這世界仍舊是人的世界。

煙鋪是一整個的，我已經有點兒清楚艙裏的形勢了。從通到前艙去那門邊起，一直到船尾止，船尾那兒還轉了一個彎，一起都是煙鋪，像有些南貨店的曲尺式的櫃檯，要是生意好，客多，説不定容得下七八個甚至十來個人。鋪上并没有鋪什麽東西，就是這麽一個光板子，板子的顔色不大説得清，乾净好像倒是蠻乾净的，用手一摸，光滑熨溜，和摸在玻璃上一樣。煙燈傢伙也很精緻，那鋸掉了頸子的啤酒瓶似的燈罩子上，一點兒髒東西都没有。從遠處看，燈光實在很小；一躺下，就覺得仿佛在亭子間裏點着一盞五十支燭光的電燈，眼睛有點兒睁不開。

我從小生長在一個抽鴉片煙的人家，十來歲的時候，差不多每天晚上都要躺在煙鋪上背《古文觀止》給煙盤子那邊的父親聽；背了之後，就可以隨便拿那擺在盤子面前的糖食。背書的時候，父親也不一定真地聽，大概是一路閉着眼睛打呼嚕，讓涎像泉水一樣地向枕頭上流，一路手裏又燒着煙泡子；到了泡子燒燃了，或者清煙滴在燈上了，或者泡子滚好了，這纔突然驚醒似地睁開眼睛，吸回那流出來了的涎："嗯，背完了，再背！唉唉，糖食都叫你吃光了！"於是抽一口煙，又閉上眼睛燒他的泡子。父親的三角臉和他的煙槍離開我二十來年了，我的家也離開了十幾年，現在躺在這煙鋪上一看見這煙燈就像做夢似的回到了十來歲的時候，也就像回到了我的家。這心情，我的路伴當然是不懂得的。

"娃兒，過來呀，横在那裏做啥子，等客人們躺。"

這是那黑的幕布上的紙頭的聲音。——幕布那邊，究竟是些什麽，我還没有弄清楚。娃兒，就是伏在鋪面前的這女孩子吧。這時候我纔注意到她：她低着頭，披散一頭黄的茸毛似的頭髮，專心專意地拿着一張剪小了的報紙在折着什麽玩意兒。聽見喊，身子扭了一下，鼻子裏不知怎麽哄了一聲，那又黑又瘦的手可并没停止工作。

最引起我的注意的還是那紙頭發出來的聲音。是的，我現在完全相信那是一種人的聲音；可是，是一種什麽人的聲音呢？比如吧，一個病了很久的老太婆，現在要落氣了，一隻枯樹枝子似的手，抓住她的一個親人，她和這世界就衹有這麽一點兒是連結着的了；她現在正漂浮在一個汪洋大海裏，大海的波濤正向她無情地衝激，這隻手一鬆，她就要"滑！"一下子，不知叫捲到什麽地方去！可是終久氣力没有了，抓不住了，絶望了，"唉！"于是一撒手，發出一聲微弱的嘆息。這嘆息就是我現在聽見的聲音。

説也奇怪，這聲音好像跟我很熟悉，好像没有好久以前，我曾經聽見過。什麽時候聽見過呢？對了，我應該承認我實在是有點兒糊裏糊塗，就是今天天黑以前不是碰見過這樣一個女人麽？一個印像在我的腦子裏被唤起來了——

船一開到這裏，就算走完了這一天規定的路程。停船的時候天色還很早，連晚飯的碗筷還没有擺出來——自然，船上可以故意開晚一點，讓喜歡游玩的客人們到岸上去吃的。我混在十幾個從頭、二等艙裏跑出來的男女客人們當中，跳上一隻划子上了岸——這時候，我暗暗地納罕，上岸去的人簡直没有什麽統艙的客，没有那説是到峨嵋山去燒香，成天數着念佛珠的善女人，也没有那在太陽底下捉虱子的老和尚們，他們是這兩天來圍繞在我周圍的人物。一上完那江邊的高坡子，一陣臭氣不知從什麽地方送來，叫同來的幾個穿得很摩登的女客連忙捏着鼻子。我也和内地的城市生疏得很久了，對于這臭氣也不很習慣，用眼睛向四下裏搜索了一回，也搜不出那臭氣的來處。城外没有什麽人家，大家都很快地搶進了臨江的南門，大概因爲没有等我們一進去的時候就關城門，那臭氣也還是跟着進了城。街道是這麽窄，兩手向左右一伸，就像摸得着墻壁；房子又這麽矮，使人走着像自己一個個都是騷長武大的大漢。十幾個騷長武大的大漢一來，這城裏的寧静就給完全打破了。兩邊的居民都睁着驚奇的眼睛，有的從屋裏頭跑出來，有的從窗子或門裏伸出頭來。哦，多講究的女人咯！

街坊冷落得使人想不到這是一個城市，倒以爲是一個不是市集的日子的村鎮。雖説還是晚飯時候，家家都像是準備着關門睡覺似的。我們在這樣一個城市裏游玩了一會兒，就跑到一個什麼“爵府”裏頭去了。這爵府是一個滿清時候平過長毛的將軍留下來的，是一所規模非常宏大的房子，大得像從前的闊衙門或者什麼有名的廟宇。許多大户人家的第宅都會遭到一樣的命運，如果不叫那些光宗耀祖的後輩賣給新的闊佬，一定會不是這兒倒了一堵墻，就是那兒塌下一堆瓦；不是二門上少了兩扇門，就是花廳裏窗子衹剩下幾個洞。終久好比一個年老多病的人，從前也曾轟轟烈烈挣過乾坤，現在却衹拖着一副殘廢的骨頭，眼巴巴地等候無常大爹來收他了。我們碰見的正是這爵府的晚景，荒凉，凌亂，像是人迹罕到的山崖，又像有什麼大軍在這兒扎過營盤，剛剛在我們前一脚的時候開了差了。衹有幾塊城門那麼大的金字匾高高在上地俯視着我們，我們可以從它看出點那爵爺的當年的威風。

在爵府裏東穿西穿，好容易穿到一個有人住的地方了。那是幾間比較矮小得多的房屋，在當年是給什麼人住的，很難想到；現在却成了那爵爺的嫡脉子孫的府上了。我們的摩登女客當中，有人和這府上是熟識的，大家一來就受了殷勤的招待。這時候，我看見了這麼一個女人：大概三十來歲；三尺來往高；一頭蓬亂的頭髮，後腦殼拖着一個隨時都要散掉的綹；面孔像用表心紙什麼糊成的，紙上頭還至少黏着有五錢大煙灰；眼睛泡子是浮腫的，狠狠地壓着那雙用篾片子畫成的眼睛；一雙小脚，脚下隨便用些布片子捆着在；枯得衹剩下幾根豆掛子筋的手拿着茶壺茶碗；用脚後跟呑呑呑地從客堂跑到厨房，又從厨房跑到客堂，像忙得開不了交；生怕大家不聽見，扯起喉嚨向那熟識的女客喊：“二姑娘，莫走哇，弄消夜哇，消夜了走哇……”那喉嚨實在有點兒像要斷氣的樣子。

“你燒煙嘞!”路伴拿起一根煙簽子朝我這邊送。

盤子裏放着兩盒煙，兩根槍，幾根簽子和一些別的小東西。那兩根槍占了很大的地盤，如果燒起煙來一定很不方便；我想，祇有一盞燈，要兩根槍作什麽呢？我没有説出來，祇把簽子朝路伴那邊一推説：

“你燒吧。”

“我不會燒哇。”

“我也不會呀！”

“是你要來的，你怎麽不會燒呢？”

路伴像很詫異似地望着我。我笑着説：

“我祇説要來，可没有説我會燒哇。”

“唉唉，”他説，“這麽兩大盒煙，看樣子是消不完的了。”

的確，那兩盒煙實在不少。有銅版那麽大的兩個圓巴巴，堆在四方的木片子上，像攤開的兩張膏藥；那盒子凹下去有多麽深還不曉得咧。

“多少錢一盒，老闆？”我問。

“兩百錢。”那紙頭在幕布上説。

路伴把脖子朝前一聳，伸了伸舌頭。我曉得他的意思决不是嫌貴了，倒是覺得便宜得出奇。兩百錢這麽大一盒煙！雖説曉得在川省這東西不值錢，總没想到便宜到這個樣子。兩百錢，就是兩分錢，當一百一個的銅板，一塊錢换十串。路伴有點不相信，拿簽子到盒子裏一撈，不禁笑起來了：

“哈哈，盒子是平的。”

“哪裏？有凹的，有半分多深的凹！”

這是那伏在鋪面的娃兒説的。她説話的時候，抬起頭來，睁着一雙大眼睛。這孩子的臉雖説瘦，黑，可是并不見得憔悴；五官都很匀稱，祇有眼睛大一點，却大得很好看；很密的眼睫毛，瞳人不很黑，倒也蠻有光；眼睛白是藍的，藍得很，光閃閃地，像秋天裏没有雲彩的天空，不，像映在水裏的晴朗的天空；小嘴唇很薄，有點兒朝前掀，就像生成的是川省人所常説的好“擺龍門陣”的嘴。倒没有想到這孩子長得這麽秀氣，我忍不住叫路伴瞧，他也連連點頭説她長得好。她聽見我們説她，有點不好意思地又低着頭去弄她的紙玩意兒。

“娃兒,”紙頭喊,“瞧你多不聽話,還不過來,做啥子嘛?”

娃兒好像耳邊風一樣地没有動。我説:

“老闆,這娃兒是你的小姑娘吧。”

“是喲,先生!是我的女娃子嘛,淘氣死了。”

“長得不錯咧。”正在燒煙的路伴搭嘴。

“哪裹!醜哦,没有吃的嘛,怎會長得好呢!”

“是漂亮啊,”我説,“幾歲了?”

“不小了的了,九歲,還啥子也不懂的。”

“啥子嘛,”娃兒扭着身乾説,“媽呀,你不是説我十歲了嗎?人家明明十歲偏要説是九歲,啥子嘛!”

她撅着嘴,像很受屈;樣子很有點兒好玩。我拍着她的頭,安慰她,説我一看就曉得是十歲了。

“咻”,路伴大概真不大會燒煙,一滴膏子滴在煙燈上,煙燈馬上一黑,差一點兒熄了。

“哈哈!”娃兒笑,“你不會燒嘛。”

路伴又渥了一下子膏子,很小心地防備滴下去,可是一到火跟前,還是滴了。這回燈没有黑,他拿得快,滴在燈罩子上了。

我没有管他,祇顧跟娃兒談着話;我説:

“你讀過書麽?”

“没有讀書,先生,”娃兒的媽説,“窮人家的娃兒嘛……”

“媽呀,我不是讀過書麽,我讀過書,今年還讀過的嘛。”

“讀過幾年呢?”

“啥子,没有讀過幾年,一年也没有讀過,祇讀過兩回,看啦,讀過三回。是不是,媽呀,讀過三回了。”

“那算讀書呢,三天一回,兩天一回,你不曉得,先生,讀書要錢嘛,哪個有錢呢?又是一個女娃子。”

對了,女娃子本來是用不着讀書的,像這樣想的人大概還很多。我早就應該是曉得的，早就用不着問人家讀過書没有。我没有話説了。

我的路伴一路燒煙，一路盡着朝娃兒瞧，看見我不説話了，接着問：

“那麽，你讀的什麽書呢?”

“我讀的《百家姓》;《三字經》讀完了——瞧你的煙都燒枯了。”

“喂，”路伴并没有管他手裏的煙，却朝着我説，“她們還讀的《三字經》什麽的咧。”

“當然咯。”我很自然地回答，我相信，對這裏的情形已經有些瞭解。

“怎麽‘當然’呢?”

“你没有上岸去；如果到城裏去看過一下，就覺得是當然了。”

“那末，比如説——你講點我聽聽吧。”

“比如説，這城裏恐怕連一架鐘都没有，至少，普通人家是不興用鐘的……”

路伴摇了摇頭，表示不相信，我就告訴他這樣一樁事：

從什麽爵府裏出來，我獨自到一家館子裏吃晚飯。不用説是一家蹩脚得可以的館子；不過菜單上倒有不少的名目，菜的味口很不壞，價錢又實在便宜。正在吃飯的時候，忽然記起船上的茶房的話，這裏很早就關城的；於是我問堂倌什麽時候關城。

“關城麽，先生？起二更的時候。”

聽了這話，自己很有點兒慚愧；好久以來，我没有留心到起更這回事了。起二更究竟是什麽時候呢？想也想不起來，衹好更清楚地問他是幾點鐘。這時候，我看了看手上的錶，已經看不很清楚了，可是還没有點燈。

“起二更的時候是……”堂倌大概没有防備我問到這麽一句話，搔了搔腦袋，樣子還像思索了一下，纔轉過頭去問那掌竈的大司務：“喂，起二更是幾點鐘啊?”

大司務停了一下炒着菜的勺子，也許還眏了一下眼睛，就又轉問一個站在外頭的什麽人。那個人正也和坐在對門藥鋪門口的一個女人談話。不知他把這個問題考慮過没有，也不知轉問過别人没有，衹是回答始終没有轉來。我想問：這裏不興用鐘的麽？可是在我叫堂倌拿洋火來的時候，看見他并没有拿洋火，却拿了一根紙煤子到竈頭上點燃了，又不直接送給我，倒順便地 xfudde 一吹，去點燃了那挂在柱頭上的没有罩子的洋油燈；又 xfudde 一吹，點燃了那吊在當中的草帽子燈——我把問話又吞轉去了。

"他媽，——"我的話剛要説完，路伴忽然把簽子朝盤子裏一丢，發起脾氣來了。原來他好容易打成了一個泡子，却上不到斗上去，一上又掉了，一上又掉了。

"你瞧，缺德不缺德，風門眼一平的，管不住泡子，怎麽上得穩呢?"

他把另外一根槍拿起來一看，也一樣。我仿佛也記得那叫做風門眼的地方，應該有突起一道圈，泡子的尖的那一頭安上正好管住似的；現在的却一展平陽。川省雖説是出煙的地方，對於煙斗却像很欠研究。

正在路伴發躁的時候，娃兒却從容不迫地對他説：

"人笨扯到刀鈍，是你自己不會上嘛。"

"那麽，"我説，"娃兒，你幫他上上好麽?"

她把掉在盤子裏的泡子撿起來看了，擺頭説：

"這泡子我也不會上，燒得比灰還不如了嘛。"

"好，請你燒吧，我們實在不會咧。"路伴説。

"娃兒，"媽媽喊，"還不走開，多嘴多舌的。"

"我也不會燒，我……"她聽見媽媽喊，又摇了摇頭，大聲地一連説了兩個"不會燒"，樣子可一看就知道是假的。

"老闆，"我説，"請你的娃兒幫幫忙，我們實在……"

媽媽不做聲了，她纔做了一個鬼臉，拿起簽子在盒子裏挖了一大坨煙，一路説："你到背後摸一個枕頭過來，"一路把頭靠着路伴那邊躺在鋪邊裏了。"瞧，像這樣燒的呀。"她用兩根簽子一扒一轉，一扒一轉，一大坨煙，一點也不往下滴。

一拿起簽子，就有些像酒鬼端起了酒杯一樣，話匣子完全打開了。她那仿佛專門爲擺龍門陣而生的小嘴不住地動着，一時説這，一時問那；

眼睛却望着煙燈，轉也不轉一下，仿佛説話的是一個人，燒煙的是另外一個人，而且樣子像一個大人，雖説也并不完全掩住了那天真的稚氣。

她首先問我們的姓，又問我從哪裏來的，到哪裏去的，做什麽事的，提出了這些問題之後，她説她有一個乾爹到高頭去了。他也姓王，也是從底下來的，也是來燒煙，看見她了，喜歡她，一定要她寄拜，衹喊了一聲乾爹他就給了她兩塊錢，還説轉來的時候要帶東西來送給她咧。

“先生，”她説，“那王乾爹在重慶，他説到重慶去的嘛，你們一定會碰見他，他蠻好認的，瘦瘦的，高個子，黑臉，仁丹胡子。帶個信好不好，衹説他的乾娃兒想他嘛，叫他快些回來；叫他帶東西來送我：不送我，我就不認他做乾爹。爲什麽要叫他乾爹呢，要是他不送東西的話。”

説着説着，泡子已經燒好了；不是一顆倒是兩顆。她把泡子在一片鐵片子上滚得長長的，兩頭尖尖的，然後側着鐵片從中一截，截斷了，拔下來，放在盤子裏蠻好的兩顆泡子。

“還得上上去呵。”我不懂她爲什麽要拔下來，擔心地問。

她不慌不忙地拿起一根槍，把斗放在燈上烘了一下，又撿起一顆泡子，讓截斷的那頭也在燈上烘了一下，朝風門眼那兒一鬥，沾上了。

“噫!”路伴吃驚地叫出來。我也覺得這法子妙得很，和我從前看見的上煙的法子完全不同；也就懂得斗上是平的的道理。

上好了，可不給我們抽，把槍放着，拿起另外那根槍，撿起另外一顆泡子，照樣烘了烘，也上上了；又放下，拿起先前那根槍：

“吃呀!”

我望了望路伴，路伴望了望我，我們從心裏表示了佩服，笑眯着眼睛抽着。

她又燒，又擺着她的龍門陣。説：“從前，這裏興花船，一到夜晚，江裏蠻熱鬧，好多的花姐姐們搽着粉，點着胭脂，穿着蠻講究的衣服，唱戲，唱曲調，拉琴子，敲碟子。停在這裏的輪船上的客人，還有從城裏出來的人，都到船上來玩。他們點戲，吃酒，燒煙，一玩一夜。那時候，你們不曉得，蠻好玩的。我們的生意也蠻好的，賣一塊多錢的時候都有。有好多客人喜歡我，逗我玩，要我燒煙，走的時候給很多錢我。後來，一下子，看啦，還衹有一個月嘛，不曉得啥子講究，媽呀，是啥子講究哇，媽也不曉得，一下子革了。革了，我們的生意也不好，我也没有人給錢了，衹有一個王乾爹。喂，叫你們帶個信給王乾爹，帶不帶嘛？”

兩顆泡子又燒好了，捧給路伴抽的時候，路伴説：

“你吃吧，你會吃麽？”

“我不會，我不……”她大聲地説，薄薄的嘴唇撅起來向背後挑了一下，眼睛含着笑地不知怎麽轉了一下，蠻可愛地做了一個表情，意思仿佛説：“她不准我吃的。”路伴馬上明白，故意地説“拿來我吃”，却悄悄地推給她了。

她抽起來和我們完全不同，不枯頭，不着火，口和鼻孔裏也不漏出一點兒煙子來；那斗上的泡子就像活的一樣 Z-Z-Z 地亂叫，向斗裏頭亂涌，不到一息息工夫，完了。

“娃兒！”媽媽喊，“是你在吃煙吧，小心捶你。”

“啥子嘛？”她連忙把槍從口裏拿開，可是口裏含着一口煙子，説話的聲音有點含糊，“我没有……”煙子嗆着她，她咳嗽了。

“你没有？我聽吃的聲音就曉得了，客人哪有吃得這麽響？”

“又不是我要……人家一定要我吃，又是一丁丁口……”

我和路伴都替她討饒，媽媽不罵了，衹叫不要慣了她。

一盒煙燒完了。我和路伴都像有點兒留戀。那一盒也燒了它吧，反正衹兩百錢。娃兒挨了一回罵，撅着嘴，不説話了。路伴撩着她：

“你的媽媽喜歡你麽？”

她點了點頭。

“是媽媽歡喜你些呢，還是你的爹爹……？”

“爹爹？我没有爹爹呀，死了，早死了嘛。”

“老闆，”我説，“在前艙做生意的不是你的老闆麽？”

“不是的，先生，他死了兩年多了。”

“那生意是你做的吧？”

“哪裏？是和我們一路租這船的人做的。”

“哦，船也不是你的麽？”

“是的就好了。我們是錢也没有，人也没有的嘛。”

我覺得碰見一種不愉快的談話，要趕快收場纔好；如果她談出什麽悲劇性的話來了，豈不是要找一句安慰人的話也不容易麽？我不做聲，并且示意路伴也不做聲。那老闆却還在那黑的幕布那裏咕嚕着，好像在説她們怎樣窮，怎樣苦，現在衹指望娃兒大起來，招個好女婿。她説話本來是有聲没有氣兒的，看見没有人留心聽，説到後來，就格外不帶勁兒，説到自己的喉嚨裏去了。

艙裏静寂着，我們聽見外頭有雨點打在艙板上的聲音。

一九三六，秋，上海

旁　聽

一覺醒來的時候迷迷糊糊地，還以爲是睡在學校裏的教員宿舍裏；睜開眼睛一看，原來是一個統艙的高鋪上。

正是個七月間的下午，天氣熱得不亦熱乎；統艙裏更是三倍地熱。船又在停着在，整個世界也像在停着在，四方八面都没有像要吹一點風進來的樣子。大概是擋不住這熱，客人們都到艙外頭去了；留着的是些睡午覺的，抽大煙的和一兩個娘兒們。遠處的邊鋪上有一位過足了癮的老先生，一路抽着廣東式水煙袋，一路嗆咳着，可一路又講演着他的儒釋道三教歸一論。他的聽衆有兩三個甚至三四個之多。我還未睡着的時候他就在講，醒了還聽見他在講，也不知講了幾個鐘頭。

艙外頭遠遠近近也有許多人在講話，聽起來很細微，很迷糊，像一陣蒼蠅在嗡嗡嗡，一時高一時低，一時多一時少，可没有一個清楚的字眼。再遠一點，更低微可是更複雜，亂七八糟的種種聲音的合奏，没有空隙地喧響着。裏頭衹有一種聲音將就可以聽出，就是那江裏的浩浩蕩蕩翻翻滚滚地流着的，一江的大水。那水濃得像學校裏每天早晨的稀飯，顏色是深黄的，太陽在上頭一照，就放着金子一樣的光。

縱然是放着金色的光的水吧，我也已經看厭了；一起一伏的波浪，隨隱隨現的波紋和幾聲汪汪的吼叫，初看也未嘗没有興味；一久，興味就索然了。有些人成天站在船邊看水，指手畫脚，講得津津有味；我呢，我寧可躺在高鋪上睡我的大覺；醒了，就睜開眼睛，呆呆地望着那近在眼前的一條條的淺灰色的天花板。開船吧，開船吧！我這樣在心裏不知向誰祈求着；可是又明知道就是明天這時候，恐怕也没有開船的希望。老天爺真是跟人作對：好容易趁暑假回一趟家，當然早到一天，早看見我的女人，我的孩子，我的家；唉，我離開我的家又是一年了，偏又在半途裏出了岔子！

我翻了一回身，喝了幾口放在頭前的凉水，閉起眼睛想再睡一覺，可是煩躁得很，簡直睡不着；翻了翻帶在身邊的一本閑書，也看不下去；忽然想起，在旅行雜志上發表的游記，據編者來信説，得到了許多讀者的稱贊，極力叫我繼續寫下去。現在就來計劃着寫一篇吧。於是回想起這一回的行程，覺得經過巫山峽的時候所看見的那美妙的風景，是一篇最好的游記材料，就寫這個吧。我慢慢地集中我的思考，巫山峽的奇景仿佛在眼前的那天花板上顯現出來。

"老李！"

"麽事？"

有人走攏來，喊那躺在我底下那一層鋪上燒鴉片煙的茶房，接着是那茶房的回問。這，有一點兒擾亂我的思路。可是我不管，一心皈命禮地來打我的游記的腹稿。

這回經過巫山峽的時候，正下着很大的雨，遠遠近近高高低低有不少的煙霧。這雨，這煙霧，洗浴着，籠罩着重重叠叠的叢樹，把一個本來有名的巫山峽妝點得格外動人了……

"有人找你。"那從外頭進來的人説。

"哪個？"老李仍舊躺着問。

"你猜屄？"

呸，多麽下流的話。但正是一個船上的茶房的話。我已經聽出那來的人是一個茶房：小陳。

"你説我不在。"

"人家已經進來了。"

那老李在底下連忙做出了些響動，聽那聲音，我猜是在吹燈，爬起來把煙盤子傢伙往鋪面前的一口木櫃子裏送。從艙門那頭已經送來了一個女人的很親熱的聲音：

"啊，老李……啊，你在船了……啊，你好……啊，好久没有看見……"

那聲音就像連珠炮一樣地向我打上來。

老李我說過，是個茶房，我睡的鋪位正是他管的。矮個子；杠背，禿頭頂；腦殼周圍有些稀稀的頭髮，已經花白了。扁額角，像是給誰削了一刀的，額角上從左到右很清楚地畫着一道一道的琴弦，一説話，那琴弦就跳動起來，算是有人在彈奏了。眼睛，鼻子，嘴什麼的，就是青天大白日也不容易看得準確，給那些眉毛呵，鬍子呀，皺紋啦，雀斑啦，還有別的些七古八雜的東西弄得糊裏糊塗了。那臉上祇有兩樣東西非常醒目——像山包嘍一樣聳起的兩個大顴骨和那朝前翻着的黑洞洞的鼻孔眼兒。

這傢伙有一副不小的大煙癮，一早晨醒來就聽見他在 Z-Z-Z 地抽。你喊他打水吧，要等他抽完一口煙；喊他開飯吧，也要等抽完一口煙。夜晚，更不消說，是大煙鬼的世界，無論什麼時候醒來，總可以聞見他供奉給你的那一陣繚繞的香煙。他招呼着四個鋪位，可總祇有三個鋪位有客；那一個鋪位，走了好幾個碼頭，還没有看見他賣出去過。并且，除非有事情做去了，他很難得有離開它的時候。

“啊，老李，昨天就到了，啊，你不上坡……”

那女人的聲音響着響着就到鋪邊來了，一陣脚後跟的呑呑呑的聲音，我猜它是一雙小脚。

女人的聲音，是我們家裏叫做“哈古”的一種：也許是剛纔演了一場說，唱了一臺戲，太賣力，把嗓子弄倒了；也許早晨跟別人吵過架，哭過叫過；也許害了幾天傷風，咳嗽得太厲害了——不過也許本來是這樣。她一走攏來，像很疲倦地，老實一屁股就坐在老李鋪上，鋪板軋軋地叫了兩聲。

可是我的文章應該想下去呀。先生們，説話的聲音小一點好嗎？

平常我也看過一些山。看得見的總是極小極小的一部分；并且總是靜的死的，無論怎樣，它自己總不會動。這回不然！我坐在船上，船離那些山有相當的距離。所以眼前是一幅很大的畫面。同時，船在不住地走，看起來，就是岸上的山在走，就是那些山，那些樹，都活了，排成隊伍，一列一列地在面前走過去；自己却站在檢閲臺上，從從容容仔仔細細地玩賞……

怎樣把那活動的山，表現出來呢？這裏我停頓了一下。

“你好哇，老李！”哈古説。

“你駕好哇！”老李像殃皮虱子，拖着又小又慢的聲音重複着她的話，大概就是對她的應酬了。

“我好？我好個屁！我們宜昌這回淹了大水，不是擺在面前的麽？”

江水的曲折，有時候差不多是圍繞着那些山崖。於是，一個山峰，不但可以從一面看去，還可以從兩面甚至於三面看去，在這面看是這樣，等一會兒在那一面看，又是那樣。一個山峰有兩三個樣子，十個山峰就有幾十個樣子。真是好比元宵節大鬧花燈，五顔六色，各種各樣的燈彩在争奇鬥巧，你就猜不透究竟會有多少花樣——一個童子拜觀音過去了，接着的是獅子滚綉球；一會兒是劉海戲蟾，再一會兒是八仙過海……啊啊，這些話完全要不得，這能表出那風景的萬分之一麽？這發表出去會有人要看麽？算了吧，等一會兒再説。

“淹水還淹到了你麽？”小陳坐在鋪邊的木櫃子上，一隻手扳住我的鋪沿，低下頭去説，樣子像蠻高興的。

“哪樣不淹到我？我就住在江邊裏。天啦，那真駭人，比那一年的水還大。半夜三更，轟同一下子，一股水從地板底下衝起來，把桌子啊，床啊，都衝到半天雲裏去了！又 Kuala 一下子，房頂啊，墻啊，都塌下來了，又把人壓在水裏。你們不曉得，死了好多人咯，那還談得！這回没有死，真是……”

“格雜，”小陳，“真是‘婊子死了變駱駝’，還欠壓，xexe！”

“你媽纔欠壓咧。雜種兒子，人家性命場合，説得好玩！不是救生船把人從水裏撈起來……”

宜昌街上的水有多大，我不曉得。靠江一帶的房子倒的倒，塌的塌，没有塌的，屋子裏也全是水，昨天船到的時候是看見過的。江邊還浮着些倒了的樹，没有流走的劈柴，木板子，破爛的箱子，殘缺的桌椅板凳和挂在樹枝或別的什麼上頭的一些髒衣服。那情形和平常完全不同，簡直認不出是什麼地方。船也找不到碼頭，碼頭到水底裏去了，衹好停在江當中。那時候，正下着瓢潑桶倒的雨，起着大風，天氣也和今天完全不同，冷得像重陽都過去了。江裏的浪，像造反地吼着跳着。一望，盡是水，盡是雨，人就不會想到世界上還有乾燥的地方。一直到今天早上還没有人敢上坡咧。水太大了，江面加寬了。聽説朝底下走，江面還要寬，寬幾多倍。領江的不敢擔保不會把船領到人家村子裏去，所以船也衹好停住，等候水消退一點。

然而這大風大雨大浪，在巫山峽那裏却是個難碰難遇的奇景。于是我又回到我的文章上去。

……每架山上的流泉都像一個人吃了仙丹妙藥一樣，忽然發胖了，增加了百倍的精神，連本來乾涸的水道，現在也興風作浪起來，不是水道的地方，也自然成了河，成了溝，水汪汪地流着。于是那些山上，本來没有瀑布的，現在都有了，本來有的，都放寬了門面，喜歡看風景的人，常常跑幾十里甚至更多的路去看從一兩架山崖挂下來的瀑布，贊美，留戀，一直到天晚日落，纔心滿意足地摸着大半截黑路回去。這種人應該請他來看巫山峽，看這煙雨中的瀑布……

“你們不曉得，”哈古還在説，“宜昌還成個樣子麽？街上都走船，死的人無計數，流跑了的不算，撈起來的尸首滿處都是，棺材鋪裏的存貨都抬光了，生意没有人做，米行裏、飯館裏通通關了門。多少人没有吃的！哪個雜種兒子説謊話，我有兩天没有看見飯是麽東西做的了！”

哦！這是如何壯觀的美景喲！那雨裏頭，霧裏頭，有幾千條幾萬條，也許還要多的瀑布！它們從各種各樣的山崖上，山凹裏，山頂上，山腰裏，流成各種各樣的姿勢：有的從高的山上流到低的山上，有的從低的地方噴到高的地方；有的從天到地一直瀉下；有的却經過無數的曲折纔流到江裏。有由幾條匯成一條的，有由一條分幾條的；有黄色的，有白色的，也有左邊一半是黄色，右邊一半却是白色的。有的衹看得見上一半，下頭却叫近些低些的山遮住了；有的又衹看得見下一半，上頭完全是濃厚的煙霧。還有完全從山洞裏頭噴出來的飛沫。看起來和煙霧簡直没有分别，不知道究竟是在往下流，還是煙子在朝上冒……

“没有吃飯，饅頭總是吃了的咯。”又是小陳。

“媽的，你是在開玩笑，還是説正經話？不錯，有饅頭，善堂裏堆在划子上滿街送。那纔叫做饅頭咧，比七月半放焰口丢給鬼吃的還要小，一個人發兩個，又乾又硬，有的還上了黴，做醬倒蠻好的。可又有什麽法子呢？”

那幾千條幾萬條瀑布，無遠無近，和這連天大雨一齊哇啦哇啦地吼着，吼成一個整片的炸雷，就像天崩地塌一樣，就像千軍萬馬一樣，把船上的機器震動的聲音，排泄髒水的聲音，船上有時放出的汽笛的聲音以及一切的聲音都吞没了，連兩個人面對面地談話都不容易聽見。

鋪面前漸漸攏來了好多腦殼，有的是睡午覺的剛醒，有的是從艙外頭進來的，一兩天來，大家都仿佛很關心到水，連在巫山峽看風景的時候就有人提到底下不知漲了多大的水了；到了宜昌又像個個都情願上坡去視察一下水灾。可是，一到的時候，是大風大浪大雨，没有划子敢來兜生意；今天，雖説風停了，雨也住了，水還是没有消，浪還是照樣大，划子價錢貴得要命，想上坡的人，不知是拼不起命還是捨不得錢，好像都没有上去，衹是在船上靠着鐵欄杆，一路看水，一路你一嘴我一舌地咕嚕着。這個説：“宜昌怎樣了呢？”那個也説：“是呀，宜昌怎樣了呢？”你問我，我問你，都在打聽坡上的情形，可又都不知道坡上的情形，現在忽然有一個從坡上來的人在講經，哪有不圍攏來的呢？娘兒們也來了，孩子們也來了，連那講演着三教歸一論的老先生也抱着他的廣東煙袋來了。黑魆魆的一堆腦殼蠕動着，熱烘烘的一陣汗熏襲着。從艙門口射進來的光綫給他們擋完了，如果身邊有寒暑表，我一定會看見它哧一下子就增高了二十度。這樣一來，我的文章，不消説，那還想什麽呢？

無數的問題在飄動，一打以上的聲音在比武。可是那哈古女人好像没有理會他們——實在她也理會不了，衹是照常在説她自己的，重複她自己的：

“比那年的水還大，不曉得死了多少人……半夜三更轟同一聲，從地板底下衝出來一股水……街上要走船……瞎説的不是人，我有兩三天什麽都没有吃，怎會有吃的呢？麽事都衝跑了！”

應和着這一段演説的是一陣聽衆的嗟嘆。

“歇一下吧，説客！”老李説，不知是不耐煩聽她的話呢還是討厭圍攏來的這些人。

“好好，不説了，話都説完了，我的娘啊，一點兒勁都没有了。”

鋪板反叫了幾聲，大概去躺下去了。

聽衆，現在輪到聽衆來發表意見了：“啊啊，簡直這樣了！”“真是劫數哇！”“天收人了，有麽法呢？”“再到底下去更不得了咧！今年的莊稼……”中間夾着那位老先生 xud 吹燃紙煤子和咕嚕咕嚕抽水煙的聲音。這之後，大家看見再没有什麽聽的了，纔依依不捨地散開，到另外的地方去舉行小組會議，衹剩下原來的三位朋友，艙裏頭又慢慢亮爽起來。

他們有這麽個兩分鐘的静默。

不説話了麽，還是讓我來想文章吧；可是文章的綫頭子總接不上，想來想去，倒總想到：這哈古女人是個什麽玩意兒呢？其實，我早就懂得她了。這不是很明顯的麽：每個城市里都有的一種下賤女人，不用説，和這老李有點苟且，這老李又大概不大喜歡她了，多少時候没有去；但是她呢，當然咯，怎能好好地放過他呢？假如老李還有幾個錢的話，多麽簡單、無聊哦，這社會實在醜惡極了！

“喂，老李！”過了一會，哈古又低聲地喊。

“麽事？”

“你來了怎不去找我呢？”

“我？我没有工夫哇。您駕問小陳，是不是，小陳？”

没有聽見小陳的聲音，也許他用點頭或者别的什麽表示了。

“什麽？”哈古説，“我曉得，你發了財，不理我了。”

“發了財？”老李像給蛇咬了一口似地説，“哪個發了財？”

“哎喲，没有人要搶你的，偷你的，急麽事？縱然没有發大財，下一回漢口，老規矩總是跑不了的咯。”

“小陳，聽見了没有？説得多輕飄哇！我跟您駕説了吧，如今不比往常，到處都緊得很。上回，你駕問小陳，兩百多，潑光了。”

“你没有説這回頂少帶了四百。”

他們的話我也懂得。有一個朋友忘記了從什麽地方到新加坡去，船上一個茶房跟他好得要命，臨上岸的時候，茶房提了一大籃子水果來對他説：“我跟你一同去吧，我去看看朋友咧。”他們同坐了一輛馬車。到海關上一查，籃子底下盡是鴉片煙土。那茶房呢，不知什麽時候却溜走了。這朋友不懂外國話，也不懂廣東話、福建話，辨不清。當然咯，吃官司。這就是船上的茶房們幹的好事。

可是老李不承認帶了那麽多。他説：

“這總是活冤枉咧，要抄我的家囉！”

“好吧，不跟你講這些，發財也好，背時也好，我管得着麽？不過，如今宜昌淹了水，你看見了。半夜三更，轟同一聲，地板底下衝出一股水……Kuala一下，頭上的東西又塌了下來，我的東西通通衝跑了，人也差一點兒衝跑了，他媽的，左右衝跑了倒好些，偏又没有！我住的地方也没有了，吃的也没有了，麽事也没有了……”

“您駕有朋友哇！”老李。

“是的，我有朋友；可是這是麽時候哇。土地菩薩被蛇咬，大家都自己保不住自己。你曉得，三姐兒跟我住在一條街上，也是麽事都没有了；小寶兒住在高頭些，可又也是窮得噴屁臭；二姑娘呢，有是有幾個，不是早就不來往了麽？”

“哼哼，”老李鼻子哼了一下。

“格雜，裝眼子，”小陳開了口，“老李説的朋友，多長着一點兒東西。”

“哦！嘿嘿嘿！”女人笑着説，“我的娘啊，怎不明白點説？天在上頭，我有男朋友，等我死了没有棺木釘。還要哪樣説？”

“老李，”小陳又説，“聽，别人還在跟你守節咧。喂，要貞節牌坊囉?”

“雜種兒子，飯會吃，話總不會說。老子跟你爺爺守節，跟你爸爸守節！守節也没有人領情，對不對？現在是六個指甲搔癢，巴結不上啊！不過本來没有朋友，有麽法想呢？到街上去拉吧，也要人家翹得起東西來呀。”

“我說太太，”老李很不耐煩似的聲音，“您駕斯文點好不好，這船上還有女客的。”

“太太?”鋪板軋軋地叫着，聲音也近些了，準是“太太”坐起來了，“我是太太，那纔抖咧。我現在是要跟人家當三大小，五大小，也没有人要。上從重慶，下到武漢三鎮，十幾個碼頭；哪裏少了年輕的好看的姑娘？有錢怕找不到好相好的？像我們這種猪不啃的南瓜，丢在街心裏，聞也没有人聞!”

我相信她說這一段話的時候，是很興奮的，因爲她的聲音又漸漸大起來了。可是回答她的話的是一陣可怕的静默。老李不做聲，小陳也不做聲；連在近旁開小組會議的人們也突然停止了討論，大概是留心到她的話了。至於她自己呢，是不是在懊悔這一陣興奮的浪費，自然不得而知；不過聽見她在停息了一下子之後，却又低聲說，不，應該說是柔聲地喊着老李。

“老李，麽樣？說話呀!”

依舊的静默。

外頭有人喊小陳，小陳答應了一聲，走了。

“莫這樣子，老李，不說話叫人多氣悶!”

老李還是不做聲。不過似乎有些動作，似乎在和那女人推推拉拉的；離得不遠的斜對面的邊鋪上有幾個人望着他們，一個人把另外一個用肘子一拐，大家忍不住笑似地做着鬼臉，裏頭還有一個“啊哈”故意咳嗽了一聲。那女人接着說：

“一是一，二是二，說正經話吧。你不理我了，我曉得；多說也没有用，我也不怪你，紅黑是會有這一天的。不過。常言道得好：‘一夜夫妻百夜恩，’我們總好過了的，是不是？現在，淹了水，擺在面前，我麼事都没有了，兩天没有進飲食……”

“還是這一套麽？”

“你叫我説麽事呢？我現在在過難，要人搭救我；找哪個呢？宜昌，自然也有些熟人，可是他們也都在過難啦。千錯萬錯，你跟我有過這點兒狗屁關係；叫我不找你還找哪個呢？……”

跟作文章一樣，我覺得她的話説到本題上來了，這裏應該有一兩段精彩的東西。這倒引起了我的一點兒興趣，我要聽她怎樣説，并且看老李怎樣應付。

“開口哇，我的好老李。”

“我有麽法子呢？”

“麽法子呢？我又不要留住你，又不要跟你走。看，不是很明白的麽！衹當你從前在我頭上多花了幾個的，衹當你多吃了幾口煙，衹當你多打了一場牌，衹當生意上少賺了一點點，我一輩子也不會忘記你的。”

“我没有錢！”斬釘截鐵的回答。

“是的，我曉得。不要你的多少錢，衹要能渡過幾天灾難。你上不上坡？水這樣大，船一兩天還不一定會開的。上坡去吧，找個地方陪你痛痛快快地玩兩天。我燒煙給你吃，做好菜給你吃，哦，你不是喜歡喝鷄湯麽？要麽樣就麽樣，衹要你願意，叫我死我都來。”

“我没有工夫！”

“哎喲，看我們的老李，好大架子，真是求着你了咧！不上坡就不上坡吧。常言道得好，‘救人一命，多活十年，’好事不是人做的麽？我又不要你的幾十幾百，幾塊錢就行了。比如説，五塊錢！哦，五塊錢我要過多長一截日子啊。你借給我吧，衹要有翻身的日子，總要還給你的；今生裏還不起，來生裏變猪變狗也要還。好老李，你想想看，難道我就一點兒好處都没有給你想的麽？”

文章還不錯，可是好像并没有感動老李。老李説：

“五塊錢，説得容易，天上掉下來？”

“你不在乎哇，我曉得，你有錢。”

“我没有錢!”

“無論哪樣，幾塊錢總是有的呀。好吧，不要五塊、三塊，就是三塊吧。老李，衹要三塊呀。三塊錢，在平常，就是我也不在乎的，這真是在過難啦，打個比如，我不該説，比如你是我，你在過難，你不找人幫幫忙麽?”

“告訴您駕，一句話結了：我一個錢都没有!”

又是一陣子静默。這一次比較地長久。我聽見那位講哲學的老先生在邊鋪上 Z-Z-Z 地抽着鴉片煙。又好一陣子纔聽見哈古嘆一口氣，説：

“喂，這樣吧，我坐划子來的，講好的五角洋錢。是熟人纔這樣便宜的，這樣大風大浪，跟拼命一樣，别人怕不要幾塊；還没有給錢他，你去幫我給；叫他送我回去。回去要多少錢，你跟他講，我不要你的一個銅板。”

“不是説過了麽，一個錢都没有。没有，有麽法子呢? 比如説，現在叫您駕借一塊給我吧，您駕有麽?”

我實在佩服老李的這股勁兒，古話形容城墻的堅固，叫做“金城”；這傢伙倒是座真的金城，無論什麽大炮，恐怕也衹有朝着它發抖的吧。而且“叫您駕借一塊錢給我”，回戈一擊，有力之至!

“老李!”

“麽事?”

“看不出你是這樣一個人! 你就連香煙錢也不給幾個我麽?”

“哦，香煙，真是忘記了咧，還没有請你駕吃香煙。有的有的。”

接着是一片悉悉索索的動作。

“不吃你這種人的香煙!”這回的聲音是粗暴的。

仿佛一支香煙被丢在地板上了，差不多同時，我的鋪沿被什麽東西“碰”地襲擊了一下，我吃了一驚。原來是那女人站起來了，没當心，碰着了頭。可是她哼也没有哼，却吞吞吞地朝外頭走了。

怎麽? 完了麽? 我略略地抬了抬身子，想瞻仰瞻仰她，却衹看見後頸窩拖着一把辮，穿着一件藍短衫的上半截背影。

二，六，一九三六

山　芋

一、豐美的午飯

年輕的女兵被聯保主任殷勤地送出來之後，一路上還打着飽嗝。

女兵，是老百姓對戰地服務團的女團員的稱呼。她們在這戰區的各個地方，和男同志們一齊做着民運工作。

聯保主任烏着猪肝色的嘴唇，露着一嘴的黑牙齒：

“是是！吴同志！這回要不是吴同志來……嘿嘿嘿！吴同志！真有辦法，嘿嘿！”

本來彎了的背格外彎下去，卑躬屈膝，諾諾連聲；另外呢，一雙愚蠢的眼睛……“啐！要不是爲了工作……”

可是一頓午飯，真是稀有的午飯哪！鷄、鴨、肉、魚，味道又蠻好的。

她擦着嘴角邊的油。

二、冬　天

出了村子，應該走上回自己的工作組去的路；可是想起昨晚的那老太婆來。

“不拘怎樣，姑娘，你回去的時候要來一趟啊！”那老太婆對她說。

她有點兒怕她的囉嗦：怕看見那可憐兮兮的樣子。可是，答應過她，就這樣走了也像太……

那末，彎一點兒路，從這兒過一下吧。她想。

冷風迎面颳着，天板着鐵青的面孔，像要下雪或者下雨，田野是一片灰黄，遠近的林木裸露着枯瘦的胳膊。

現在正是冬天！

三、調　兵

前天晚上，黄沙渡工作組接到這邊工作組的信，要一個女同志來一下；這邊的工作組盡是男的。

昨天她到了這裏。同志們對她說，山河鎮跟前有一個老太婆不讓她的孫兒受壯丁訓練，天天到聯保辦公處吵鬧，聯保主任急得無法，誰的話她也不聽。同志們說，找一個女同志來試試看。

晚上，她先打聽了一些關於老太婆的家世，費了一番唇舌，把她說好了。

今天，聯保主任請她酬勞，并有這裏工作組的兩個同志作陪。她要趕回去，没有等吃完飯就告辭了。

四、人是猴子變的

“哎喲，你是個女的麼?”她初到老太婆家裏的時候，正是晚飯過後；老太婆一隻手遮在額角前頭，眯着眼睛，瞅了她半天。“我是聽見説有女兵，想幾時看見一回……”完全用好奇心來接待了她。

——人是猴子變的！

女兵在學校裏的時候就聽見教師講過；現在好像得了一個證明似地，看見這老太婆就想起那句話來。

眼眶像雙眼井似地陷下去，眼睛一睁，上眼皮就完全没有了；眼睛和眉骨和那幾根稀疏的眉毛連結成一氣。眼睛又細又短，好像并不是眼睛，衹是用什麽東西隨便戳的兩個小窟窿，説是小窟窿吧，裏頭又蠻複雜：紅的緑的黑的白的，什麽顏色全有。

顴骨高高地聳出兩個山峰；額角却是扁平的，倒像山脚下的斜坡。鼻子短，低；大概因爲没有牙齒，嘴的兩旁凹下去，像故意向裏面吸住似地，嘴和下巴都突出得很遠。

臉上，額角上，盡是時間和生活的脚印，像所謂文明國的地圖：山脉、河流、鐵道、公路、航空綫……横的直的斜的正的，交叉錯綜，看花人的眼睛。

其實，她并没有仔細看過猴子；猴子的面孔倒似乎很簡單的。

五、古　畫

“到房裏坐坐吧，姑娘，外頭冷咧。”

外頭還很早，房裏却幾乎已經是夜間了。房裏其實并不不冷；一陣陰森，一股什麽氣味，反而叫人難受些。

她一進去，還没有看見什麽，就覺得房裏塞滿了東西，很難走進去；等到看得見了——真奇怪，怎麽會看得見了的呢？她忽然發了一個奇想，人在這屋子裏可以變得看得見，是不是如果住慣了，就無論怎樣的黑路都用不着點燈呢？——果然是一間小屋子，床、桌子、櫃子、黄桶，幾樣大東西一擺，人就没有什麽轉動的地方了。

另外呢，鉢子、罎子、罐子，大大小小，高高低低，桌子上頭，桌子底下，櫃頂上，櫃脚底下，黄桶上，床角落裏，衹要是靠墻的地方都擺得有東西。但那些東西，大半是仰着面，張着口，好像在説：瞧我餓了很久哇！

“就到床上坐坐吧，姑娘！”

床，在起初還衹是一個模糊的影子；過了一會兒，不但看見了房裏的許多東西，還看見了床，看見床對面的灰暗的墻壁上挂着兩塊玻璃畫框，連那上面畫的什麽東西，都有點兒看得出咧。

那是塗在玻璃裏面的彩色畫，畫的兩個半身女人。眉目看不很清楚，從那滚着寬邊的衣服的樣式看來，恐怕還是一百年以前的時裝。除了戲臺上的丑角女人的裝束以外，没有從别的地方看見過。

六、驚奇的眼睛

“姑娘，你姓吴麽？我們也姓吴咧！”

老人家自己坐在一把矮椅子上，抬頭望着女兵。

“哦，你十八歲。我的小虎子也是十八歲咧。”

因爲冷，她把手縮在衣服裏，兩隻大袖子空空洞洞，就像没有手一樣。“你家裏還有爸爸，媽媽，哥哥，妹妹，我的小虎子可什麽都没有咧。”

她一樁一件，很耐煩地問，别人每説一句，她都扯到自己家裏，拿自己家裏的事情來比。

“你是哪裏人？你家裏做什麽事？你怎麽來當兵的呢？怎麽到我們這裏來的呢？你在外頭，過得慣麽？你不想家麽？”

“你有婆家麽？你讀過書麽？你會打仗麽？……”

一連串地問這問那，連回答也回答不贏。到後來，她也并没有怎樣注意别人的回答，意思似乎衹要把問題提出來，就行了。

她背着亮坐着，臉和别的什麽，别人都看不清楚。可是在迷茫裏，那女兵似乎看見她亮着一雙驚奇的眼睛——自然不是她本來的眼睛。

七、插　曲

上海的仗打得正緊張的時候，離上海還有幾百里路遠的南京的情形就完全變了。

從前那些閃亮的汽車不知到哪裏去了；從前打扮得花枝招展的摩登小姐們，也不知到哪裏去了。最熱鬧的馬路上的商店都關門閉户的，夫子廟的茶樓的生意也没有了。有些馬路，有些商店，有些機關，給日本的炸彈炸毁了。空襲警報一天五六回，八九回，十幾回地叫着。滿街都是兵，一列車一列車從不知什麼地方送來，又一列車一列車地送走了。

就是這樣一個慌亂的夜晚，一個淒冷的夜晚，下關一家店鋪裏，一家幾口人圍着頭髮半白了的爸爸坐着。很久很久沒有人説一句話，空氣肅穆得像大年晚上敬神的時候。

“我没有見過這樣亂的世界，也没有見過打得這樣厲害的仗……”

終於，做爸爸的打破了沉寂。聲音低微得幾乎聽不清楚，眼睛是直的，誰也没有望，像在對虛空講着。

“我不知道會變得怎樣，也不知道該叫你們怎樣；這不是生意上的事，我不很懂……”

幾個人差不多連呼吸也没有地望着爸爸，電燈光照着爸爸的陰暗的面孔。

“你們，孩子們，讀過書，進過學堂；你們都是二三十歲的人，應該知道得比我多，應該知道各自要走的路。唔？説呀，我問你們!”

爸爸的面孔從來没有這樣難看過。眼光掃到面前，每個人都不知不覺地低下頭或者垂下眼瞼。

“看樣子……”爸爸接着説，“南京是保不住的，就是保得住，生意也没有了；誰也不知道下一天，下一點鐘，炸彈掉不掉到頭上！現在，咱們、你們、家人、父子、兄弟、姐妹……”

爸爸吃力地一個一個字地説。

“孩子們，咱們，從今以後，不好再在一塊兒過了!”

“爸爸!”坐得離爸爸最近的媽媽忽然喊了一聲，就哭起來。

“那麽……”爸爸一面擺手叫媽媽不哭，一面説：“老大，你把你的老婆帶起，愛到哪裏去就到哪裏去，愛作什麽就作什麽。這裏，爸爸給你預備一點錢……”

爸爸從口袋裏掏出一個包袱，從包袱裏頭拿出用紅紙封好了的厚厚的一扎票子，擺到老大的面前。

“這數目并不大，可是這時候，没有更多的法子好想；你要省着用，説不定這是你最後一次用爸爸的錢了!”

“爸爸！”老大嘶着嗓子叫了一聲，就把臉埋到擱在桌上的手裏了。

“老二呢，你比你的哥哥灑脱，没有老小；也比你的哥哥能幹些，你是餓不死的。不過，我還是……”

爸爸又從包袱裏拿出一個小些的紅紙包。那紙包，就像過年的時候給小孩子們封的壓歲錢，或者什麽喜慶事的人情錢。

“如果天有眼睛，一年半載，世界太平了，咱們……”

爸爸似乎説不下去了，就掉轉話頭：

“兩個丫頭還小，就跟着媽媽吧；明天一路到姑媽家裏去躲躲……”

“你呢，爸爸？”老二説。

“我？你們不要管！我在生意上混了三四十年，靠一雙手挣到了這點家産；一口氣不斷，還是想守住它！”

“爸爸，那不行！”老大老二都説。

“你們放心，我不會這麽笨，在這兒等死！不過我還要把一點不值錢的貨慢慢移動，我還要做生意。爸爸不會死的，牛馬還没有做够咧！”

爸爸臉上帶着一點點苦笑。

“爸爸！我不到姑媽家裏去！”大丫頭在爸爸站起身來的時候説，她睁着嬌憨的央求的眼睛。

“你？”爸爸用吃驚似的眼光回答她。

“我要跟哥哥們一路，不，我要一個人……”

“傻丫頭，你還小哇！”

“我不小了哇，爸爸！過年就是十七歲。”

“真的咧！”爸爸裝着細眯的眼睛笑，“爸爸都不曉得你快成大人了。可是你是一個丫頭哇！”

“那有什麽呢？我也讀過書，懂得事情。不是有許多女的都在外頭做事麽？”

“唉唉！”爸爸拍着大丫頭的頭，“我説過，在這古怪的世界面前，什麽我都莫名其妙，依你的吧，如今人心太壞，實在不放心；不吧，萬一有什麽不好，你一定在背後嚼舌頭，咒爸爸老而不死！好好，你和你的哥哥們商量看!”

八、可憐的姑娘

這是女兵被老太婆逼得講的一個故事。她并没有忘記聲明，故事裏的大丫頭就是她自己。

“後來呢?”老太婆問。

“後來我和爸爸媽媽分了手，也和哥哥們分了手。”

“再呢?”

“再麽? 南京給鬼子占去了! 下關給鬼子炸平了，燒光了! 我們家裏什麽都没有了! 爸爸逃到江北姑媽家裏去了!”

“現在還在那裏吧?”

“那裏? 姑媽們那裏也給鬼子占去了，殺了很多人，燒了很多房子，搶了很多錢……”

“他們到哪裏去了呢?”

“誰曉得呢? 在山西的時候，還接到爸爸的信，問要不要錢用。後來就不曉得了!”

“哥哥們呢?”

“大哥在漢口，二哥聽説到過廣州。現在武漢和廣州都不是我們的了!”

“哦! 你看! 多麽，多麽……我的可憐的姑娘!”

“怎麽? 你在哭麽，老人家? 唉唉，你的心太軟了!”

九、一個炸彈和一個猪

四十二架飛機像一群烏鴉遮蔽了晴空，從日本空軍基地飛向武漢。武漢三鎮的居民一聽見警報，就習慣地躲到自以爲或者可以逃脱這灾禍的地方。

中國的空軍從容不迫地飛起，迎接那跋扈的勁敵。

經過一次激烈的戰鬥，日本的四十二架飛機没有能够扔一個炸彈到武漢三鎮的地面上，没有能够損傷武漢三鎮的一根草。

可是那四十二架飛機却一架也不少地被中國的戰鬥機和高射炮打壞了；或遠或近地落在中國軍隊的防綫内。日本空軍司令部還在盼望它們凱旋咧！

很久的一個期間，日本飛機在五十架以内的數目，不敢把機頭朝着武漢的方嚮。

這是日本空軍的耻辱哇！

可是他們有一個很好的雪耻法：中國還有很多没有空防的小城鎮！他們也還有很多重量的炸彈！這戰區裏就有一個小縣城被幾架聯翩的轟炸機安安穩穩地從東街到西街，從南頭到北頭，幾乎幾尺遠一個炸彈，炸平了！轟炸的時候，地面上連爆仗也没有人放一個。

“凱旋”的中途，那些空軍“英雄們”快樂極了；他們又冒了一次“絶大的危險”，表現了一次“光榮的”、“偉大的”大和魂精神！

有一個還帶着一點童稚的頑皮的青年英雄，簡直按捺不住他的高興，從五六千公尺以上的高空，漫無目標地扔了一個剩下的炸彈在不知什麽地方。人在快活的時候，什麽新鮮花樣玩不出來呢？

轟地一聲，像天崩地塌一樣，那炸彈落在離剛纔被炸的縣城一百四十五里路的魏王村旁邊。魏王村的人們被這突如其來的響聲和震動嚇死了。土雨從天空落下來幾乎要埋掉他們。他們有的以爲自己已經死了；有的擔心着再來一個，就什麽都完了。

可是他們并没有死，也没有來第二個炸彈。

一會兒工夫，全村的人們都在講這一個炸彈。離村子一里多路的地方，添了一個大坑：三丈多長，兩丈多寬，一兩丈深。那兒原來有一株烏柏樹，一塊石碑，都不知飛到哪裏去了。魏二婆婆的耳朵忽然聽不見了。王三的老婆的腿子被什麽東西擦去了一塊肉！

村邊塌下了幾間屋：一間是厨房，一間是茅房，還有兩間是没有人住的空屋。那厨房塌下來的時候，壓死了三隻鷄，一個猫，和一個猪；另外還打破一些飯鍋碗盞。

厨房是王三的，猪却是他的丈母娘的。

最倒霉的當然是王三：房子塌了，老婆傷了，鷄死了，東西打破了；還加上一件最難辦的事，到丈母娘那裏去把信。

不喜歡多講話的王三，最怕和老太婆們打交道，尤其是丈母娘。在他看來，丈母娘是個慳吝、固執、不通人情的老傢伙，别的話都好説，除了與錢財有關！

十、幻想的宫殿

鎮上的篾匠余老五，早晨一開門，王三的丈母娘就進來了。這時候頂好有錢，拿出來還給她，可惜他没有。不過，誰知道呢，余老五向來就没有痛痛快快還人家的錢的脾氣——扯債的人都没有這樣的脾氣。

她老人家就坐在屋裏一直到天要黑，害得余老五的老婆，連飯都不敢拿出來吃。

坐了一天，當然不是把嘴閉住了的，她也不是一坐一天没有話説的人，余老五又是一個莽撞傢伙，少不得頂幾句嘴。一來一往，話就越説越不好聽。

末了，余老五説："也該修修好哇，你衹有一個孫兒咧！"

這是一句惱心的話，正碰着她的痛瘡。

"你放的什麽屁！借錢是救了你的急的，日子是你自己許的；怎麽就叫做不修好？怎麽就犯着我的孫兒？是的，我衹有一個孫兒，我要靠他養老送終，傳宗接代的；你爲什麽紅口白牙咒他死？"

她拍桌子打板凳，大哭大鬧。許多人圍在門口看，許多人進來勸解。一看，一勸解，她就格外來了勁兒，爽性躺在地下打滾，把頭往壁子亂撞。

這一下子，真把余老五嚇壞了：她這樣老，萬一有什麽事，她倒是順便一條路，自己可不遭了灾！他祇好賠了千不是，萬不是，連夜從别處借到了比利錢更重的錢，把本錢利錢一齊還清了。

在鄉下，除了真正有錢有勢，轄制得住人的人以外，也祇有這樣，纔不會被人家賴掉一個錢。

從此她落了一個會逼債的聲名。

“媽呀，你也真該少放些債呀，淘多少神！”一回，王三的老婆勸她。

“不懂事的丫頭哇，你也這樣説？你看，我老了，不能做活；小虎子又還没有得志，吃什麽呢？喝什麽呢？”

“我祇是説少放些呀！”

“我知道，我知道！小虎子也是這麽大了，應該給他準備親事；明年他就要‘出師’”……小虎子在鎮上學生意。“出了師，固然可以賺一點兒錢；可是那能有幾個錢呢！我要給他弄點本錢叫他自己做……”

“那末，老三要買幾個猪秧子來喂，媽媽搭點兒股子好不好？”

從此，王三家裏的猪秧子就有了她的一份。

細心的王三是知道自己的丈母娘的；他在幾個猪秧子身上，做着記號：哪一個是老婆的，哪一個是自己的，哪一個是丈母娘的。丈母娘的自然得她自己選定。猪肥了，賣了，王三就扣去猪的飼料和自己的勞力的代價，扣去下回買猪秧子的錢，把剩下的送來給她。

她的錢又長了一些。

可是一個猪在什麽遠處被殺掉，她的信“善”的心，使她仿佛聽見了那臨刑的哀叫。猪喂肥了是要賣給人家殺掉的，她好像今天纔明白。

“菩薩呀，并不是我要喂，又不在我家裏……”

可是禱告之後，她又到王三家裏去了。——她到王三家去的回數比没有喂猪的時候多得多。自然是去看女兒女婿和他們的孩子們的吧，可是每回都“附帶”看過她的猪。她留心的是：自己的猪肥了没有，是不是比别的猪肥些，王三他們把猪食是不是把在一路的。

她想：猪總得喂下去，别叫斷了縴，要喂到小虎子過了喜事纔好咧。末尾的一個就給小虎子做喜酒用吧。

這樣想，就仿佛她的孫兒已經娶了親，帶着一個體面的小孫媳婦兒，并且他自己已經在做生意，鎮上的頂大的店鋪就是他開的。

唉唉——婆婆嘆息，如今纔不消操得心了！可是小虎子呀，婆婆老了，跟你享福享不久了！你要記得是誰把你撫養成人的呀！

於是，又像自己已經死了。死的時候，小虎子哭得多麽傷心咯，連那小孫媳婦兒也蠻會哭的。

一場熱鬧的葬事在鎮上穿過。有人嘖嘖地說："小虎子的婆婆真算修到了咧！"

逢時過節，是誰在墳頭上燒了這麽多的紙？是誰磕了這麽多的頭？是小虎子！是小虎子的老婆、兒子，一大群，一大群！……

十一、"怎樣開口呢?"

小虎子的婆婆坐在楊大元家的堂屋裏。除了她還有一個四五十歲長着一臉絡腮鬍子的客人，正坐在她的對面低着頭抽水煙。

楊大元靠着房門口站着，兩隻粗壯的胳膊盤在胸前，赤黑的帶着泥漿的腿交叠着，一隻脚踏在另外一隻的背上。

一陣暗雲籠罩着他的臉，有點兒斜視的眼睛發怒似的望着面前的地下。地下一個白鷄公和一個黄鷄母散着步，咕咕地唱着簡單的歌。他忽然抬起頭來，望着抽水煙的客人，帶着什麽希望似的喊：

"保長伯!"

等保長伯抬頭來望他的時候，他却什麽話都説不出來。

坐在門坎上，半袒着胸，正在喂孩子的奶的年輕女人幫忙地説：

"孩子這樣小，家裏没有人，我們都靠着他……"

"這是私話呀，姑娘！我説過，我説他是個近視眼，很厲害，我説得格外厲害；不行，有什麽法子呢?"

保長伯説話的時候，臉是藏在煙霧裏的，似乎怕別人看出他的謊來。

"大元哥割不割柴去的？等了你半天!"一個十幾歲的孩子，手裏拿着鐮刀扁擔從大門口嚷着進來。

“你先去，你去你的!”楊大元大聲地説。那孩子站在堂屋門口向裏面望了一下，走了。

“就没有一點點法子了麽？就没有——哎喲，這小……”年輕的母親突然覺得奶頭被咬了一口，連忙抽開，一面駡，一面拍拍地在孩子背上拍了幾巴掌，孩子哇地哭起來。“你哭！你哭！——我曉得跟着這背時鬼没有好討的！那麽多的人，不是張三，不是李四，獨獨……”她一面把孩子的頭推在一邊，掩起自己的衣服。一面似乎和孩子的哭聲比賽似地吼叫。

“你去死吧！你去死吧！可是莫連累别人哪!”

“看這女人！……”楊大元憤怒地抬起頭來，想給她的無理的咒駡一個回敬，可是看見眼泪一條一條挂在她的臉上。

這時候，那兩隻鷄正在地下搔抓着唱着走攏來，他得到了一個發泄的機會，迎頭向那鷄公飛起一脚，正踢在鷄的胸脯上，兩隻鷄大吃一驚，連忙展着不能高飛的翅膀，咕咕地逃走了。

坐在旁邊半天没有做聲的小虎子的婆婆勸慰地説：

“不要緊的，菩薩保佑，仗打完了，回來還不是好好地過日子。”

接着，看見没有一點兒空隙可以插進討債的話，就站起身來告辭。

“一道兒走!”保長伯捉住一個抽身的機會，馬上放下煙袋趕上小虎子的婆婆。楊大元殷勤地送他們到禾場裏。

“活了幾十歲都没有看見的，抽丁！唉唉……”路上，小虎子的婆婆説。

“嬸娘，債還好收麽?”保長伯没有睬她的話，倒是關心地問。

“哪裏！哪裏！都不肯給！這個説，打仗了；那個説，鬼子來了！像鬼子是來替他們賴債似的！再就是像楊大元，怎好向他開口呢?”

十二、宫殿的倒塌

王三走到丈母娘家裏的時候，丈母娘正站在神龕面前，捧着香，低着頭，喃喃地念着聽不清楚的什麽禱告。

她在初一、十五、三六九日都要在菩薩面前燒香，并且自己吃長齋，求菩薩保佑小虎子長命。這人家裏的男人，世世代代都是單傳，并且都是短命鬼！

“媽媽!”王三畏縮地喊。

丈母娘扭轉頭來望見了王三的臉。那老實的臉上挂着一個不祥的消息。

“什麽事?”她吃驚地問。

“一個……一個炸彈！鬼子……一個炸彈！……”

“炸彈？什麽時候？昨天？難怪我聽見……没有事麽?”

“我的厨房塌了!”

“哦！那，那……”

“小牛媽的腿子……”

“唔，腿子……”

“死了幾隻鷄……”

“還有呢?”

“還有你的猪……”

“我的猪？我的猪怎樣?”

“房子塌下來壓死了!”

“壓死了！壓死了!”

她喃喃地重複着王三的話。

“壓死了，壓死了幾個猪呢?”

“一個呀，你的那一個。”

“獨衹是我的那一個，獨衹是……”好像王三不在這兒似的，她又扭轉頭去，“菩薩呀，這是你的‘顯察’吧？完了！放的債完了！養的豬完了！一個炸彈！一個炸彈！……明天再一個，再一個，連房子，連小虎子，小虎子的生意，親事，陽壽……”

六十年前，她曾用磚頭瓦塊在地下堆着矗立的寶塔，搭着奇異的宮殿。宮殿搭成了，塔堆高了，衹差安上一個尖頂。等她去放那最後一塊石子的時候，“嘩”一下子，塔呀，宮殿哪，一齊倒了下來！

忘記得乾乾净净了的小時候的情景，突然電光一閃地浮到腦筋裏的時候，滚熱的泪珠就在她的臉上晶瑩着。

十三、生　客

“婆婆，我現在在受壯丁訓練咧，天天上操。”在豬死了幾天以後，小虎子回來説。

“什麽！”婆婆大吃一驚，像魏王村的人們突然聽見那個大炸彈爆發的聲音一樣；可是，不曉得是什麽道理，又像早已算定會這樣的。

“上操哇，受訓練，蠻好玩咧。”

“瞎説！是誰教你去的？”

她心裏馬上想到戰場、鬼子、鬼子的機關槍、大炮、飛機……

“是我自己……”

“你自己……你糊塗！自從盤古……哪有獨子抽丁？”

“不是抽丁，是受訓練咧。鬼子來了好招架。”

“還不是一樣，操練好了，送去打仗，這傻瓜，給人家哄得團團轉！招架，就少了你招架？多少人還招架不住……快給我滚回來吧，鋪裏也不消去得了。”

“我不！”糟心的小虎子一扭身就跑得不見了。

錢完了，豬也完了，就衹一個小虎子；他還這樣小，還没有過喜事，菩薩真要絶人的後麽？

她差不多天天到小虎子的老闆家裏，到甲長家裏，保長家裏，聯保辦公處吵鬧，哭泣。誰都知道她是個會哭會鬧的老傢伙，誰都把她没有辦法。

聯保主任主張放小虎子回去。可是小虎子自己却很高興；受訓，新鮮的生活，比在店鋪裏像老鼠在猫面前一樣，一天到晚看老闆的面孔好多了。并且一個家裏人來吵就放回去，兩個來吵也放回去，那還訓練什麽呢？

於是，一個生客，那女兵到了她的家裏。

十四、又一個插曲

新婚的夜。紅蠟燭摇晃着愉悦的光焰，它醉了；洞房裏每一件東西也在摇晃着，摇晃着，它們醉了！

那十六歲的新郎的心怦怦地跳着，也正摇晃着一種光焰，那幸福的，幸福的！

十六七歲的新娘的花一樣的嬌羞的臉咯！

“看你今天還往哪裏逃走！”温和的新郎帶着歡欣的笑走攏去。

坐在床沿上的新娘，嗔怨似地瞅了他一眼，就低下頭去，用光澤的頭髮的香氣來歡迎他，手裏却在整理紅裙上的皺紋。

“都説世道不好，要不是世道不好，我們還得等幾年咧。”新郎坐向新娘的旁邊，開始伸出微顫着的手。

這是母親的主意：鬼子離這裏衹有幾十里路，也許衹有十幾里路，村裏的人們，一聽説鬼子要來，都紛紛地逃走了，剩下的也正在準備。這人家連路伴都約好了。可是自己四十多歲纔養下的獨生子和他的小媳婦還没有“團圓”，走在路上，多麽不方便哪！揀了一個最近的日子，弄了幾樣菜，隨便請了幾個還未逃走的内親和鄰居，讓一對小夫婦拜了堂。幾十里以外的鬼子，有人在那裏抵擋着，已經好久好久就在那裏抵擋着，這裏又不是大路，多過一兩天，不見得就有什麽事吧！

夜深了，新婚的夜喲！無論有什麽大灾難，在少男少女們，這樣的夜晚，總是甜蜜的吧！

新婚的小夫婦被幸福陶醉了！就像世界上祇有他們兩個人，就像這洞房就是全世界；世界以外無論什麽都不在他們心上了！那外面有狗的叫聲吧，有人的唤聲吧，有脚步聲吧，那關他們什麽事呢！無憂無慮的少男少女啊！

突然，砰的一聲，洞房的門不知怎樣地被開開了。兩個人從夢中驚醒似地，看見一個槍口正對着自己的胸口！鬼子！四五個穿黄軍裝的鬼子！喝得醉醺醺的鬼子！臉上挂着獰笑，帶着邪淫的眼睛的鬼子！……

十五、“這是什麽世界！”

女兵和老太婆叙了好一會家常，把從報紙上看來的一段消息，加了一些花草，當做第二個故事講給老太婆聽了。

“完了麽?”聚精會神，聽得津津有味的老太婆問。

“當然完了咯，還有什麽？誰不知道鬼子碰見男人就殺，碰見女人就糟蹋，碰見東西就搶，碰見房子就燒？一個那麽年輕的女孩子，四五個凶惡的鬼子！”

“唉唉！這些該天殺的！這些短陽壽的！這些遭炮子打的！他們把那新娘子怎樣了呢?”

“怎樣了呢？老人家，這怎樣不明白呀！”

“哦哦！我曉得，我曉得。這種時候，還團個什麽圓？你看多可憐啦，早跑了就好了！”

“跑，跑到哪裏去了呢？鬼子到處都可以去呀。有的人逃到路上叫炸彈炸死了；就是不，有房子的不能帶起房子，有田的不能帶起田，到外面挨餓，當難民，受罪死了！”

“那麽……?”

“打鬼子呀！學會打槍，留在地方上打鬼子呀，祇要能够打鬼子的都肯打鬼子……”

“哦哦！多麽聰明的姑娘啊，説了半天你是説這麽？你看，抽丁，小虎子衹有一個人……”

“誰説是抽丁？又不送到哪裏去打仗，衹是操一操，鬼子來了，好招架，不來，還不是各過各的日子。”

“真的麽？他們説，我不信，你總不會説假話的。不過鬼子那麽凶，兵們都招架不住……”

“那是因爲老百姓都怕死，都各顧各，不肯幫兵們的忙。……”

“那總是凶險的呀！姑娘！我們幾代都衹這一點兒根！”

“没有法子呀，誰願這樣呢？想想那過喜事的新郎吧；再不然，想想我吧！”

“是的是的，可憐你家也没有了，一個小姑娘就出來吃糧！我聽你的吧。唉唉！如今連婆婆也要不回她的孫兒來了！這是什麽世界呀！”

十六、厄　運

現在女兵又冒着十二月的寒風向她家裏走去，遠遠地就看見站在門口的她穿着一雙耀眼的紅鞋——這裏的老太婆們常常穿，説是穿了可以減輕罪過的。

“你冷不冷？這樣大風，我穿兩件棉襖……”她含着笑，殷勤地摸着女兵的棉軍裝。“太短了，太薄了，裏頭還穿的有别的麽？”

她和女兵走進屋裏。

“你不曉得，我真喜歡你咧。我要是有這樣一個什麽的就好了。我捨不得你呀！”

“爲什麽呢？”

女兵笑着問。

“你看，還説什麽呢！這樣體面，這樣乖巧，懂得這樣多的事情，小虎子趕得到你一點點都好了！真惹人疼啊，又這樣可憐的！”

“老人家，我是來告辭的咧，就要走了。”

“哪裏，哪裏！坐一下子下！你不曉得，我要弄點東西給你吃咧，肚子餓了吧?”

“没有！没有！剛剛吃過，在聯保主任家裏。”

“那是吃了好東西吧，我們家裏可没有哇。你莫嫌棄，我給你打幾個鷄蛋，是早晨到鎮上去買的，一毛錢六個，唉，什麽都貴了!”

“真是一放碗就來了。”

“哪裏，哪裏！你們年輕人吃得的，又不是吃了去睡覺。”

“衹當我吃了的吧，留着我下一回來。”

“真不吃麽?”

“真不……”

“你看，我生氣了！我不喜歡你了！小小的年紀就這樣欺窮，衹吃聯保主任家裏的，衹吃好東西……”

“唉唉，没有法子呀！衹打一個兩個吧，多了真……”

“這纔是好姑娘哪！蛋要嫩一點的吧?”女兵跟她到厨房裏去。

“不要來，不要來！裏頭髒死了！坐一下子，很快的，開水早就燒好了。”

端出來的時候，女兵嚇了一跳：一大碗，又是一碗黑湯。糟糕，放了多少醬油!

到手裏的時候，湯的熱氣冒出一陣什麽氣味。

太咸了，總不能怪我不吃咯，女兵嘗試地喝了一口湯。真意外，湯是甜的，甜得要命，裏頭放的紅糖。

這女兵向來不喜歡甜東西；尤其是紅糖，衹在着了凉的時候，喝過姜糖水，那是當藥吃的。這蛋湯的味道使人怪難受，也像藥。而且在路上還實在在打着飽嗝。

她想不吃，偷偷地望望老人家；老人家正瞪着眼睛，一聲不響地望着自己!

衹好夾起來吃。一咬，硬的，像石頭！女兵幾乎笑出來：還説是嫩一點咧!

“怎樣？不老吧。”老太婆看見她笑，也露出笑意地問。

“很好！很好！”

“不甜吧？糖怕放少了，我又不能嘗！”

“剛剛好，剛剛……”

還有什麼比勉强吃不願吃的東西，膨着肚子吃不好的東西難受的呢！

女兵吃得滿口都是蛋，腮幫子那裏鼓起來，像一邊含的一個核桃，簡直想吐！

可是主人家監視着！就是少吃點吧，她也懶打得這麻煩了。

當女兵用必死的努力吞完最後一個蛋的時候——一共六個！老太婆變得笑嘻嘻地：

“我曉得是客氣呀，還説不吃不吃咧！”

十七、山　芋

“姑娘，把這帶回去吧！”女兵走的時候，老太婆不知從什麽地方拿出一個大包包，外面裹着幾張亂七八糟的髒紙，還纏着幾道細綫。

“什麽？什麽！”女兵吃驚了，還帶什麽東西走呢？

“莫見笑，一點粗東西。”老太婆似乎不好意思地笑着。

打開一看，兩個大山芋。她没有看見過這麽大的山芋，一個恐怕有一兩斤：皮是灰黄的。還像帶着一些泥土。

“莫看樣子，姑娘！東西很好的。烤着吃，裏頭黄黄的，絨絨的，味道像蜜糖，糖汁都會流出來。這樣好的東西，我們這裏還没有咧，是到北邊去做了生意的人帶回來的，太好了，剩下兩個，我捨不得吃，收藏了很久，現在送給你吧。望你明兒嫁個好婆家，也甜甜的，像它。”

甚至於有點傻氣的樣子，説着，自己又笑了。

“謝謝！”女兵曉得推不脱，就拿起了。她想，不要當面吃，總好辦些吧。

“喂，姑娘，鬼子不會真來吧？”這是她和女兵分手的時候的一句話。

女兵没有走好遠，包包的紙就完全破了，綫也簇成一團。手巾太小，口袋也裝不下。夾着吧，走路不痛快；拿着吧，要兩隻手；天氣冷，没有手套，手拿着東西，凍着蠻痛。

幾次想隨便扔掉，并不是真懂得了人世的酸辛，或者理解了一個老年人的心境，也不是爲了工作的順利而慶幸，更不是爲那老婆婆臨别的祝詞，不知爲什麽，總像扔不下去，可是手已經凍僵了。

當她走了十多里路，一隻手拿着一個大山芋穿過黄沙渡的時候——黄沙渡差不多没有人不認得她，她覺得街上的人，都向她瞪着兩隻大眼睛！

一九三九，二，二

夜　戲

“看戲去吧？”

吃過晚飯，我望着鄉長的小姐的水汪汪的眼睛説。潔白的鵝毛扇掩住她的胸前，那對眼睛就像兩顆星星，俯臨着寒夜的雪松。今天是七七兩周年紀念日。

“是你們演戲麽？”

“不是：是婦抗會。”

“婦抗會？”

她反問的時候，用那稍微有點翹起的小嘴，不知怎麽動了一下；用那像一杯甜洌的酒漿，什麽時候都在招誘着酒徒：“你喝呀！你來喝呀！”的小嘴動了一下。

凡是聰明的少女，話總是多的；但用唇舌説出來的時候，却極其少。她的每一個動作、表情，幾乎都是一篇無聲的演詞；我仿佛聽見説：“她們也會演戲麽？”或者“她們演的戲，也還值得去看麽？”等等。

“有什麽法子呢？”我説，我想趁此做一點政治工作，“你們文化程度高，工作能力强的人不去參加……”

“我們去參加？”她睁大眼睛，似乎爲我的話吃驚了。

住在這鄉長家裏，已經有半個多月了。起初，是爲一點小病，找一個清静的地方休養幾天，也就是説，偷幾天懶。現在，病已經好了，依舊天天辦事，可是還没有搬回去。這，何必掩飾呢，多少是爲了鄉長的小姐。我知道她和我無緣，但人的心，有時候總難免牽絲絆藤的。

鄉長的小姐，二十歲了吧，她的弟弟十九歲，已經結婚了一年。二十幾歲的大姑娘，在都市裏多的是，也無不各有各的遲婚理由；但在鄉下却很少見。人長得像一朵花一樣，讀過幾年書，家裏又有錢，爲什麽還没有出嫁的呢？如果我有“决心”，我會找機會問她的。

我住在堂屋裏；在鄉下，雖然家裏有百多畝田，房屋也并不很多的。她和她的祖母住着一邊的房，弟弟們兩口子住在另外一邊的，别的人住在樓上。她出出進進，必須經過堂屋，做針綫什麽的，也并不躲在房裏；我差不多整天可以看見她，如果不到司令部去。

“秘書長，吃麵吧！”

有一天，聽説我不能吃飯，她就悄悄地到自己的厨房裏煮好了麵給我送來！

“秘書長，鷄買好了，怎麽弄呢？”

病剛好的時候，口饞，想吃鷄，勤務兵却到處都買不着。她又聽見了，出去了一會兒，捉着一隻老母鷄回來了。

今天，午睡的時候，我躺在用竹床充當的卧榻上；怕蒼蠅，把帳子也放下來了。天氣熱，飯又吃得很飽，實在有點兒疲乏，可是閉上眼睛，却好久好久睡不着；她在帳子外面做針綫。每回睁開眼睛，隔着帳紗，看見她的眼睛總望着我，莫非就是閉上眼睛的時候，她也没有離開過麽？她望我，我也望她；我一望，她的視綫就馬上車回，兩頰紅得格外嬌艷，胸前的白羽扇不住地揮動起來，她是太熱了。

上午寫了八封信，有一封有千把字長，另外還擬了好幾個電報稿，足足有三個半鐘頭没有離開過坐位；下午還有許多事等着，需要趕緊睡一忽忽。但那眼睛望着我；我閉上眼睛，它也望着。我像被趕慌了的兔子，雖然把頭鑽到什麽草叢裏了，整個身體却還在外面！唉唉，能够把身體也閉到眼睛裏去就好了。

她有一雙紅得像杜鵑花一樣的臉頰和一雙晶瑩的大眼睛。這，把她的皮膚的微黑，臉形的微扁以及也許還有别的缺點都遮蓋無餘了。尤其是那眼睛，衹要向你望一下，就像在訴説着無窮的軟語，就像伸出着一隻無形的手，把你牢牢地抓住。而青春又看得見似地在她的身上蒸騰，像熱氣在初出籠的饅頭上蒸騰一樣。

然而我有一個賤脾氣：不喜歡貴族，自然是指一種精神上的貴族。

她對待我當然很好，但在别人面前，却矜貴、尊嚴、驕傲，好像自己站在高邈的雲端，下垂着星眼，俯視地面上的一切，連同她自己的父母、弟弟和弟媳婦。

然而這衹是一個微妙的感覺，微妙得不能舉出任何事象。我雖因自信不是没有知人之明，而人和人之間的隔膜也難盡免。現在正是我必須弄清楚：她是這樣或者不是這樣的時候。

婦抗會是一個月以前成立的，有我們的政工隊的女隊員在那邊指導。前幾天，那位女隊員對我説：她們要演戲了，決定在七七紀念那一天。

我説："怎麽，演得會還好的吧？"

"怎麽會好呢？都不認得一個字，臺詞是死也記不住的；没法，衹叫她們演歌唱的戲。"接着她又説，

"真是一樁苦惱的工作呀！起初，都不肯出來，父母不許女兒出來，丈夫和婆婆不許媳婦出來，兒女又事實上限制母親出來。説是不能讓女人當兵，説是女人不能抛頭露面，説是家裏的活計要人做，孩子要人帶。自然有些是事實，却也有的是故意説的；她們家裏也明知加入婦抗會不是當兵，平常，她們也并非躲在什麽深閨裏頭。"

"現在是有進步了囉。"

"你知道，做過一回'每人一雙鞋子慰勞將士運動'，是她們自己發動的。可是她們自己没有錢，衹得向家裏要錢；家裏的錢也不多；不免有些閑言閑語。現在又要做'勸丈夫當兵運動'；效果不會大的，不過也算是件工作。一有幫手，就要辦識字班的。"

"本地不是就有些識字的女人麽？"我問。我的意思是説，爲什麽不找他們幫忙？

"哦，那些小姐們麽？那些少奶奶們麽？……"

以下，她没有説。那位女隊員似乎也有無聲的語言的。

夕陽已經西沉，天邊的雲彩幻化着奇詭的形狀和顔色，晚風掠過柔弱的樹枝，成群的烏鴉在村邊飛鳴，草地上散放着一些悠閑的牛群和戰馬。

我獨自在曠場上徘徊，目送那些居民們絡繹地走向鄰村的會場。那會場是一座多年的墳山，纍纍的古墓前歪斜着斷殘的碑石；蒼松、翠柏，矗立雲霄，似乎爲陳死人蔭蔽着凄風、苦雨、烈日和嚴霜。深夜裏恐怕還有梟鳥的啼鳴，磷螢的閃爍。但現在，那墳頭正在舉行盛大的紀念會，演臺前密集着成千的軍民，講臺上的人，正在向他們心頭播下戰鬥的火種，煽起戰鬥的火焰；而農婦們還要在那裏演戲了。

到會場的時候，已經是黑夜；講演早已完畢，臺下攢動着一群黑魆魆的人頭，像是一片汪洋的大海。嘈雜的人聲也正像海水奔騰。海邊有幾盞賣香煙、賣零食的攤販的燈光。

在燈光裏，我又看見了那位女隊員。

我問："你還在臺底下，不是戲要開幕了麽?"

"不與我相干，她們是自演自導的。"

她的回答引起我無限的好奇心；我擠近右邊的臺口，爲的想看清一點這些初次上臺的演員們的面目和表情。幕布遮在面前，裏面有一些模糊的語聲、脚步聲和一些用具移動的聲音。

"開幕呀！開幕呀!"

一個尖聲音在裏面喊；接着聽見吹哨子，幕布就向兩邊移動。一邊的幕布，�……一下子就到了台柱的旁邊；另外的一邊却在中途網住了臺上的什麽東西，好一會動也不動一下。

"拉呀！拉呀!"

聲音在不知什麽地方着急地喊。

許多深藍色的布匹，縫也不曾縫過，靠也不曾靠攏，一條條地挂在方桌背後，和兩側面的同樣的布條比賽着愁悶的面孔。一盞汽油燈，顯然没有裝飽肚皮，懶洋洋地吐着暗淡的光，使臺上的色調更爲沉鬱。布條和布條之間，高高低低地半露着一些黄色的人臉，那是一些舞臺工作者和專好看"背影戲"的觀衆。

臺上没有一點兒聲音，一架紡紗車在臺邊静静地躺着，它剛纔還和坐在它面前的演員一擠，幾乎被司幕當作魚網去了。那演員，或者説那位戲裏頭的角色，是一個穿黑上衣的女人，低着頭，把一頂烏黑的頭髮向着觀衆；一個圓圓的鬏髻壓在上頭。兩隻紫黄色的大手擱在穿着緑褲的膝蓋上，膝蓋下面的腿子在椅子底裏，那裏面隱約可以看出一雙瘦伶伶的小脚。

人和車子都静静地，不響也不動。倒是臺底下剛纔静下去了的人聲又漸漸浮起來了。

“新娘子！啊啊！新娘子！”

黑影裏的小孩子們説。我不知道是指這演員怕羞呢，還是她果真結婚不久。

大人們也嘈嚷着，老百姓和我們的弟兄們：

“那是吴二嫂哇！吴二哥呢……”

“吴二哥！吴二哥！來看你的嫂子唱戲喲！”

“哈哈……”

“不要羞羞答答！”

“不要吵！不要説話！”

在這雜亂的聲音中，那幕後的尖聲又響了，響得這麽響，外面都聽得清清楚楚的。

“紡紗呀！紡啊！把車了……唱起來！三更裏，三更裏……”

演員把手畏縮地離開了膝蓋一下，大概想去攪動那車子，頭也偷偷地要抬起來。剛抬了一點兒，臺下的人頭又是一陣騷動：“哦哦……啊啊……吴二嫂，吴二哥，新娘子……”等等的聲音更猖獗了。她又把頭低得緊緊地，同時從半途裏縮回了她的手。

“唱啊！唱啊！唉唉！真是……”幕後的聲音，“喂，我幫你唱。來！一喲，二！三更裏，月正明，我們偷進了敵兵營……”

起初，簡直像没有合好脚步的雙簧，衹聽見唱，没有看見動作；慢慢，那演員的頭稍微抬起了一點，手也機械地動着，衹算嘴唇在開合着的低聲也漸漸高起來了。唱到四更裏，幕後就没有聲音了。

劇情很簡單，是政工隊常常演的一種兵役宣傳劇《送才郎》：肖大嫂在家裏紡紗，肖大哥從外面回來，談到自己要被抽去當兵，老大地不願意；肖大嫂却勸他去。後來他回心轉意了，她依依不捨地送他。當中還穿插着難民討乞，談起淪陷區的悲慘。説是戲，其實是幾個流行歌凑成的：《老百姓偷槍》，《流亡三部曲》，《送才郎》，等等。

“五更裏……”肖大嫂獨自紡着唱着，臺下又漸漸肅静了。

“上啊！上啊！”又是幕後的聲音。

接着，布條和布條之間的空隙裏出來了一個矮胖子。頭上戴着一頂大呢帽，就是城市裏的先生們冷天裏戴的那種呢帽。身上是一件長大的白洋布短褂，長到要蓋到膝處。脚下拖着一雙黑球鞋。一隻手插在腰裏，一隻捧着悠長的反抛物綫，以操典上的正步的姿勢邁着大步。一走，那胸前聳起的一大堆，就在衣服裏頭不住地跳躍。球鞋被提起的時候，鞦韆似地晃動，踏到地上，像泄了氣的車胎，呢帽蓋齊眉毛；頭髮披散，掩住耳朵，脖子，乃至肩膀。光就頭部説，很像多少年前，戴着鴨舌帽在游戲場説大鼓，賣清唱的歌女。這就是那紡紗的肖大嫂的當家的，肖大哥；照劇本的規定，他是一個農民。

這肖大哥，這夏天裏戴着呢帽，脚下拖着空空如也的球鞋的農民，這長頭髮披在肩上，胸前顫動着一大堆柔軟的東西的農民出來了。眉毛以下的臉孔胖得像半個大冬瓜，嘴巴翹起，高過鼻尖，和那整個在帽檐的陰影裏愁苦着的面容配合起來，很像偷嘴的小媳婦被覺察到了的時候所表現的。自然，他是在爲抽壯丁的事發愁。

“燒鍋的！”他走到肖大嫂旁邊喊。

肖大嫂剛唱完五更調，鬥榫合縫地抬起頭來。這時候，我纔看清她有一個端正，晴朗的臉。

“媽媽！媽媽！”

突然，一個小孩子，一個兩三歲的小孩子，從什麽地方，嘻嘻哈哈地向肖大哥跑來。跑了兩三步遠，背後追來一隻大手，迅雷不及掩耳地抓住那孩子的衣領，拖得退回去了。那孩子大吃一驚，還没有等那紅點子衣影在前臺消失，就哇地一聲哭出來。

兩個演員愣住了，觀衆也愣住。但馬上都明白這是戲裏頭本來没有的過場，一個滑稽的過場。於是全體觀衆，後臺，演員也在内，捲起一陣哄場大笑。笑聲裏還夾着："活見鬼!""何苦來!""要命!""我的娘!"等等斷殘的字句。

一個特别尖鋭的笑聲從背後不多遠的地方襲擊着我。那笑聲是熟悉的，不必回頭，我就知道是誰發的；但我還是回了頭：在鵝羽的掩映中，有鄉長的小姐和幾個女的坐在一塊兒的模糊的影子。她的眼光，穿過夜色，像兩條白綫，正銜接着我的。

我也笑過，却不高興她的那笑聲。我覺得惟有她的笑聲，是一種幸灾樂禍的笑，是一種不把别人當作同類，而又加以鄙視的笑。不高興那笑聲，連帶也不高興那兩條白綫。我繞了一個大圈子，從戲臺的這邊角裏移到那邊了。

"戲好吧?"

回來後，鄉長的小姐問我，在她照例拿她的美孚燈出來，放下羽扇向我的没有罩子的煤油燈借火的時候——我不相信是爲了節省一根洋火。她的黑眼睛含着勝利的笑。

然而，隔着我的煤油燈的黑煙，隔着我正噴出的香煙的濃霧，我發見她的嘴是歪的，鼻子也是歪的。

我低下頭，眼光落在一本攤開的書上，幾乎是自言自語地説：

"明天，我要搬走了!"

一九三九，一一，二二，金華

弟　弟

“哥呀，”弟弟回來説，“老魏，老魏説，想看看我哥。”他一面把傘放在門角落裏，一面用袖子揩身上的雨水。

“哪個老魏？”

我問，我非常不耐煩；一看見這不住的黄梅雨，一看見這從屋上漏下的水珠，一看見壁子上流下的黄河、揚子江，就不耐煩；而且，一看見弟弟就……

“還有哪個老魏呢？”他説，“當然是魏三哥呀，”他説，“他跟我説，他想會會我哥。”

弟弟赤着脚，褲管提到大腿根，露着一雙細得像麻梗的腿杆兒，下半截全是泥水——可見鄉下的路實在很難走的，一下雨就是一塘泥；腿彎子那裏也有乾了的泥巴，看不清他本來的顔色；但是大腿却叫我看見了，又青，又白，又骯髒，皮包着骨頭，簡直是死人的腿。

“他怎麽知道我回來了呢？”

我有點兒吃驚。但是吃驚的是弟弟的腿，弟弟的鐵青的臉色，臉上兩邊聳起的大顴骨，烏得像猪肝一樣的嘴唇，醬色的牙齒，以及那整個像乾癟的臭蟲的神氣。這瘦鬼，這死了没有埋的死尸，是我的弟弟麽？是一個二十幾歲的年輕人麽？

“怎會不知道呢？”他説，“都是本鄉本土的人，”他説，“總有人告訴他的呀，”他説，“要得人不知……”

他一面説，一面眯起他的老鼠眼睛，在這兒那兒找什麽。那眼睛，從來没有望過我一回，無論他對我説什麽，無論我對他説什麽，那眼睛總望着地下，望着别處，縱然偶然和我的眼睛接觸了一下，也馬上車向别處。我想説，你，弟弟的眼睛呵，爲什麽要逃避呢？你犯了什麽罪麽？

有什麽秘密怕泄漏了呢？抬起來，正大光明地望我一下呀！可是我没有説，我怎能説呢？連他是不是我的弟弟，它是不是我的弟弟的眼睛，我還决不定咧。而且感謝天，幸而它不望我；當偶然瞥見一下的時候，我簡直被它嚇住了！那是何等卑怯，何等冷酷，何等狠毒的眼睛呵！我曾感覺到一陣陰森。

我出門的時候，爸爸還在世；弟弟祇有十三四歲，是一個活潑的頑皮的孩子，長得挺巨霸，是一個打架的好手，鄰近的孩子們都怕他，因爲成天在外面曬，臉上黑紅黑紅的。爸爸牽着弟弟送我。他説："爸爸老了，你到外國去，總得三年五載纔回來，不曉得咱們還看不看得見！你，我很放心，不放心的是你的弟弟，他小，將來要靠你。你憑你的良心吧，你想想我是怎樣待你的!"離家了一年，爸爸就過世了。我當然不能回來，并且知道這消息的時候，已經隔了半年多。我祇得托幾個親戚朋友照顧弟弟。誰知回國之後，聽説他吸上了一副大煙癮；四五年工夫，田産賣光了；房子拆得像大路邊的土地堂；本來很早就訂了婚的，當然接不起，别人也不願意把女兒嫁給他；由丈人家裏出了一點錢，跟他説了脱頭，他也樂得過了幾天足癮。他還在鎮上開過煙館，在煙館裏替人家扇過爐子，打過煙泡，甚至於還偷過人家的東西。現在是他的什麽魏三哥養着他，養狗一樣地養着他。我有事，是偷偷地回來的；叫他不要對隨便什麽人説，他却跑去告訴他的魏三哥了。

"啊哈，"我真冒火，我説，"我半夜到的家，路上一個人也没有碰見，到家了兩三天，也没有一個人來過……"

"我，我，"他説，"我怎麽，我怎麽，"他結結巴巴地説，"怎麽曉，曉得呢?"他説的時候，額上的青筋，一起一伏，像垂死的青蛇在扭動。

外面的雨還在淅淅瀝瀝地下。檐邊的飛沫從破窗户裏濺進來，屋上漏下的雨滴，落在瓦鉢子裏嘚嘚地響，壁子上的黄河、揚子江像一條條的瀑布。抬頭一望，幾條横木從這邊壁上通到那邊壁上，已經黑得像炭一樣了。從前，它們是擱樓板的，樓板却早不見了；正像一家人都死了老婆，祇剩下幾個老病的單身漢。房子裏没有櫃子，没有床，没有别的傢具，除了一張方桌，一條板凳，一張用房門擱起來的鋪。以前，這一間卧房以外，還有堂屋，還有别的卧房，還有客屋，厨房……現在都衹剩下幾堵墻脚；以前是緊鄰的人家，現在都隔得遼遠，當中横着一塊荒漠的廢園。雖然鬼子來了一年多，我知道這不是鬼子燒了的，也不是炸彈炸了的，也不是炮火轟了的；一句話，都是弟弟一手的功勞；而弟弟自己又變成了這樣一副神情！呵呵！我憤怒極了！這是天生了給鬼子來占領，來征服的！

“哼！”我自言自語地説，“我有這樣一個好弟弟，還有什麽東西賣不完，拆不完呢？”心裏却在説，現在又賣到哥哥頭上來了！

“哥呀，”他不理我的岔，一説到這些，他總不理岔的。他説，“魏三哥……”

這時候，他找到一個爐子，從火屎壇裏抓了火屎，打算生火，已經應該燒晚飯了。

“魏三哥！魏三哥！魏三哥給你五錢大煙灰，就什麽都完了！”

“我可以賭咒，”他説，他蹲在水窪裏扇爐子，因爲下雨，煙子逼在屋裏不能出去，熏得人眼睛都睜不開。“我可以賭咒，這安得上？”他説，“再没有良心，再那個，弟兄總是弟兄，嫡親手足，一母所生，”他説，“十來年不回來，好容易見一面，我曉得我哥不是回來問我要家當的。我哥在外頭大來大往慣了，家裏這點點小東西，不説没有了，就是有，我哥也看不紅，是不是？就是回來要家當的，也是我哥的名分；我就這樣不怕雷打火燒，害我的親哥哥？”

我這弟弟，别看他像殃皮虱子，話倒挺多的，説起來没有個完。不過那些話，不曉得爲什麽，我聽起來蠻刺耳朵的，蠻不舒服的，北方人的話，蠻貧氣的。

“算了算了，”我説，“就是你告訴他的，也衹有那麽大一回事，他把我怎麽樣？”

“哥呀，真不是我説的呀！過後我哥總會明白，并且老實説，魏三哥，魏三哥，説起來雖然不好聽，人倒是個好人，平常就常常談起我哥；

放心，害我哥的意思，我看是没有的。魏三哥一直待我好，這回又得虧他，我纔保得住；他當然不是看上我這大煙鬼，還不是念在我哥分上……”

“看在我的分上？看在我的分上，帶你當漢奸？”我簡直憋不住，把早想説的話噴出來了。

“哥呀，莫這樣説呀，人總是要活着的呀。地方上的情形，我哥不曉得，多困難哪！誰不想做好人，誰不想落好名譽？要本錢哪，要有吃的呀！”

“你不是有房子的麽？你不是有田地的麽？你不是有老婆的麽？連老婆都賣掉的人還有什麽可説的呢！”

“是的是的，”他辯解，“我該死，一句話了結，我該死！不過我不是説我呀，我説魏三哥，魏三哥總是好人，人不能光看表面的咧；他想看看我哥，是好意思；我説是好意思啊！”

“他要看我幹什麽？”

下雨天，黑得早，屋裏簡直暗下來了。這鄉下真怕人，潮濕，陰暗；我點起弟弟的據説現在是不用了的大煙燈。

“看我哥，”弟弟説，他正把菜放到鍋裏去，一陣刺刺喳喳油煎菜葉的響聲，一陣菜油味撲到人的鼻孔裏，怪難聞的。等響聲漸漸平静下去，他又説，“看我哥，還説‘看我幹什麽咧’，一個朋友，一個兜肚朋友，一個小時候一塊兒長大，一塊兒讀書的；那時候怕不比我們弟兄還親熱？十年來没有見，現在千里迢迢的跑回來了，怎不想看看呢？……”

弟弟叫做“魏三哥”的那人，説起來還是遠房親戚，也是鎮上的老户人家的子弟；的確小時候常常在一塊兒玩的。從小學裏放學回來，不是他到我家裏來，就是我到他家裏去。爸爸不喜歡我跟一些不三不四的孩子們來往，但是跟他一路玩，却從來不做聲。我們年紀一樣大，同是先生喜歡的學生，鎮上的長輩們没有看見我們了會不喜歡的。後來我在外面讀書，他的家裏比較寒薄一點，衹在縣城裏讀了兩年就完了。雖然除了放假回來以外，彼此没有見面的時候，但聽説人還是很正派的。後來我幾年不回家，他在家裏當了紳士，有點喜歡玩女人，賭賭小博，也學會了抽大煙……習慣就一天天壞起來了。現在簡直被鬼子利用，當了山河鎮的什麼維持會長，并且還説是縣維持會的委員咧！

“一個跑過五湖四海的人，”弟弟還在接着説，“一個連外國也去過的人，他又不是别人，就是在本鄉本土生長的，就是不沾親帶故，也想看看的呀。我哥没有回來的時候，魏三哥還説到外頭去找我哥咧；我，要不是倒了他媽的一百輩子霉，吃上了這口短命的煙，我還不到南京找哥去的麼？找到了哥，我還怕没有事做麽？没有事，住在我哥公館裏吃、喝，當我的二老爺，哥把我趕出來麼？嫂子把我趕出來麼？哦，嫂子，都説又體面，又大方，又能幹，又有學問；可是，可是到現在，我連看見一下的福分都没有咧！千不該，萬不該，爸們死早了，我哥又不在家，丢下我没有人管……我是失悔，失悔也來不及了哇！”

“你幹什麼？”我聽見他的聲音有點變了，我跳起來説，“你哭？没有志氣的傢伙，二十幾歲的人，一説話就哭！”

“哥呀，我我，”一説，他爽性抽抽咽咽哭起來了，“我怎能不哭呢？”他説，“不看見的時候還好一點，一看見哥就憋不住。”他説，“夜間哥睡了，不曉得；哪一天不是哭半夜子？我説看哪，都是一母所生，哥跟我差多遠！我真對不起我哥，把我哥的面子都丢完了！我對不起祖宗！對不起父母！我自己跟自己説：我要戒掉那滅子絶孫的煙，一定要戒掉，從明天起！”

“什麼？你説從明天起？你不是説已經在戒麽？不是説快戒掉了麽？”

“是的是的，我已經在戒，我天天都在戒，真的在戒呀，哥不看見我在吞丸子麽？哥不會看見我的心，我的心裏的主意拿得穩極了。可是哥是不吸煙的人，不知道煙是怎樣的一個鬼東西。我在家裏好好地，不是麽，也不打呵欠，也不打噴嚏，也不流眼泪鼻涕；衹是不能到外頭去。哥不知道，鎮上盡是吸煙的，差不多家家都有這東西，鬼子來了以後，格外多了。我説我真該死呀，瞞住我哥，我又偷偷地吸了。一吸完，又失悔，對不起我哥！回來看見哥，哥不做聲，也不理我，也不問我幹了什麽事，我真難過呀，我哥是這樣一個好人，一點都不疑心，可是我却騙他，我心裏説，哥呀，打我吧，罵我吧，吐口水到我臉上吧，隨便怎樣都好，祇不要不做聲，祇不要不理我。無論怎樣，無論怎樣，明天一定不吸了，死也不吸了！再吸，我説我還算是人麽？可是第二天，一到街上，一看見别人……”

這嘮叨鬼，這貧嘴婆，一個人在那裏説着，好像在對壁子説，聲音發着顫，鼻子裏不住地哄動，大概還有熱泪挂在臉上。同時他在切菜，洗米，扇爐子。燒飯的事情，他并不内行，把菜先炒好，讓它冷掉，而飯還没有煮滚。

“隨便你，”我説，我反而心平氣和，一點都不想譴責他。既然没有希望，也就不必再想什麽了，“我不是説過麽？戒掉了，纔能帶你出去……你選擇好了，不過你的那什麽魏三哥，别見鬼，我不想看見他，隨他怎樣……”

“哦，是的，我們正説着魏三哥的咧。我哥不想見他，我知道，哥是跑世外的人，外頭世界大，見的人也多，想不起家裏的人……”

“别囉嗦！不想見就是不想見，用不着你替我找説明。”

“好好，不説這，不過魏三哥實在是想幫我哥一點忙……”

“有什麽事要他幫忙。”我吃驚地問。

“我怎曉得呢？不過總有事的呀!”

“誰告訴你，我有什麽事？”

“我説哥呀，這不是擺起在麽？十年來不回來，太太平平的時候不回來……”

是的，他説得對。我真失悔，爲什麽要回來呢？爲什麽要回到自己家裏呢？不是隨便躲在什麽地方都要好一點麽？不過，先也没有想到弟弟簡直是這樣一個傢伙的。現在是已經來不及了，我祇得硬着頭皮説：

“無論怎樣，用得着他麽？”

“也不止他一個人想看看哥，想幫哥的忙。”

“還有……？”

“比如説，張勁甫。”

“張勁甫是誰？他認得我麽？”我故作鎮静地説，其實他一説出這個名字，我就嚇住了。

“三里店的張勁甫，怎不認得呢？聽説從前和哥也很熟的。”

“哦哦，他，他怎麽，怎麽和老魏……？”

我的天，險些出了一件大事；我老遠地跑回來，就是爲找張勁甫。他在地方上攬游擊隊，據説有好幾百人。因爲給養不够，和正規軍的聯絡又很少，就派人到外面找辦法。我費了許多力，在各地同鄉中間替他捐錢，替他在政治上找保障；還怕别人靠不住，又冒了莫大的危險，化裝回來，送款子和關係給他；還想和他談談發展地方武裝的計劃。要不是一連幾天下雨，我已經動身找他去了。誰知他竟和魏老三在一路！唉唉，簡直是騙子，漢奸兼騙子，我今天落在他們手裏了！

“我爽興跟我哥説了吧，他們都是一路，張勁甫攬隊伍，款子都是魏三哥幫他籌的。魏三哥當什麽維持會長，是騙鬼子的事呀。誰没有良心，誰不是中國人，鬼子走了，還過日子不過的呢？再説山河鎮要不是魏三哥……”

“你怎麽知道呢？”我問，我被他的話迷惑住了。我衷心地希望是這樣，衹有這樣中國纔有救哇。可是老實説，我不相信我的弟弟。

“哥以爲我真是漢奸麽？真是漢奸的走狗麽？我也跟他們一路的呀，他們不便常來常往，我幫他們跑腿呀！”

“我説弟弟，這不是開玩笑的事情；你説過，我們是一母所生，同胞手足，你能憑着父母，憑着祖先，説你的話都是實在的麽？”

他已經把菜飯都弄好了，正在向桌上端，聽見我説，轉頭望着那外面昏黑的雨天：

“天在頭上，雨菩薩在頭上，要是我騙了我的親哥哥，讓我天誅地滅，讓我永世不脱人生！”

一葷兩素的菜和熱騰騰的飯擺在我面前，筷子碗也洗得乾乾净净地拿來了。我雖然恨弟弟不成器，一天兩頓飯却不能不要他弄。他很小心，說起話來一口一個“我哥”，我覺得他也怪可憐的。

“明天早晨，風雨無阻，他們在陶家灣黃友寶家裏等。要我引哥去麼?”

他吃飯的時候說，說的時候用卑怯的眼光望我一下，我一望他，他就低下頭去了。

我忽然想起爸爸最後對我講的話，不覺心裏一陣感動。弟弟没有當漢奸，還是我的弟弟，也還是爸爸的兒子。至於吸大煙，衹能怪地方上的風土人情太壞，他的年紀又太小……

“弟弟!”我說，“我不是不喜歡你，親骨肉有什麽假的呢? 戒煙吧，哥包你有事做，包跟你討個媳婦兒，就是敗了的家業，也有辦法弄回來。你還年輕，人衹要争氣……你想爸爸做了一世的人，衹有咱們倆……”

“是的是的，我一定聽哥的話，不聽我哥的話還聽誰的呢? 衹恨我哥早不在家，恨我早不碰見我哥。唉唉，還說什麽呢? 一定戒煙，一定跟我哥去，哥不要我去，我也跟着……”

在煙燈的微光中，我看見他的眼泪滴在飯碗裏。

很痛快地過了一個晚上，我還怕弟弟没有决心，還說如果來不及戒掉煙癮，可以到外面去戒，外面還要方便些。第二天一清早，他就引我到陶家灣去。他的話一點兒不錯，魏三哥和張勁甫都在那裏。年紀都大了，樣子還没有怎樣變，尤其是精神上的。我們談得很高興，魏三哥比從前還要豪爽，耿直；張勁甫却是個足智多謀，有英雄氣概的人物，也是從前不曾看出來。什麽事做得很美滿，衹有弟弟出門的事，他們反對；他們要他做許多事，他熟。

過了幾天，事情都辦完了，黄梅雨也收了場，我要走了，弟弟還一定要跟我走，我勸他，告訴他工作的重要；衹要戒煙，什麽時候都可以去找我的。一切都如意，我安安全全地來了，又安安全全地離開了他們。

幾個月之後，我接到消息，張勁甫的游擊隊吃了一個大敗仗，幾乎全都毁滅了。原因是鬼子曉得了他和魏三哥的關係，利用這關係誘騙了勁甫。勁甫雖幸而没有死，魏三哥却被鬼子槍斃了。怎麽敗露的呢? 說起來真氣人，是我的好弟弟告的密；以這功勞，接着魏三哥做了維持會長。

“總算有良心！”我氣昏了之後這樣想，“他還没有連我賣掉咧！”

一九三九，一二，二三，金華

後　悔

女兒八歲了，傻裏傻氣的；在她的媽媽那裏讀書。那裏是××院，在一個山上，教養着幾百個兒童，主要的是從戰區來的。每天開午飯的時候，媽媽都在飯廳裏發信給學生們。學生們大的纔過十歲不久，小的還不到十歲。在院裏過了幾年，已經習慣了集體生活，并不想家，甚至不知家是什麽，我們的女兒就以爲家是××院。那麽，那些孩子們，對於爸爸媽媽的情感并不怎麽濃厚的吧，更不會對於親人們有什麽别情離緒的吧。但接到了信的，臉上還是掩藏不住心裏的快樂；看了，就跟同學們講信裏面的内容，告訴寫信的人是誰，甚至由此而談到家裏有些什麽人，爸爸怎樣，媽媽怎樣……女兒都看在眼裏，記在心裏了。

“媽媽！爲什麽没有人寫信給我呢?”她問。

“誰寫信給你呢?”媽媽没有想到她會問到這樣的事，微微有點驚異。但她已習慣了各種各樣的驚異，在孩子成長的過程中，媽媽其實隨時都在驚異着的。“媽媽跟你在一塊兒，不用寫信；爸爸有事，都寫信給媽媽了，用不着另外又寫給你。”

“都有人寫信，衹有我没有!”她撅着嘴。

媽媽來信説：“爸爸，就寫一封信給她吧!”

幾天之後，媽媽拆開爸爸的來信，裏面果然有一張是給女兒的。媽媽找着了女兒，牽着她的手，一面向房裏走，一面彎下腰跟她説：

“爸爸有信來了。你猜是給誰的?”

“給媽媽的。”

“還有給誰的?”

“不曉得,”遲疑了一下説，“給我的麽?”

“是呀，上面寫的‘親愛的女兒’!”

“真的麽？真的嗎？”她跳起來。

“當然是真的，馬上就給你看，在房裏。”

“馬上給我？不！不!”她突然説，像給什麽東西刺了一下似地，“我不要！我不要!”她把手從媽媽的手裏奪出來，像誰栽着她，賴着她要信似地。

“不要?”媽媽驚異地問，但也馬上明白，裏面一定有點什麽道理。

“現在不要，我要在飯廳裏發給我。”

無論什麽，都要跟同學們一樣，花衣服不愛穿，皮鞋也不愛穿，因爲同學們并不個個都有。但信要在飯廳裏發，却又有點另外的意思：“看，我也有人寫信給我了！我的爸爸也寫信給我了!”她多麽羡慕别人接到信，又羡慕了多麽久呵！現在她可以驕傲了。

“那不好發的呀,”媽媽説，“没有信封。”

“怎麽没有信封呢？信能够没有信封的麽?”

“有是有，是寫我的名字呀。”

“寫信給我，不寫我的名字!”她眼裏噙着泪了。“那那,”過了一會兒説，“就用那個給媽媽的信封，喊我的名字給我，你拿好，不讓别人看見上面的字。”

又開午飯了，飯廳裏面站滿了人，静悄悄地等候開飯。飯廳又是禮堂，小些的學生們飯桌擺在講臺上。媽媽拿着一大扎信走進飯廳，一眼就望見人叢中有女兒的大眼睛在切盼着。

“張兆棣!”

“有!”

“王光珍!”

“有!”

最後是：“×海燕!”

“有——!”

女兒一面答應，一面從臺上跑下，慌忙中多跨了一步梯子，閃了一下，幾乎跌倒了。

一接到信，連忙一摺叠，把有名字的那面摺到裏面，塞進口袋，生怕别人發現了她的秘密。

飯後，跑到級任老師房裏：

“王老師，我爸爸寫信給我了。”

“哦！寫的是什麽呢?”王老師問。她是喜歡她的學生們的。

“信在這裏呀，你看!”她從口袋裏掏出信來，“哦，信封不知哪兒去了!”

把信交給王老師看，當王老師正在看信的時候，自己却禁不住講那信的内容：

“爸爸説：重慶這些時候，霍亂很厲害。霍亂是傳染病，吃了蒼蠅爬過的冷東西，蒼蠅脚上有微生物，就生霍亂……所以重慶不許賣冷東西，比如桃子，李子，就一擔擔潑在江裏……爸爸看見一個賣桃子的正要把一擔子大桃子往江裏潑，覺得可惜得很，當然囉，又不是個個桃子都有蒼蠅爬過的，又不是個個蒼蠅脚上都有微生物，就是有，先洗洗桃子，洗洗刀子，洗洗手，削了皮吃，也不要緊的呀，是不是?爲什麽要潑到江裏呢?就跟賣桃子的説，你不必潑了，挑到××××院送給我的女兒×海燕吧。我先把脚錢交給你。王老師，信上是不是這樣寫的呢?”

“是呵!”王老師早已把信看完了。不光是孩子的爸爸、媽媽，老師們也喜歡逗孩子們玩的。就笑着問：“桃子呢?”

“還没有到。信也衹剛纔到咧。”

“桃子到了，你把給我吃麽?”

“把!”

“把幾個呢?”

説到這裏，李老師來了，接着廖老師，吴老師……

“×海燕的爸爸送給她一擔桃子，快到了。”王老師笑着告訴别的老師。

“哦哦！這好。到了，我們可要吃的呀!”幾個老師同時説。

恰巧管門的老孟打這兒過，王老師又叫住老孟吩咐：

“如果有送桃子的來，叫他挑進來，是×海燕的。”

“是。”老孟會意地答應。

黄昏時候，她跟金鈺一同坐在院子裹的石階上。

“金鈺，告訴你一椿事，我爸爸叫賣桃子的給我送一擔桃子來，不要錢的。他反正要潑到江裹去的，還要什麼錢呢？爸爸把脚步錢交給他了，他就要挑來的。”

金鈺比女兒大一歲，跟她同班。她會做布娃娃。她把她的媽媽的布條子、綫、針，都拖出來，做了好幾個娃娃。她的媽媽也是院裹的老師。她的娃娃，一個名叫“小鈺”，是她自己的；一個名叫“小燕”，送給女兒了，女兒給它取的名字；還有一個叫做“中學生”，比小鈺、小燕都大些，是兩人公共的；現在正在做一個更大的，名字已經取好了：“留洋學生”，她决定歸自己一人所有，讓它跟小鈺一塊兒，照顧小鈺，講故事給小鈺聽，講外國的故事，那麽，小鈺就不會寂寞了。

可是女兒告訴她桃子的事情。

“挑來了，”女兒接着説，“我一定把給你吃。你跟我好，你送給我娃娃，我要送桃子給你；你是不是以後老跟我好呢？……給你五個桃子，五個呀！”她在昏茫裹伸出五個手指給金鈺看。

“五個？”金鈺説，“一擔桃子，恐怕有一百個呀，衹給我五個！”

“我們人多呀。給媽媽二十個，周姨十五個，王老師十個，還有李老師、吴老師、廖……”

“還有我呢？”

不知什麽時候，孫元宗坐攏來了。她突然插進來問。孫元宗和她們一般大小，跟女兒坐在一塊兒。孩子們頭上最容易生虱子，王老師興的規矩：兩個人一組互相幫着尋。王老師説要是找出誰的頭髮裹有虱子，她不問生虱子的，却打負責捉的，有一個，就打一板手心。女兒正跟孫元宗一組，孫元宗是個調皮佬，非常勤快地跟女兒尋，又故意在王老師面前搔頭，已經害女兒挨過一次打了。女兒頂怕她的。這回自然不敢説不給桃子她。

“也是五個。”

“要是我把留洋學生送給你呢?”金鈺說。

“真的麽?”女兒高興地説，“那就，怎樣，給你十個。”

“我以後天天讓你尋虱子。”孫元宗説。

“好好，也給你十個。”

這晚上她覺得金鈺和孫元宗都跟她特别好。

第二天，孩子們下山去背米。這院，非常窮，没有一個機關負經濟上的責任，幾個機關給的一點津貼之類的收入，平均每人每月劃不到一千塊錢，照目前的生活程度説，不敷的數目當然很大。除了用種種方法增加一點收入之外，剩下的就是節省。教職員都兼着許多事，許多課，報酬却比城裏普通的女傭的工資還要少。學生呢，在院裏買到米和煤運到山脚下了的時候，要去一點點地背、抬上來，像螞蟻搬家似的。但别的有錢的教養機關也要學生們搬東西的，甚至有人搬得吐血。那恐怕是有一種勞動服務之類的課程，與爲窮而不得不搬，頗不一樣。社會上有着各種各樣的人，自然做出各種各樣的教養事業來，本來不會一樣的。

這回的米很少，大哥哥大姐姐們一去就可以了事，小點的都不必驚動。但女兒却固執地向媽媽要求派她下山。媽媽拗不過她，就加派一個比她大兩歲的女生和她一路去，兩個人一組，合背一小袋袋，一個人背一半路。媽媽想：一定是算學習題没有弄好，怕老師駡，逃學去了。

天晚了，背米的哥哥姐姐們都回來了。女兒没有回來。媽媽到門口去望，和女兒一組的那個女生也背着米回來了。

“×海燕呢?”

“在後頭。”

“爲什麽不一路呢?”

“她叫我先走，她説她要慢慢上來。”

媽媽不放心，信步走過操場，走上人路，迎着從松樹杉樹的林子穿過來的落日去接她。走了好遠，纔看見她獨自一個，緩慢地，懊喪似地上來了。

“怎麽現在纔回來？晚飯都吃過了！”

“媽媽，送桃子的來了没有？”她一面問，一面揩額上的汗。

“没有。”媽媽心裏想：原來是爲了這，這傻瓜！

“底下也没有，連一個賣桃子的都没有。”

“準是不來了！”媽媽想打掉她的希望。

“爸爸的信幾時寫的呢？”

“大前天。”

“一天，兩天，三天，四天了，他怎麽還不到呢？”説着，她還扭轉頭去朝山下望。

“快回去吃飯！”

“我曉得了，”她恍然大悟地説，“不該先把脚步錢給他的。錢到了手，就偷懶，不來了。”

她的媽媽又寫信來，把這些情形告訴我了。

我好後悔：爲什麽要寫那麽一封開玩笑的信，叫她失望呢？

記得小時候最難過的事，是大人給我約好了什麽時候吃什麽東西，到了時候却没有吃的；其次是到一個地方，人家説，你來遲了一步，早一步，還趕得上跟我們一路吃什麽咧，心裏想，既然没有吃的，何必先説呢？既然東西都吃完了，何必告訴我呢？這自然是一些小事，或者不過逗的玩玩而已，但當時，却并不覺得事情怎麽小；人尚且衹那麽大，怎麽會有什麽大事呢？態度十分認真，并且不高興大人們隨便開玩笑的。但現在自己却逗起女兒來了！

曾參太太要趕場去，她的幾歲的孩子却拉着她哭。

“乖乖莫哭，媽媽去了回來弄肉給你吃。”

回來的時候，并没有帶肉，曾參先生就放下正研究的什麽，到猪圈裏去捉那惟一的小猪。

“幹什麽？”太太問。

“殺了弄肉給孩子吃呀！”

“我哄他的呀！”

“孩子怎麽可以哄呢?”

終於把小猪殺掉了。

想起這樣的故事，真想買一擔桃子給女兒送去，要不是太窮，桃子現在又已經過時了!

一九四五、七、二十六　渝通遠門

第一把火

——爲魯迅先生五年祭作

一、寂　寞

“早點回來吧！”

阿霞趕到大門口，望着普洛美休士的背影説。一面扯起圍裙的一角，揩那剛纔在厨房洗過鍋碗的濕手。

亞坡羅的黄金的寶輦懸挂天邊，它正要向那遥遠的不可知的世界駛去。最後的金光，在天空燒起了一把烈火，把滿天的雲都燒成紅的、紫的、金的、藍的，各種光輝燦爛的顔色；顔色的光輝落在阿霞的頭上、臉上、身上，使阿霞變成一個青春少婦了。她微倚在門邊，睁大眼睛凝望着普洛美休士的矮小而佝僂的背影。

“唔！”

普洛美休士回答，没有回頭，也没有停脚，聲音低得幾乎連自己也聽不見。但他覺得這已經够了，阿霞定已習慣地聽見了他的允諾。

他低着頭，兩手叉在背後，高一脚低一脚地走着，脚下一根横着的樹根絆了他一下，他一驚，背上出了一陣冷汗。唉唉，真是老了，常常提不起脚步，常常要被脚下的小東西絆倒！

走到一個池旁，從池水裏看見滿天的雲霞，那些幾乎是没有實體的光彩正在變幻明滅，幾隻歸林的鳥又正在霞光中穿過。這太難得，現在是初冬，竟有和夏季一樣的傍晚。

“好美的世界呀！”

他想，不覺停下了脚步。但同時從平静得像一面鏡子的水中，看見一個禿着頭，兩鬢以下紛披着花白的鬚髮，有着一雙疲乏的細小的眼睛的老人的影子。哦。他的顴骨多高，兩眼陷得多深，顔色多麽蒼白！在這樣奇美的霞光之下，他竟没有稍微年輕一點！這水中的老人就是他自己。

“我和這世界是不調和的!”

他撇下池水裏的天空和他自己的影子走開了。帶走的衹是他的寂寞。

在神和魔正在鏖戰的時候，普洛美休士幾乎像是個無用的神。他的身體矮小、瘦弱、多病，幾乎衹要一陣風，就可以把他颳跑。他的手，從來没有接觸過矛、戈、弓、箭，也不曾真正面對面地和一個魔碰過頭。然而，在那戰争中，他却用他的智慧給神們策劃出了整個的作戰計劃；用他的遠見指出了神的必勝的將來，宙士和别的神們在每次挫敗之後，總是垂頭喪氣，心灰意懶，以爲從此大勢去矣；在這樣的時候，他總是用雄辯的唇舌撫慰他們，激勵他們，煽起他們的心底的復仇的火焰！他無明無夜爲一切有利於戰争的工作操勞，他以一種狂喜的心情埋頭於那些工作，那些工作也就像醫治他的身體上百病的藥，使他不但不感到絲毫疲倦，反而精神抖擻，元氣充溢，回復了他的早已消逝了的青春。他獨自地大笑，獨自地狂歌，獨自在屋子裏孩子似地跳來跳去，却全不爲了什麽因由。

“你這永久不上戰場的傢伙，爲什麽這樣高興戰争呢?”有一次，宙士這麽問他。

“那是因爲我太憎恨魔了的緣故！那是因爲魔是神的吸血者的緣故！那是因爲神將不再在魔的鐵蹄下喘息的緣故!”

“聽説你也還因爲想做神的王的緣故吧?”

“聽誰説呢？宙士，你應該裁判那説話人，因爲他是魔的間諜，他離間我對你的幫助，你又是不能缺少這幫助的。而且宙士喲，如果是依照我們神的鐵則，不能上戰場的傢伙，是永久也不能做神的王的呵!”

“那麽，你將從這戰争得到什麽呢?”

“我將得到神的解放。”

“不，我問的是你自己，完完全全屬於你自己的。”

“不，宙士，我説的正是我自己，完完全全屬於我自己的。神的解放是我惟一的信仰：我相信，我是這信仰者中的最堅强的一個。因此，我將得到比一切神所能得到的最大的忻悦。”

戰争結束了，一切像他預言過的一樣：魔滅亡了，勝利屬於神。神的王國建立了，日漸地繁榮，開花。但是他所得到了的最大的忻悦，却日漸地褪色，暗淡，終於無影無踪了。他的心日漸寂寞起來，他的肉體又無可抵禦地衰老了。

“普洛美休士喲，你爲什麽這樣寂寞呢？”

時時爲他擔心的阿霞這樣問他。他想回答：

“因爲神已不是從前的神了。自從神的統治代替了魔的統治以來，神就逐漸變成了魔，把魔曾經加在神身上的一切，那曾經爲神所不能忍受的枷鎖、壓榨，都加在另一種被統治的生物上了，就是那叫做人的生物！”

但是，對於阿霞那樣善良而又柔弱的靈魂，這些話未免太嚴重，太教她擔憂。他衹好默然。他已經在默然中過了許久許久了。

二、火的殿堂

普洛美休士坐在火的殿堂的一個角落裏，面對着墻，兩手托着下巴，一動也不動，一聲也不響。

殿堂裏敞開着盛大的筵席，山樣地堆積着珍饈肴饌。樂神們奏着曼妙的管弦。無數妖嬈的女神，幾乎全裸着玉體，踏和着音樂，唱着跳着一些醉心的歌舞。在肉和酒的香霧裏，顫動的歌喉和顫動的曲綫，對於男性的神們，像三春的花朵對於游蜂浪蝶一樣，實是一種强烈的挑逗。

神的王，那白髪蒼髯的老宙士，箕踞在筵席的最高處，一面饕餮地向口裏傾倒殷紅的酒漿，一面又不斷地向歌舞的女神們喝彩。兩旁坐着他的兒子們、僚屬們、清客和侍衛們，大家都忘形地狂呼大叫，賭酒碰杯，而且擦拳磨掌地準備着自己的表演。渾身是汗的女神們得到王的稱贊，格外心花怒放，加速旋律，比艷争妍地把生平絶技一齊呈獻出來。一個女神，甚至在飛快的旋律中，飛起一脚，讓脚尖輕輕地觸着了宙士的鼻尖，惹起了一場哄堂大笑。

“按捺不住了!”和每一個年輕的神一樣健旺的老宙士，在掀髯大笑過之後，説，“像周身的血管裏有毒蛇在抽搐，真正按捺不住了!”向左右使了一個眼色，説聲“開始吧!”就和兒子們、僚屬們、清客和侍衛們，争先恐後地向歌舞的女神們撲去。跳舞的行列散亂了，宛轉的歌聲停止了，接着起來的是一陣尖鋭的叫聲。女神們一面叫着，喘着氣，一面逃跑，掙扎，討饒。突然，訇同一聲，整個殿堂似乎都震動了，兩個追逐着的肉體，迷失了方嚮，把自己投擲在那堅硬的墻上了。

原來，殿堂的四壁，都是珊瑚、瑪瑙、鑲着寬闊平直的鏡磚。那些鏡磚魔術師似地，充當着這殿堂的墻壁，可又把墻壁拆毁了。他們把殿堂變得無數倍地宏敞，殿堂裏的神和物也無數倍地加多，好像這殿堂并不止是一個殿堂，倒是無邊無際的全世界；殿堂中央的火柱，也并不站在殿堂中央，倒不過是火柱的森林裏一個個體。至於神們的無遮大會，更被誇張得不堪寓目了。那鏡壁是非常容易使神們迷失的。

像一切醜行都隔着十萬八千里一樣，普洛美休士一點也未經心，他默坐着，凝視着那映在鏡壁上的火柱。

擎天的火柱，在殿堂的正中間矗立着。它跳躍，閃動，却静悄悄地没有半點聲響，像一具巨大的碧玉的胴體，支撑着這整個大厦。這是神的火，它不須假藉任何物體而自動的燃燒，也并不附着於任何物體上，假如没有神的意旨，也决不會把鄰近乃至和它接觸的任何東西吞噬。它不會擴大，也不會縮小，不加强也不減弱，始終如一，永無休止地發着光，發着熱，把宏敞的殿堂照耀得如同白天，使殿堂上的神們感到温暖。它是勝利的象徵，權力的象徵，而且也是幸福的象徵。

然而，勝利是什麽呢？就是那和魔鏖戰的先烈們的血海尸山麽？權力是什麽呢？就是占有火的殿堂讓没有火的生物永遠不幸麽？幸福又是什麽呢？就是這眼前的……哦哦，這是衹要一想到也會害羞的呀！唉唉，這地方真連一刻也不能呆下去了！這世界連一天也不應該存在的！普洛美休士想。

然而，誰來推翻這神的統治呢？自己雖然也同是神的王的僚屬，但向來衹會用腦而不會用手，任何兵器到手裏，都有千百斤重，何况現在老了，更搬不動那些東西了！除了自己，那麽，還有誰呢？既然火的殿堂在神的手裏，既然没有火的生物又都是愚昧與怯弱的！而且，那是怎樣地殘酷呵！他不禁想起神從魔手裏奪過這殿堂時的鏖戰來。

“來呀!”一個神在他的肩上拍了一下，指着一個女性的肉體説，“裝什麽正經？又發什麽呆呢?”

普洛美休士動也没有動一下。

“你是素食者麽？你相信禁欲主義麽?”第二個神又説。

“莫枉費唇舌吧！那無用的傢伙永遠把女的没有辦法的，永遠不會上戰場的!”第三個神制止前兩個，當他正在把女的“有辦法”的時候。

普洛美休士感到無比的羞辱，爲的他們褻瀆了一個神聖的字眼：戰場。他相信再會有一場戰争，外科手術似地割掉這些腐爛的東西們。關於戰争的每一個字，他都認爲是不可侵犯的。現在却被這些淫蟲們用在無耻的事件上了！他憤怒地站起，誰也不理地向殿堂的門走去。

“普洛美休士走了！——那迂夫子發名士脾氣了！——是好漢，就離開我們，莫再轉來了！——哈哈，哈哈……”

無情的訕笑撲打着他的背脊，他走出了火的殿堂！

三、界山上

順手把門一帶，瘋狂的歌舞，無耻的淫猥的叫囂，像弱小的蟲類被踩在巨人脚下，發着垂死的震顫一樣的絲竹管弦聲，就都落在遥遠的後面了。這外面無遠無近，是一整片的昏茫，没有月，没有星，没有螢光和鬼火，惟一的像是在發光的東西，就是普洛美休士自己的眨動的兩眼。

在這剛離開賽過正午的陽光的火柱的兩眼前面，世界更是加倍地暗黑。

夜風使山谷呼嘯，使松林發出海潮似的吼聲，茂草、枯枝都搖曳顫抖，互相擊碰磨擦，不斷地吐着蕭瑟的呻吟。幾片飛舞着的落葉輕輕地飄在普洛美休士的頭上，但馬上又不知滚落到什麼地方去了。這是初冬的夜，寒風正釀製着嚴霜，準備給那即將到來的明晨妝飾。普洛美休士身上穿的還是袷衣，一到從火的殿堂帶出來的餘温消失，便覺得夜風有着刺骨的寒意。頑皮的風又屢次掀起那輕薄的衣角。

像風裏頭的落葉一樣，完全失掉自主的能力，不知該到什麼地方去，也不知走到什麼地方，衹是隨着路，隨着自己的脚步，在亂山裏行。夜色似乎逐漸稀薄，深夜的寒冷，不知到哪裏去了。走着走着，好像自己向來都是走的這樣的路，應該走這樣的路，并且還永久走下去似的。哦，他不是答應過阿霞，説要早點回去的麽？顯然又跟往天一樣，爲了心的沉重，把對阿霞的任何允諾都忘記了。

他爬上了一座山，不知道那山叫什麼名字，也無心去知道它，不過因爲這山横在他面前，面前衹有這上山的路，所以他就上了山。忽然之間，他覺得眼前已經没有路了。也實在没有路，那是山頂上的一個懸崖，如果是白天，還看出那是高凌萬丈的峭壁。不過他没有留意，還是在搜尋着路，在這搜尋當中，他的智慧的眼，透過黑夜的昏茫，看見那懸崖下面的遠處，有許許多多堆積着，擁擠着，沉睡着的神似的生物。“人!”他心裏喊。“原來我已走到‘界山’上來了，這神和人的界山!”

他向那遥遠的卑下的人類望去，向那些神的牛馬們望去，那是無數的肉體，被飢餓、寒冷、操勞、疾病鞭打得遍體鱗傷了的肉體，在愚昧裏誕生，在愚昧裏成長，也要在愚昧裏死去的肉體。現在那些肉體都已睡熟了。他們，那無數的肉體們，一到了夢中，就好像到了無拘無束的自由天地似的，就像他們都變成了勇敢的戰士似的，把醒着時候的許多事都忘記了。他們大膽地呻吟，爲了疲乏的身體上的傷痕的疼痛；他們大膽地哆嗦，大膽把自己的身體擠向睡在鄰近的别人取暖，爲了寒冷的缘故；而且大膽地大聲説話，在那些迷糊的斷殘的語句裏，竟然抱怨自己冤枉挨了神的鞭子，而那真正犯了過失的别人，却并没有得到任何的懲罰！

也有在半夜裏醒轉過來而難得再睡熟的人們，那是一些年輕的憔悴的母親。

一個母親用手在探索酣睡在她身邊的兒子，那兒子還祇有三歲，但是天一亮，他就要死去了。母親含着泪，摸撫着兒子的頭和背和柔嫩的四肢，隨後又緊緊地抱着他，像是要把他搶去。她用惟恐驚醒了兒子的酣睡的低聲叫："苦命兒啊，媽媽白養你一場了！你爲什麽不早出來幾年呢？又爲什麽不遲點呢？如果那様，恐怕就不會輪到你了！"

縱然是低聲吧，也還是驚醒了兒子的爸爸。

"你這女人，"在黑暗裏駡，"你這不怕天誅地滅的女人，又在嚕嗦！你不信神麽？你不敬神麽？得罪了神，一切灾難都會落在我們身上的！仁慈的神囉，看在你的忠實的奴僕分上，饒恕這無知的女人吧！"這樣禱告之後，又呼呼地睡熟了。

"乖乖冷吧？"半醒半睡的母親還在喃喃，又下意識扯着自己身上的襤褸，蓋上那緊摟在懷中的兒女。

"這是怎麽一回事呢？"普洛美休士看見了這一切，也聽見了這一切，他驚疑地問自己。"哦，天亮又是'年祭'的日子了！"終於記了起來；每年在這日子，人類要獻出三百六十五對剛滿三歲的男孩女嬰，作爲神的肴饌。宙士一天不吃一對這樣的肴饌，就不能生活，因爲那是最好的神的補品。

"幸喜我不是人，"普洛美休士打了一個冷戰，"如果是，也許早給宙士吃掉了，也許宙士會吃掉我的兒女！然而人類爲什麽這樣温順地獻出自己的兒女呢？爲什麽這樣怕神呢？他們不是無數地多麽？不是每個人都有頭腦，有手有脚有氣力麽？不是祇要一齊舉起拳頭，所有的神都會變成肉醬；每個人吐一口口沫就會把所有的神都淹死麽？不是現在最有力量的就是他們麽？這些不可解的、愚蠢的、怯懦的人類！"

"可憐而又可恨的人們囉：起來，用你們的手解除神給你們的枷鎖吧！用你們的手推翻神的統治吧！用你們的手建立起自己的王國吧！叫做神的東西是用不着怕的，他們現在糜爛得連什麽力量也不會有了！”

他向人類這樣呐喊。但是人類没有聽見，隔得太遠，睡得太熟；而且，也未必懂得神的語言。他的話讓夜風撕成粉碎，又叫寒氣結成嚴霜，灑到人類身上去了。

四、第一把火

普洛美休士拿着一把捆扎好了的松枝，向火柱一觸，説聲“着！”松枝就喳喳地、烘烘地叫起來；一朵濃緑的火焰，帶着蒼白的煙，從火柱滾上松枝；燒斷了的松毛，一節變成灰燼，另一節變成紅的火星，紛披地落在地上。這時候，宙士已經泥醉，不知倒在什麽地方；别的神也都不是醉倒，就是累倒，東倒西歪，鼾聲如雷了；有幾個還醒着或者半醒着的神，又正在追求自己的歡樂。没有工夫管任何别的事情。普洛美休士毫無阻攔地走進殿堂，點燃了火，又出去了。

夜，無邊無際的夜，平静的，大一統的，至美無缺的夜，在普洛美休士第二次從火的殿堂出來的時候，就給破壞了。像暴風戳破滿天的密雲，陽光從雲的罅隙裏射出了；像巨石擊碎整湖的堅冰，湖水從冰的缺口裏迸起了；像白茫茫的雪的原野，給一盆污水弄出一塊骯髒了；像天真未鑿、純潔無瑕的聖處女，給粗暴的魔鬼摧毁了！宿鳥從巢裏伸出頭來問：“誰呀，這擾亂清夢的？”鴟梟和别的夜行者却説：“惡作劇呀，我暈眩得幾乎跌倒了！”“吹熄它！吹熄它！”所有的風都向這點微弱的火施威：“不許走！不許走！”路邊的老樹又一齊伸出粗壯的臂膀和巨大的手，想攔住普洛美休士，奪去他手裏的火。

普洛美休士沉着地走着，手裏的火，愉快地頑皮地跳躍，閃動，摇擺，把他的臉、頭髮和鬍子都塗上一層鮮紅的顔色。他有時把火頭略略嚮下，爲了防止它的熄滅；有時又怕燒得太快，他把火把的頸子捏緊；同時還不斷地踩熄那落在地上的火星，免得落葉和枯枝燃燒起來。這回，雖然有火照着路，反而覺得走了很久很久，纔到界山脚下。

“普洛美休士！普洛美休士!”後面有聲音喊。

“糟了!”他心裏一愣，“宙士派誰趕來了!”他加快了脚步，想趕快搶上山去。

“普洛美休士，站住，是我呀！是我呀!”那聲音是一個女性的，接着他分辨出就是他的妻。他吐了一口氣，又把脚步緩下來了。

“爲什麽走得這麽快，叫我在後頭盡趕盡趕?”妻一面喘氣，一面用手梳扒被風吹散了的頭髮説；她走到普洛美休士的右手邊，攀住他的舉火的臂膀。

“阿霞！半夜了，你出來做什麽?”

“還問咧！半夜了，盡等，盡不回去！我想到殿堂裏去看看，一出來，望見一把火在亂山裏移動，我想一定是你，你心裏有多少無法無天的想頭，怕我真不曉得麽？趕來一看，果然！你在幹什麽？上哪兒去?”

“到山上去，去把這火投給人類，因爲他們太愚蠢了，太怯懦了。”

“可是火不是智慧，也不是勇力。”

“不錯。可是智慧和勇力，都可由它而生。人類的白天太短，又全部都獻給神了。夜晚冷得無論什麽事都不能做，除了爲神休息那疲勞的身體。我要把他們的白天延長，并且讓他們過得暖暖的。他們就會有工夫，有閑心想到自己，做點自己的事。祇要能够想，能够做，他們會聰明起來，勇敢起來的。”

“這於你有什麽好處呢？於我們神有什麽好處呢?”

“對於神，好處恐怕是没有的。他們一聰明，一勇敢，神的江山就完了。”

“什麽？你真要叫人類起來反對宙士，反對神麽?”

“不用我叫，他們自然會這樣的。”

“不，普洛美休士，你不能這樣做，千萬不要這樣!”她攀住他，不讓他走。

“爲什麽?”普洛美休士掙脱她，反而走得快些。

“你是知道宙士的，如果他知道偷火給人類的是你，他會把世界上最狠最毒的刑罰加到你頭上，永遠，永遠……”

“衹要人類能够起來!”

“他，所有的神，他們會把最狠最毒的咒駡加到你頭上，説你是叛徒，是奸細，是……”

“衹要人類能够起來!”

“而且，人類也會咒駡你的；你的火會燒死他們的人，燒掉他們的東西的。”

“燒不死的人類會生出更多的人，造出更多的東西，終於會聰明勇敢起來。”

“而且他們會殺掉你的，他們會斬盡殺絶所有的神；因爲你自己也正是神中間的一個。”

“阿霞!”他喊，他覺得他的舉火的手軟弱了。阿霞趁此用勁地攀，想攀下他的胳膀，把他的手裏的火奪掉。這一攀，反而使他重新有了勇氣，又高舉起手裏的火。“如果那樣，如果一定會那樣，也無法可想。我一點也不會後悔。抱歉的是累了你；可是阿霞喲，你不是我的妻麽?你不是應該和我同命運的麽?”在摇晃的火光裏，阿霞看見他的眼角有一點放光的液體。

“親愛的普洛美休士喲!”這回是阿霞的手軟下來了。“偉大的普洛美休士喲!你要在任何别的神毁滅之前毁掉你自己，你是無論怎樣都逃不出那可怕的結局的!”她的聲音發顫，臉上挂着兩條泪痕。“可憐你老了，你一生没有過過一天好日子，現在又給自己安排這樣一個命運……”她説不下去了，一點氣力也没有地委頓在普洛美休士面前。

“是的，”普洛美休士説，“正因爲老了，我要趕快做完這件要緊的事。以後，心願了了，就可舒舒服服地過日子……”

他們已經上了山，又到那懸崖上面了。風猖狂地撲着火焰，把火焰引向普洛美休士的鬚髮和衣衫，似乎想在他投出火把之前，把他燒成灰燼。普洛美休士屹立在崖邊，一隻手摸阿霞的頭，一隻手高舉着火把，向昏暗的遠方望了一眼，退後了半步，把火移在自己的後方，對準方嚮，説聲："去!"就縱身一跳，竭盡平生之力，盡遠盡高地把火把投出了。阿霞跪在底下，緊緊地抱着他的腿，似乎怕他隨着火把一齊飛去。

那火把一離開他的手，在空中翻了一個身，拖着一條巨大的蒼煙的尾巴，發出悠長的威猛的呼嘯，在寒風裏，以至快的速度，"哧……"撕開夜的幕布，向堆積着，擁擠着的人類那裏殺奔而去。一刹那，夜空裏現出一道萬丈的長虹，像一座橋，架在兩者的中間：一頭是通到神的世界山頂，一頭是卑微的人類的世界。

"瞧，阿霞!"普洛美休士喊。

阿霞没有看見他臉上的笑容，回頭向下一望，那遠方，人類的第一把火，在人類的驚駭中、慌亂中、號哭咒駡中，奔突、推攘、互相踐踏中，蓬勃起來了。

一九四一，十月某日，桂林

德充符[①]

——演莊子義贈所亞

一、落　葉

一片落葉，在夜風裏飄舞了一會兒，隨即飄進一個没有關閉，或者曾經關閉又被風吹開了的窗户裏去了。它落在窗口的一張桌子上；桌上亂七八糟地堆着一些書籍、絹布、油漆、竹木板、刀與筆……似乎好久就没有動過了。凄冷的月光從窗外射進來，把它的影子照得高高低低，凹凹凸凸，像亂葬岡上的一些荒墳一樣。

落葉不願混在這些凌亂的東西們中間，就翻了一個身，跳到桌邊一張床上。哦！那床上更可怕呢！一床没有被套的破棉絮，半掩着一個肢體不全的人，那個人又已經死了！落葉自己壯了一壯膽，摸摸那死去了的人：冰凉的，呼吸也没有；當然如此，否則怎麼叫做死了呢？它没有敢看死人的面孔，它知道一定很難看的；不過它已從别處認識這死者是誰。還會是誰呢？不就是那兀者麽？當落葉還在樹梢上的時候，就看見他住在這屋裏的。現在正跟這落葉一樣，一隻小凳歪靠在床邊，另外一隻倒在地上，凳子的主人在破棉絮的掩蓋下死去了。

落葉找着了同命運的人，想和他親近一下，挨着他，準備跟他訴訴衷曲；但他已經没有知覺，又不能動彈，簡直連落葉還不如了！一種憐惜之情從落葉的心的深處油然而生，它忘記了自己飄零和跟一個死人在一塊兒的恐怖，它不忍離開他，就躲在死者的冰冷的心窩上；那心窩在

① 編者注：本篇又題作《一個殘廢人和他的夢》。

像魚網一樣的破棉絮的隙孔中袒露着。它想用自己的體温温暖他一下，但它自己却跟那死者一樣，早已没有體温了。

二、中　途

“三萬六千級！三萬六千級!”這數目字在死者的心裏盤踞着，“這是上得了的麽？這是……”他浴着渾身汗水，在一道無限長的石階上坐着。

他是一個“兀者”，就是説兩隻脚失掉了作用，不能站，更不能走，却又没有斷掉，永遠累贅着他。要穿鞋、襪、褲，享受跟别人的腿和脚一樣的權利，却不肯盡走路的義務，而且當他用膀子和手走路的時候，它們還像一隻大力的手抓住他的衣領，不許他前進似地拖住他：他在前面走，脚用鞋尖在他後面的路上劃出兩道輕淺的軌迹，像兩個蝸牛走過了一樣。他的鞋子比别人的早五倍的時間就爛了，鞋、襪、褲，永遠被灰土或泥水裹着、浸着。

他走路是用兩隻特製的輕便的小凳子，約莫一尺多高。兩隻手抓住凳子、膀子筆直地撑着，讓他的身體騰空起來，不，他的脚還拖在地上的，這，在他就叫做“站”。用一隻膀子撑着身體，另一隻拿起向前移動這麽半步遠，隨即用這隻膀撑住身體，那隻拿起凳子向前移動，交替不停，就叫做“走”。也不止他一個人如此，凡是兀者，不，他并不是兀者，兀者是受過刖刑的人的稱呼，他却是小時候生了一次怪病變成這樣了的。不過别人都稱他是兀者，他懶得分辯，就承認是兀者了。他向來不大管這些無關緊要的事的。凡是兀者，都不便於走路，尤其是不便於上坡，當他還没有死的時候，爲了上學聽講，每天要上下十幾二十步坡，使他冤枉耗費許多力氣和時間，流了許多的汗，誰知道現在却在一道據説有三萬六千級的石階上上着！石階有的高，有的低，有的寬，有的窄，因爲年深日久了吧，大都崩裂，缺損，傾斜了；又似乎永遠籠罩在濃霧裏面，以致潮濕過度，隙縫裏長滿了青苔，没有一級不是滑溜溜的。幸而最窄的幾級還勉强可以横放他的凳子，小心一點，還不致跌倒，滾下。

但越小心，就越吃力，每上一級，就清清楚楚地覺得身上冒出一身汗來，手底下的凳子又不住的軋軋地響。整個空間都被濃霧瀰漫着，那石階，他祇能見四五級，每上一級，就增加一級，上完了四五級，依舊有四五級，不知上了多少個四五級，眼前的四五級，却一級也不曾少。他不知自己上了多少級，也不知上了多少時候，更不知是誰叫他上的；祇覺得一發現自己死了的時候，就這麽上着上着了。

“申徒嘉，你哪裏去呢?”好像有人這麽問他。

“上天去呵!”他毫不遲疑地在心裏回答。當然除了上天，誰肯吃力地爬這麽多坡呢?

“天門很窄的，你相信你能擠得進去?”

“是麽？我也原不過試試看的呀!”

以爲人死了就什麽都不知道，那是因爲他没有死過的緣故。死對於人，并不是那麽一了百了的；好人要上天，壞人要入地，都省不了事。活着，時常覺得好人難做，做壞人要容易得多，誰知道死了也這樣！入地，祇要抱着頭，骨碌碌地一滚就行了；上天，却要一級一級地往上爬，爬盡這三萬六千級天梯！在一個兀者，這未免太難了。説句自暴自棄的話，早知如此，何必做什麽好人呢？但也有一點精神的鼓勵，自己正在上着天，足見是好人是無疑義的了，要不然，爲什麽不朝下面滚呢?

不錯，他是個好人，出身微賤，養成他一種跟鄉下野孩子一樣的性格，無拘無束，無大無小，無論誰，祇要高興，都可以作他的朋友，而朋友要求他什麽事，他無有不答應的。

“申徒嘉，我要在你的屋裏做點事。”

“你做吧，我反正要休息了。”假如那時候他正在畫畫什麽的。他是一個畫家。

“可是你在家，我做不成咧。”

“不要緊，我本來馬上就要出去的。”

“申徒嘉，我要在你這兒過夜。”

“你就睡在我床上好了。”

“可是你衹有一套鋪蓋呀。”

“不要緊，我早就要趕一晚夜工的。”

如果落魄了，也盡可以搬到他家裏去住，一年兩年的住下去，他都會坐着車子到四處去張羅錢來開伙食，而且惟恐你知道他爲難！有了辦法，你跑得無影無踪好了，連信也不必寫一封給他，别以爲他會有什麽芥蒂！既然有了前途，就應該勇敢邁進，還顧念一個殘廢的窮人幹什麽呢？這是他的想法。至於别人對他有一點好處，哪怕是走到門口了順便去探望他一下，他都永遠放在心裏：“他待我真好哇！世界上有這樣的好人麽？父子、兄弟、夫婦之間的恩誼，能比得上他所給我的麽?”他從來没有過親眷，想着想着，就獨自悄悄地哭起來。

他并不知道自己是這種人，也不知道這樣就算是好人，衹是模糊地感到既然不知承着誰的意旨在上着天，總該是近於好人的了，近於好人，就不枉作了一回人，上不上天，倒是小事。這樣想，自己覺得欣慰，没有誰催，就很快地左膀放在上一級的凳上用力一撳，右手連忙提過在下一級的小凳向外畫了一個弧形，跨了一級。

然而“天門是窄的”，這句話又使他有點躊躇，在短短的二十幾年的人生中，他也曾得罪過一個人，就是他的同學子産。但差不多剛一得罪他就後悔了。他把自己的“過分”過分地誇張起來，同時想起了别人的一切美德，他幾乎以爲子産是天下第一個偉大崇高的人，而他偏在這樣一個人面前負疚了！不知多少次想去跪在子産面前，用懺悔的眼泪去哀求他原宥，却不知道是什麽力量使他没有這麽做，而没有做，又使他更其痛苦。幸而他有一個好先生，在講過一段新聞之後，就叫他們和解了，他真心誠意地向人家和解了；後來還答應給人家畫一張像。在答應畫像的那一天晚上，他就死了，没有來得及畫。但不是他不畫呀，來不及了，有什麽法子呢！

先得罪了人家，後來又没有來得及給人家畫像，天門會不會因此而窄起來呢？他的膀子無力了，就坐在一隻凳子上，回想他和子産交往的全程。

三、子　産

子産是學生中間第一個年紀大的，恐怕快四十歲了；也是第一個闊人，鄭國的相爺。古代的風氣和現在不同：現在，人一闊，什麽都懂或者裝得什麽都懂，體育家可以談文化，軍事家可以談教育，本來提起筆來，一竅不通，連字也寫得像茅草棒子畫的，做了官，尤其是大官，你可以在報刊雜志上常常讀到他的大作，滿街滿巷都是他寫的招牌，稍微賺了幾個錢的商人的客廳裏，也都挂着他寫的屏聯了。作文寫字原來和官階或運氣之類緊緊聯繫着的。古時候不這樣，越是闊，越是什麽都不懂，或者裝得什麽都不懂。孔仲尼不是有名的博學麽，到了能够進太廟的時候，就這也問，那也問，傻子似的；别的闊人也都好學，不是把學問家請到家裏來講，就是到别人家裏去聽講。子産，就天天到伯昏瞀人家裏聽講的。

這一天，正是“三”“八”會講之期，下了課，他就披上他的公服出去，他的車馬儀仗在外面巷口等他。他本來不必穿公服帶儀仗來，但是他要上朝，就順便地都帶來了。門外是個草坪，也是個低凹之處，四周都高這麽十幾級階坡，四周的人家，從草坪望去，就像住在樓上。先出來的同學已走得無影無踪，外面顯得分外寂静。他一走出對面高處的巷口，就有一個人用清脆的大聲喊：

“伺候!”像操場上的口令一樣。

“着!”巷内的轎夫們，馬上答應。

而開道的金鑼也就鏜鏜的響起來了。但奇怪的是四周那猶如住在二樓三樓的人家的大門口和窗口，馬上都擠滿了人。他們都是出來看子産的，他們就有這麽一種樂於瞻仰大人物的風采而且百看不厭的癖好。在被看的這一邊，這也正是闊的内容之一，假如人闊了，到一個地方，還是像你我到任何地方一樣，誰也不瞅不睬，官高顯爵，恐怕也乏味的多吧？那些人們，有的把手盤在胸前，有的放在額上遮住陽光，有的踮起脚，吊下下巴，一齊望着草坪，草坪上，子産的錦衣在陽光下一閃一動，像金波銀浪，把他們的眼睛眩花了。

子産猛一抬頭，一家窗户裏正有兩三個打扮得簡直像貴婦人一樣標緻的女子凴着窗欄，這是往天所未留意到的。這兒是個陋巷，所有的房屋都東倒西歪，破破爛爛，當然不會有貴婦人，或者反而是賤婦人也説不定；但打扮的確是漂亮。隔得遠，看不清楚，臉和那些鮮艷的服飾，好像都放出一種光來，使人不敢逼視而又覺得美。子産一見她們就覺得别的人都不存在了。他不認識她們，他的地位也不許他有什麽輕佻的想法，但是他還年輕，至少，自以爲還年輕，美好的異性對他總還有點那麽微妙的魅力，他馬上覺得被她們看比被别人圍看更爲光彩；同時，在她們面前更應該端莊矜持。於是立刻低下頭去，悄悄地命令自己，“莫再看她們!”

忽然聽見她們在吃吃地笑，抬頭一望，她們在用手指他，不是指他本人，是指他旁邊的什麽，一回頭，一個矮小的兀者，用手捉住兩個尺來高的小凳子，一歪一倒地在他旁邊走。

那人穿着一件破藍布短衣，胸前袖口磨得像蕩刀石一樣的光亮，好像他還是孩子，常常在用衣服揩鼻涕、口水、眼泪；别的地方又花一塊，緑一塊，好像常在染房裏出進，各種染料都濺在身上了似的；没有戴帽子，一頭蓬起的長頭髮，滿臉滿腮的鬍子，毛茸茸的，像一座久經荒廢的庭園，把臉上一些應該顯著的東西比如鼻子嘴之類都弄得分不出了；衹有兩隻大眼睛——像賊的眼睛似地在毛叢閃爍。

這傢伙，相爺不會不認得，是同學申徒嘉。也是散學回家去的。

“子産兄！你回府去了？”

申徒嘉本没有打算跟子産打招呼，看見子産回頭來望他，不好意思不跟他説句話。

“唔唔，你……”

我們的相爺一面在鼻子裏唔，向他點頭，一面自己覺得臉上突然發起燒來，連忙回過臉去準備三步兩步跨出這草坪，把他甩在後面。正在這時候，忽然哇啦一聲，一樣東西在子産脚後跟打了一下，幾乎同時又聽見啊呀一聲，申徒嘉的一隻凳子不知怎地翻了，另外一隻凳子撑不住他，僕地啃草，跌在地上，一隻凳子正摔到相爺的脚邊，惹得圍觀的，連那幾個“貴婦人”也在内，無不哈哈大笑，連相爺自己也幾乎笑出聲了。而最糟的是這傢伙雖然在地上掙扎，却不能自己爬起來，草坪上没有别人，那些笑着的人又都隔得遠，無法，相爺衹得替他把凳子撿起來放穩，然後把他的上身抱起來。相爺向來不大做需要氣力的事，幾乎抱不起來，抱起了又很難放穩，累得出了一身汗，把衣服都汗濕了。他身上的泥土又沾在相爺的公服上了。

“啊喲！子産兄！謝謝……”那傢伙呻吟着説。

“没有跌傷什麽地方吧?”子産問。

“没有！……没有！……”

一聽没有，子産像遇到皇恩大赦一樣，連身上的泥土也來不及拍掉，就離開他，用跑步似的步調跨過草坪的邊沿，跨到斜坡上去了。自從做了相爺，幾乎每天都要被人圍觀，可從來没有這樣狼狽過，這完全是那可笑的兀者連累的！他想起了一個執政者應有的尊嚴。

四、詰　難

申徒嘉雖然好性兒，從不跟人家吵嘴胡鬧，骨子裹却有一種另外的東西：不佩服闊人。他是個無父無母的窮孩子，不知怎麽在鄉下轉來轉去轉大了。剛懂人事的時候，就知道自己是個兀者，而這件事會使他吃一輩子苦的；鄉下人似乎比城市裹人慈善，看見他殘廢了，也不要他做什麽就給飯他吃，連教書先生也不要束脩就教他認字，借書給他讀。他反因爲殘廢而讀了好多書，還無師自通地學會了一手好畫。等他自信他的畫真可以賣，真有人買了，這纔到城市來。到了城市，知道世上有一種闊人，出生在大户人家，小時候嬌生慣養，大了就參與政事，治理人民。因爲自己過的日子苦，覺得闊人們未免太占便宜，也許是一種妒嫉吧，他總把闊人當作另外一路人看。其實他并未看見過什麼闊人，衹有一個，就是子産。就學問説，子産在同學中不算特出，他就以爲子産不過如此，甚至以爲天下的闊人也不過如此。既然不過如此，爲什麼跟他自己以及别的同學又這麼不同呢？這是他不解而又不平的。

子産扶起了他之後，他的想法有些不同了。學問方面也許没有驚人之處，但爲人却很好，不擺架子，肯幫助人，難道不是美德麼？并且因這件事而想起子産的别的好處來。某鄉有一間學校，一下課，就常有人在那裏聊天，用一些道聽途説的新聞做材料，隨便批評國家大事。專門刺探了民間的隱情到闊人們面前去討好報功的人，從古就有；一聽見，馬上就摻了百分之八十以上的水，把情勢誇張得十分嚴重去報告子産，并且獻策：勒令那學校停辦拆掉。可是子産不聽。他説："那何必？我們衹照他們所希望的方面做，改掉他們所不滿的就行了。"有一回，洧水的橋給大水衝跑了，水退後，橋還没有修復，渡船也没有，百姓們過來過去，衹好脱下鞋襪，從水裏走。他看見一些老的小的，涉水太吃虧，就把自己的車放在水當中，搭人過渡。他不是又寬大又仁慈麼？於是慚愧自己曾經有過偏見。第二天雖然不必上學，聽説子産來了，就特爲趕來，向他道謝昨天的事。子産正在跟先生談話，他用凳子坐在門口等。

子産出來，剛望見對面的三個"貴婦"憑檻過的窗口的時候，同時也看見了申徒嘉。

"謝謝你昨天的幫忙！"申徒嘉和悦地説。

"你現在走麼？"子産站住問。

"是的，你不走麼？"

"我等一會兒。"

"爲什麼？一道兒走不好麼？"

"不，"子産説，"正想跟你商量一下：從今天起，你要先走，我就等一會兒，你要是等一會兒，我就先走。現在你究竟是等一會兒呢，還是先走呢？"

"這是什麼意思？"

“没有什麽意思，”子産木着臉説，“不過不想和你一塊兒走罷了！”

這可把申徒嘉愣住了，但立刻地從子産身上的錦綉，覺察到自己身上的襤褸，明白了子産的意思，一下子又回復了以前對於子産的看法。

“我想，你没有以爲這路是你家裏的吧？”他毫不示弱，“那麽，你走你的路，我走我的；你高興什麽時候走就什麽時候走，我高興……”

“我是執政，”相爺説，“照鄭國的習慣法或者也是天下的習慣法：老百姓看見執政來了，就得趕快迴避，站得遠遠的，你看見我了不避開，反要跟我一路走，你跟執政一樣大麽？”

“哈哈！……”申徒嘉仰天大笑，笑得渾身發抖，眼泪挂在兩頰，簡直像痛哭一樣。他知道闊人們没有玩意兒，但没有想到没有玩意兒到如此程度，惟一的知識就是：“我是闊人！”動不動就把這東西搬出來，當作法寶來降人。他笑着説：“咱們的先生，在天下像什麽樣子，我還不知道；但在鄭國，總算第一個道德家，學問家了。原來還有像你這樣滿腦子執政執政的學生！聽見説過：‘久跟賢人一塊，可以無過，’你聽先生的講，還説這樣的話，不害羞麽？”

“你這兀者！”子産没有想到他的態度會這樣傲慢，言語又這麽刻毒，簡直没有把别人放在眼裏，不覺生起氣來。人在心平氣和的時候，雖然文質彬彬，有禮有貌，但一生了氣，可什麽都不管，什麽話都説得出；并且專揀人家不喜歡聽或者自以爲人家不喜歡聽的話説，專揀人家的陰私或忌諱來説。子産也就脱口而出提到“兀者”這個字；一經提到，那就不可收拾，非盡説下去不可。“你衹管説人，可忘了你自己，你自己犯了罪，把脚都丢了，還以爲比别人强，你不也應該反省一下麽？”

“哦哦！哈哈！”申徒嘉仍然禁不住笑。子産以爲他是犯罪了纔變成兀者的，當然，一個闊人，怎麽會有别的想法呢？一看見人家没有腿，就以爲是犯了罪的原故。他説，但氣度比剛纔和緩得很多了：“反省什麽呢？難道不是有許多好處，不應該失掉脚麽？假如失掉脚衹有犯了罪一個原因。同時，不但我，無論誰，不也有許多不可告人的壞處，要一一懲罰起來，而兩隻脚不是太少了麽？本來因爲自己的脚完全，就笑我没有脚的，不止你一位，從前我聽了就氣；到先生這裏來聽過幾次講，纔知道自己錯了。聽先生的講聽了幾年，先生從來没有以爲我是兀者，同學們和我也忘了我是兀者。一同在先生這兒求學，都忘掉了形體上的事，獨有你記得這麼清楚！我想，是不對的。”

“你别……”子産没有話説，又不知怎樣下臺，就丢了這樣一句不完全的話匆匆地走掉了。

五、新　聞

哀駘它，弓背，彎腰，背上有兩個肉峰高高聳起，跟駘它（橐駝）一樣。他没有地位，不能搭救什麼人，又没有囤積的糧食給人家吃，可是惹人歡喜。男人跟他一塊兒玩來玩去，就不大想跟他分手；女的看見他的，就對自己的父母説：“與其嫁給别人做大老婆，寧可給哀先生做小老婆！”哦，這樣的女的有十幾個咧！

魯哀公聽説，覺得奇怪得很，派人去請他來，看是怎樣一個人。像哀公那樣的人，身爲一國君主，生於深闈之中，長於婦人之手，不能隨便到什麼地方去玩，不能在街上散步，天天株守在一個地方，看見的總是些同樣的人，做的總是些同樣的事，也難怪需要刺激，需要看新奇的東西和人物，縱然别人不以爲奇的，他也會以爲稀奇得了不得，何况哀駘它本有些與衆不同呢？哀駘它是衛國人，要請他來，先要辦外交手續，然後派多少官員，多少人伕車馬，帶黄金多少鎰，彩緞多少匹，興師動衆，勞民傷財，好容易纔把哀駘它請來。及至一看，倒没有失望，這位尊駕，果然醜得可以嚇倒天下人。但别的方面却太平常了：跟他談話，你説什麼他應什麼，没有什麼自己的意見；知道的事情問他，他也知道，不知的問他，他也不知道，又没有特殊的知識。留他在一塊兒住，不到一個月，覺得他是還不討厭；及至快到一年，覺得什麼事都蠻可靠。恰巧這時候，朝政没有人負責，就對他講，把國事托給他。他過了很久很久纔答應。答應了，又并不放在心上，跟没有答應的一樣。等到真托給他了，他却不負責任，過了幾天，還私自逃走了。哀公好生不舒服。起初，覺得他太不識抬舉，想通緝他，又怕人好笑，衹得罷了。過了些時，還是不舒服，不過并非因爲他不識抬舉，倒是因爲有什麽地方，使人懷念。什麽地方呢，又舉不出來；覺得他實在是一個好人，怎樣好呢，又很難説。像掉了什麽要緊的東西；甚至以爲没有他，就是享受一國侍奉都索然無味了，這究竟是怎麽一回事呢？

一天，孔仲尼來朝。孔仲尼，就是孔丘，作過警察總監，現在致仕了。讀過很多書，到過很多地方，是個博學的人，無論什麽事情都知道。從前，季桓子從井裏得到一隻土羊，告訴他説是土狗，他一聽就知道是土羊。楚昭王從江裏得到一個不知名的果子，問他，他曉得那是蘋果。又看見一個一隻脚的鳥，問他，他曉得名叫商羊，一出現就要下雨的，後來果然下過大雨……這樣的事情很多，哀公把他當作老師看待的。

“哀駘它是一種怎樣的人呢？”

他問仲尼，在把哀駘它的樣子和經歷説過了之後。

“我不明白你的意思。”仲尼回答。

“這有什麽不容易明白呢？一個駘它……”

“哦哦！那麽，我請問你：你以爲地位最高的人，就是道德，學問最好的麽？但桀紂身爲君王，却是有名的無道昏君。或者，地位最低的，就是最不道德，最没有學問的麽？但是伊尹有人説是一個厨子，傳説是個泥水匠，膠鬲是個打漁挑鹽的，百里奚放過羊……”

“先生好像還没有懂得我的意思……”哀公覺得仲尼的話牛頭不對馬嘴。

“我懂得了。不過我還要問：最有錢的就是道德學問最好的？齊景公有四千匹馬，老百姓想找一點他的好處稱贊他一下也找不着。窮人的道德學問一定不好？伯夷叔齊是餓死的，可是現在人人都稱贊。”

“我没有這樣説呀，我衹説，一個駘它……”

“是的，”仲尼點着頭，“你以爲漂亮人大概道德學問就好，但公孫閼、彌子瑕都長得漂亮，你當然知道彌子瑕怎樣無耻吧？那麽，哀駘它不過樣子難看吧了，别的方面，是美是醜，却還不容易斷定的呀。”

“春二三月，鄉下有一種歌舞大會，未婚的成年男女，在那會裏用唱山歌跳土風舞的方法尋求自己的配偶，那種場合，女的長得樣子漂亮，體格健全，就容易吸引男的；男的樣子好，體格好，也容易被女的愛；他們原是找性的對象，生理的條件，應該重要。但是爲人處世，立身行道，幾乎都與生理無涉，爲什麽要問樣子體格什麽的呢?”

“我有一次奉命到楚國去，在路上看見一群小猪到躺着的母猪跟前去吃奶，都不知道那母猪已經死了。等到覺得有點兩樣，再過細端詳一下，就都跑開了。可見小猪愛他們的母親，并不是愛它的形體，却是愛那主宰形體的東西。人也這樣。形體和外貌，一般世俗主義者或者會把它當做一回事，其實是毫不重要的。没有道德、學問、思想、智慧，光長得樣子好看，五官百骸都完整無缺，也不過是一種普通人而已，和别的動物，有什麽分别?如果有道德學問，就是樣子再難看，也一定有一種形體上的美，使人忘記他的任何缺陷。有一個人，腿是顛的，背是駝的，連嘴唇都没有。到衛靈公那裏去游説，衛靈公非常喜歡他，甚至以爲他的樣子也美，看别人反而看不慣。又一個人頸子長着一個碗大的氣疤，到齊桓公那裏游説，齊桓公高興得了不得，甚至以爲那氣疤也好看。再看别人，反而覺得頸子上少了一樣東西。你對於哀駘它先生雖然還没有到齊桓公衛靈公對於他們的説客那樣的程度，從你懷念他的情緒看來，他總是一個有德性的人吧。”

——以上是申徒嘉和子産的老師伯昏瞀人在課堂上講的一段新聞。

六、肖　像

早晨，申徒嘉纔起身，聽見房門軋地一響，一張小圓臉就從門縫裏伸進來了，那是女房東的女兒。女房東是一個窮寡婦，除了兩間破房子和一個十來歲的女兒以外，什麽都没有。她跟申徒嘉做飯，洗衣服，也跟别的人縫縫補補過日子。女兒也時常跟申徒叔叔送送茶水，買點小東西。申徒嘉是殘廢人，必須有人招呼的。

“叔叔!”她睁着一對閃亮的大眼睛說，“起來了，我跟你打洗臉水去。”一面就拿起一個瓦盆跑了。

“你這小精靈!”等她送水來了的時候，申徒嘉摸着她的頭說，“今天没有喊就來了，有什麽事要討叔叔的好吧!”

“你這大精靈！别人没有說，你就曉得了。”她仰着頭望申徒嘉，背靠着他像擦癢似地在他懷裏一擦一擦。“可是你猜不透我要你做什麽事!”

“給糖麻花你吃?”他說。小精靈的體温傳到他身上使他得到一種異樣的感覺，這孤獨者從來没有和誰像這樣没有距離過。

“呵呵!”她歡樂得跳起來，“我說你猜不透吧！告訴你，要你跟我畫一張畫。畫一條龍，天上的龍!”

“想得真怪!”他低下頭去看她的倒臉，看見她說話的時候，眼睛一眨一眨，長睫毛上巴着一小點乾眼屎。“你怎麽知道天上有龍？你看你，臉都没有洗乾净!”

“媽媽說的呀。媽媽昨晚跟我講故事，說天門口有兩條龍把守，聽話的孩子要進去就進去，壞人就一口吃掉!”

說到這裏，申徒嘉的同學王甲來約他上學去。王甲住在鄰近，常常來約他一同上學，順便招呼他一下。申徒嘉忙着跟王甲一路走，小精靈還扯住他說：

“媽媽說：龍跟蛇一樣的身幹，有四隻脚，有鱗、有角、有鬍子。在雲裏面走，跟魚在水裏面走一樣。哦，你跟不跟我畫呢?”

“我要上學呀!”

“回來跟我畫呀!”

一定等答應了，她纔放他走。

在學校裏，他聽見先生講完了那魯國的新聞。

起初，他不知道講的什麽，越聽越覺得是講的他，是爲他講的。先生在勉勵他成爲哀駘它，甚至以爲他就是哀駘它。

雖說先生向來使大家都不注意形體上的事情，但那是一種無言的啓示，今天却專爲講這件事，又講得有情有理，入神入化，使他覺得身上給注入了一種熱力，像小精靈的體温傳到他身上了一樣，馬上覺得自己充實起來，緊張起來了。

“僑！”講完了課，先生把臉朝着子産問，“懂不懂？”

“懂！”子産忸怩回答。十幾個同學在先生講課的時候，早就用異樣的眼光看他了。

“那麽，你怎樣想呢？聽説你跟申徒嘉吵過嘴。”

“那是我不對！”

“先生！”申徒嘉忍不住叫，“這不公平。那天的事情，是我對子産兄太過分了！我願意承認自己的錯。先生今天講的課，好像錯處全在子産兄，我想這不太公平！”

“不！”子産説，“我不對在先，我的錯處大。我的年紀大些，應該早懂得先生講的課裏的道理。但是那天還没有懂，我慚愧！”

“好！”先生點頭，“兩個都好。那麽，願意和好麽？”

“願意！”子産説。

“願意！”申徒嘉同時説，“真誠的和好！”

“那麽，申徒兄，你肯饒恕我麽？”子産向申徒嘉説。

“哪裏？你是好人，你幫助過我……”

他們就這樣和好了。

夜晚，申徒嘉還在爲白天的場景興奮。可是一面又要給小精靈畫龍。點燃了兩支松明，拿起畫具，正待動手，他久久地注視着那畫板。潔白的畫板空無一物，但是在他看來，却若隱若現地顯露着景物的輪廓，那輪廓是浮動的，部位和大小都不確定；但他在某一刹那把它們看準了，迅速地用畫筆把它們按在畫板上，使它們鮮明起來的時候，别人就叫這爲畫畫。

他注視，他向畫板搜尋，那上面并没有他要抓住的龍的影子，倒是到處都是先生講課的神態。他又回到課室裏去了。

他坐在最前面，目不轉睛地望着先生。先生伯昏瞀人，差不多是個瞎子，他看他眼前的人，衹能看見一點影子——對了，先生自己就有形體上的缺陷，他自己就是哀駘它一類人！他説話的時候睁着昏澀的眼睛，好像正望着遥遠的什麽地方，好像望着另一個世界，未來的世界，那世界比眼前的這現實的世界美滿得多，適意得多！他摇着頭，那隆起的放亮的秃頂，像一面鏡子在陽光下晃。他的額上的粗大的紋道一上一下地跳躍，眼角上匆匆的粗細長短的紋道，由密而疏，正像掃帚星拖着的尾巴。不知爲什麽，申徒嘉覺得每一條紋道都刻畫着先生的智慧和温藹。先生的鬍子花白了，牙齒也掉光了，嘴是癟的；嘴角隨時都塞滿了白的口沫；每當用勁的時候，那些口沫就像珍珠一樣地灑到申徒嘉的臉上。但他正聽得出神，看得出神，一點也不覺得，連揩也不揩一下。

“怎麽呢？怎麽呢？”

他從夢中驚醒似的審視畫板，因爲他想着先生的時候，手裏就在捉摸龍，但現出却不是龍，倒是先生的眼睛，鼻子……唉，人在做事的時候，真不該胡思亂想的呀！既已如此，爽興就畫張先生的像吧，於是，不消幾筆，完成了先生的面容。

“叔叔，跟我畫的龍呢？”

他似乎聽見了小精靈明晨的詰問。

七、允　諾

“先生！”申徒嘉捧着他的畫，在先生正準備講課的時候，羞怯的對先生説，“送您一點東西，跟您畫的像。”

“什麽？”先生驚異的叫，隨即接過那禮物，睁着昏澀的眼睛看，不用説，除了一些黑綫條，什麽也没有看出，隨即用一種昵愛的聲音説：“你畫的麽，孩子？”

“是，先生。”

“哦！一定很好！王甲！把它挂在墻上，看像不像？嘻嘻，這還是我的第一張畫像咧！”

王甲把畫挂好了，同學們都把眼光朝向它。但没有一個人做聲。

“還有點像麽?”先生問。

“像。”衹有一個人回答。就是子産，但是别人都没有留意。

“師娘!”先生覺得同學們并没有熱烈的稱贊，就喊師娘，“你來看看，嘉那孩子跟我畫的肖像咧。”

師娘，不必怎麽形容吧，一個外貌不愧爲先生的“德配”的龍鍾老婦。不同的是她的眼睛比先生的好一些，腦子則差一些。她出來端詳了一會兒，就把嘴一裂：

“哼，這算畫的什麽像呢?東一筆，西一筆，歪鼻子斜眼，額角上幾條横杠，這樣的像，我也會畫!”

説完，還天真地嘻嘻地笑，有些同學也跟着笑，但笑得最厲害的却是先生，他像孩子們發了笑勁似地大笑，一面笑，一面説：

“你説得真容易!這是藝術呵，你不懂；當然，本來也不是誰都一看就懂的!”

過了幾天，即最後這一天，先生出外去了。同學們坐在課室裏等候，王甲朝着那畫像望了半天，忽然拍案大叫：

“奇怪!奇怪!”

同學們大吃一驚，同聲問他忽然發什麽瘋。

“這還不奇怪麽?你們看，先生的畫像，它自己會變……”

同學們一齊望那畫像，畫像屹然如故，正像師娘所形容的。

“起初看，不像；現在看，却像起來了。先生在跟前比着，實在不像；先生背過面，又像起來了。有時覺得看還不像，閉着眼睛一想，先生的樣子却簡直跟這張畫一樣。這些時來，我常常留意這張畫，甚至覺得比先生本人所給的印象還强；一離開先生，腦子裏的先生就不是他本人，倒是這張畫像了。”

王甲一説，别的同學也都有了同樣的感覺。平常，雖然都知道申徒嘉會畫，靠賣畫過日子，以爲不過街上的一個普通畫匠，一個古董的模仿者之類，現在看那張像越看越像，這纔認爲這傢伙是有兩手。

“這是神技，老兀！”王甲望着申徒嘉説，“不是當面恭維，這是神技。無論如何，我不能饒過你，你非跟我畫一張不可。你要明白：并非因爲要你畫像，纔故意説你畫得好，是因爲你真畫得好，纔要你畫。哦，答應麽！兀者？”

“我也要畫一張！”另外一個同學説。

“我也要畫一張！”第三個同學説。

“我也……”

除了幾個平常太疏遠、没有交談過幾句話的以外，全體都嚷着要他畫，王甲径直走向他跟前，把他的凳子搶到手，在空中舞得玩，怎能不高興呢？老兀的神技是他首先發現的。

“也跟我畫一張麽，申徒兄？”

最後，一個并不怎麽理直氣壯的聲音説。

申徒嘉回頭一看，是子産。子産紅着臉，帶着笑的眼睛，好像説，“别拒絶！我們不是和好了麽？”

這很意外。不錯，他們已經和好了。但也不過是回復到跟别的同學們一樣，彼此不懷恨罷了；不過回復到跟原來一樣罷了——原來他們雖然也偶然談一兩句話，却并不接近，决没有到天真爛漫地説“也跟我畫一張麽”這樣的程度。而且子産的地位使他不能不矜持，不能不時時想到自己的尊嚴，在别人看來，有時簡直有些傲慢；怎能輕易在稠人廣衆之中向人要求什麽呢？萬一被拒絶了，他的顔面不是很不好看麽？然而他却公然地説出請求的話了，這究竟是什麽意思？——像這樣想的，恐怕還不止申徒嘉一個。

但是子産却并不是跟别人一道趁熱鬧，一時高興，信口説出了那樣的話的。不用説，以前，他的眼睛裏并没有申徒嘉這人。事忙，又不喜歡“請教”“台甫”的應酬，也無從知道一同聽講的是何許人也；别的同學他也很少知道他們的底細。自己喜整潔，重禮貌，甚至好修飾，看不慣一些所謂不修邊幅的人，申徒嘉那副尊範，祇足以使他聯想到街上的討米叫化之流。爲了聽講，不能不跟他坐在一個屋子裏，真是無法可想；

座位還是離得越遠越好的。但從那次吵過嘴之後，他的觀感就大大的改變了。這傢伙，瞅不出！要緊的時候，幾句話拿出來，軟不軟，硬不硬，倒挺有斤兩！話有斤兩，就是他肚子裏頗有些貨色，那貨色，不是長他人志氣，滅自己威風，說不定比自己的還强。雖然自己有些地方着實不壞，他開始打聽申徒嘉的來歷，等到知道他是一個赤貧而且孤獨的殘廢者，完全用自己的努力，造成了今天的學問和技能的時候，他真的對他肅然起敬了。必須親近他，必須使他知道自己對他懷着怎樣的敬意，而且必須用自己的力量，使他的生活有些改善——這容易得很，替他向交往的人們吹嘘吹嘘，買他幾張畫，或者用别的什麽方法接濟他一下……他這樣想，已經幾天了，天天都在想和他攀談點什麽，一聽見别人請他畫像，自己也就禁不住衝口而出了！他看見申徒嘉有點遲疑，就接着説：

“我不會叫你……”

他的意思是“不會叫你白畫的”，説到半途，覺得有點不敬，就停住了。

申徒嘉已聽見了他未説出的話，縱然没有聽見也一樣，對藝術，他看得比生命還重要，尤其關係着作者的靈魂，作者的氣節。他不喜歡闊人，曾立志：餓死不跟闊人畫像。子産是闊人，無論他爲人怎樣好，無論和他怎樣和好，拿藝術去奉侍他，還是辦不到的。

“對不起，子産兄！不是我不跟你畫，我的能力實在畫不來，你也許知道，我的畫是自我作古，隨意搞的，没有受過好訓練……”

“你太客氣！”

“你的相，是頂難畫的一種，我不知道你是不是高興聽，是最没有特點的一種，就是看見一百回，説不定也記不住的。”

他説的是實情，在小百姓們中間，在跟他一樣的窮人們中間混熟了，每個人的相都各各不同，秃頭，眇目，豁齒，歪鼻……奇形怪狀，無不一下子就記住了。至於富貴人家的人，他很少覿對，遠遠望去，都是那麽肥肥胖胖，富富泰泰，臉上一層紅潤的光，他以爲他們都是長着一樣的相。自然他賣畫，那些畫，也有落於富貴人家的；但跟那些人畫像，却一回也没有。

“爲什麽别人會畫呢？我的客廳裏有幾幅……”

“你也許還不明白：有專在外表做工夫的畫家，有專門畫東西給華貴的客廳挂的畫家，我還没有學會那種本事。”

“申徒兄，這這太難了。我知道你的意思。我没有早知道你，早跟你親近，這是我不對。但我想從今以後親近你，和你作朋友，我想這總不算太壞。你不高興畫像，隨便畫點什麽也行，衹要是你畫的。你不高興把你的畫挂在客廳裏，我就不挂。我把它藏在箱子裏，藏在我的心上，讓我常常想到，這是我們的一個最有才能的同學，一個我最敬重的朋友畫的。這樣，我就心滿意足了，難道你還記着我前幾天的胡言亂道麽?”

申徒嘉本是一個最容易對付的人，聽不得幾句恭維話，像這樣又恭維又體己的話，更没有聽見過。他簡直溶化了！

“既是這樣，”他苦痛地説，“子産兄！衹要你不嫌不好，衹要不限定日子，我總要勉力地跟你畫一張。”

但是，不幸的是，就在這天晚上，他死掉了！

八、天　門

面前的坡子突然不見了，回頭一看，後面也没有坡子，莫非本來就没有坡子，剛纔本來衹在平路上走着的麽？或者三萬六千級階坡本來不算怎麽多，一下子可以上完的麽？

不但坡子没有了，同時霧也不見了，陽光照在廣場上，地面反射出淺草的緑光。頭上有許多絲絲片片團團簇簇的雲彩，現着各種各樣的顔色：紅的、紫的、金的、藍的、桃色的……而那些色彩，没有一處可以確定，紅，有時也緑，白，同時又紫。也没有一處是静止的，第一瞬間像黄金，第二瞬間變成碧玉，錯綜複合，交織成一種色彩的世界。申徒嘉望呆了。這些雲彩，什麽都不是，什麽都不像，幾乎是無物，衹是一些顔色，一些光；却這樣美，這樣動人，好像世界上本有一種單是光和色的美似的。他畫了許多年畫，從來没有想到單用顔色來構成一個畫面，從來不曾把顔色配合得這麼美。而且繪畫是多麼拙劣而呆板的一種藝術啊，它不能把色彩的瞬息萬變表達出來。

廣場的那邊，是一片汪洋大海，海水平静得像一面鏡子，把天空的色彩全部映在裏面，天與海變成同一的景色，變成兩個天空，或者兩個海面了。幾隻白鳥在海面上飛翔，雪一樣的羽翼掠動水面，水面輕輕地浮起幾道漣漪，海底的色彩，在漣漪中顫動、碎裂，分散，又復聚集，合并，還原。閃爍燦爛，更顯得鮮艷而奇詭。申徒嘉伸長脖子，挺起胸膛，深深地呼吸一下。啊！如何清新的大氣啊！一陣微風迎面吹來，拂動他胸前的破衣，他感到無比的涼爽，覺得自己的胸襟，突然開敞了。

幸而和子産和解了，幸而答應跟他畫像，雖然没有來得及畫；否則，在這浩瀚空悠的海天面前，該多麼慚愧啊！——他想。海天是這麼闊大，天上的人還有什麼人間的芥蒂存在胸中？那麼，把守天門的龍，不會因爲我跟子産有過不愉快的事，不會因爲没有來得及跟他畫像，就阻擋我；天門也不會因此而對我窄起來的吧！

剛這樣想，眼前的景色又變了。無數的人散散亂亂排成一種自然的行列，有的趕着牛，背着耕田的犁，有的拿着斧頭和鋸子，或者推着車，抬着轎子。另外的則披着枷，帶着鎖，腿上的鐐，叮噹的響，婦人們抱着孩子，牽着孩子，背着孩子，孩子們光着身子，手裏玩着蟈蟈兒或者還没有吃完的餅……哦！太多了！太多了！他看不清，數不完，眼跟前的幾個差不多都裸着頭、肩背、胸膛，隨心所欲地露在破衣外面；光着腿，赤着脚，或者穿着草鞋，腿肚子鼓起石頭一般硬的肌肉。老頭子們的頭髮和鬍子都灰白了，臉上像久無人住的住宅的屋檐，蛛網密布。然而那海天之間的太陽，曬在他們頭上，五色的雲彩的光也來籠罩着他們，他們的面容，膚色和衣着全都變了，紅的、紫的、金的、藍的，各種各樣的顔色都可以從他們身上看出來，他們穿着光芒四射的衣服，比一切的衣服都美麗，好像人的衣服本來應該這樣似的；他們長着容光焕發的臉，比一切人的臉都莊嚴，好像人的臉本來應該這樣似的。他不覺走在他們中間了。

幾丈遠的前面，有一道淡青色的高墻，那墻像是一架山的峭壁，兩邊延展開去，漸遠漸模糊，看不清楚它的盡頭，墻脚有一個岩洞一樣的洞口，看起來似乎并不高，也不寬敞，但好幾個人一排的隊伍的前段，却螞蟻歸洞似的長驅直入，一點也没有阻礙，洞口上面横嵌着兩個輝煌的金字："天門"。

"哦哦！天門！"

像走向一座渴慕已久的名城，艱辛的旅程過去了，巍峨的雄關，正在望中。迎面走來一些從城裏出來的人，口裏透露着城内的新聞的片斷。哦！如何地欣悦啊！心頭禁不住怦怦地跳起來，脚步不知不覺地加快了，那裏面是什麽樣子呢，是什麽樣子呢？申徒嘉彷佛看見了：遍地的鮮花，遍地的靈芝草，仙鶴同梅花鹿在花叢草茵上悠閑地散步，白鴿兒在空中飛，白兔兒在地上走，丹鳳、孔雀、錦鷄在陽光下炫耀自己的羽毛；仙女、仙童的霧様的衣裾在微風裏面飄舞……那裏面誰都年輕、美麗、活潑、純真……"申徒嘉呀！畫張畫送我吧！"——"你要畫什麽呢？這裏不到處都是比畫還美的仙境麽？"……

越走越近，隊伍的前段越來越短了，高墻的面目更見清晰，那是一塊巨大的仙人掌，整塊的仙人掌啊！簡直不知道它有多麽大。那天門不過是細微的裂縫而已，仙人掌上到處長着叢叢密密的刺，像人體上毫毛一様，衹是硬挺挺的，似乎在找人錐，眼看着趕牛的、抬轎子的、背着抱着孩子的……都進去了，他自己也正要走那門的穹窿。

"哪裏去？"

有人喝問。正不知是問誰，就覺得自己的一隻膀子被抓住了，定睛一看，是衣服挂在仙人掌的一根刺上，那刺有尺把長，朝外面長着，已經把他的袖子穿住，他不能前進，要叫刺從衣袖上退出，就必得退後一兩步。一退，他就重新在門外面了。

"混不進去的！"

聲音從高處落下。抬頭一望，原來門邊站着一個有他三四倍高的人，像大人跟小孩説話似的，正低下頭來跟他講話。那人靠墻站着，衣帽跟仙人掌的顔色一樣，不留心，就以爲并没有人。那人太高，面容不容易望清楚，衹覺得他的眼睛放出兩道不可逼視、又無從逃避的威光，射穿人的眼睛，一直深入肺腑，人就馬上變得通體透明，毫無遮掩，連自己也看見了自己的一向躲在什麽地方的種種罪孽。

“完了！”

他覺得天門不見了，仙人掌的墻壁不見了，進天門的隊伍也不見了！衹有他一個人委頓在鐵面無私的把門者的面前，而那人又突然不是人了，倒是一條龍，一條僵直的龍，像挂在墻上似的。

“知道進不去的緣故麽？”龍指他的身後，“就因爲他！”

他扭轉頭，背後默默的站着一個穿大紅朝衣的人。那衣服非常熟悉，不必看面孔就知道是誰。還有誰呢？子産！

“我我……”他知道糟了，可是鼓起勇氣來掙扎，“我已經後悔了，衷心的，衷心的呀！”他説，“在海天面前，曾慚愧過自己的狹隘，以後要學博大，學愛……”

“不是這緣故！是跟他畫過像！”

“跟他畫過像？没有！没有……”

一面申辯，一面又恍惚覺得已經給他畫了，那像，就是現在所看見的樣子；大紅朝衣，朝冠朝靴……

“下去！”

一聲霹靂把他身子震得粉碎了，像在波濤汹涌的大海裏放掉了最後的攀援，申徒嘉，這好容易走到了天門的兀者，凳子摔在一邊，骨碌，骨碌……像一個皮球，又在三萬六千級的階梯上滚下來了。

九、醒　來

“哎呀！哎呀！”

他不覺喊出聲來，一喊，他就醒了。原來他并没有死，不過做了一個夢，夢見自己死了。他熱極了，想揭開蓋在身上的破棉絮；手一動，破棉絮却没有。這時候是初夏天氣，并没有棉絮，那不過是他夢裏頭的東西。他又用手去摸那飄進來的落葉，落葉更是没有的。

他想：幸而是一個夢，要是真上天，這回可糟了！唉！唉！爲什麽要跟他畫像呢？真是悔之晚矣！然而又想起，似乎并没有畫，雖然答應過了。想到這裏，微覺欣喜，就從床上坐起來，抱着累贅的腿子。想了許多許多事情，凄然的一點月光從窗户射進來，照在他的身上。

天亮了，有人敲門，進來的是一個穿得很整齊的傭人模樣的人，手裏提着一隻火腿和别的許多東西。

“你是申徒嘉先生吧，我們相爺跟先生送來點禮物。相爺説：先生答應跟他畫像，他非常感激……”

“什麽!”申徒嘉像給刺了一刀的大叫，“出去！拿出去！滚出去！不要，不要！快點……”

來人大吃一驚，他走進一個瘋子的家裏了！衹得提起東西退出來。

“你回去説：申徒嘉先生不跟闊人畫像的!”申徒嘉在背後説。

這時候，小精靈來跟他送洗臉水進來了。

一九四七，四，二，重慶

鬼谷子[①]

扯起一把草，把缺了一隻角的石碑上的蘚苔擦了一下，“故烈士要離先生之墓”幾個大字，纔依稀可以看出來。鬼谷子端詳了一回，墳頭没有香燭祭品留下的痕迹，連草萊也没有被踏過的痕迹，顯然滿朝文武，没有一個來祭掃，要離自己又没有留下給他祭掃墳墓的子孫後代。

記得下葬的時候，成千的人執紼，大家争着演説要離的身世和精神，都説得激昂慷慨，痛哭流涕。如今不過五年，墳頭竟是如此地冷淡了！

向四周一望，遠遠近近盡是一人多高的蕪草，那草裏面有幾百座墳墓，有幾百塊墓碑，地下埋着幾百個忠臣烈士的遺骸。那些墳頭也正同樣冷清。

要離是鬼谷子的學生，二十多歲的血性男子，好讀書，讀了書就真地照書上説的那樣信着：把公家的事情當做自己一個人的事情，把自己的生命、妻子，却當作等閑。説一是一，説二是二，無論什麽困難和危險都不害怕，認爲應該做，必須做的事情，總是搶先去做，竭力去做。主上要派人去刺最後的仇敵慶忌，當時那些跑馬耍劍，自誇武勇，飛檐走壁，來無影去無踪的，個個都裝聾作呆，你推我諉，像局外人一樣。要離是一個白面書生，真刀真槍的玩意兒，并非所長；年紀輕，學問好，辦事負責，主上信任他，同僚們都羡慕他的前途遠大，結婚剛剛兩年，公子還不到一歲，正呀呀地指着東西要吃，指着爸爸要抱。家庭裏的幸福是無限的。他盡可以不去當刺客。誰也不會想到要他去當刺客。但是他看不慣一些貪生怕死的人們在權利面前，磨拳擦掌，個個是英雄豪杰；出了一點小事，馬上變成了嬌貴的閨女，心裏大叫一聲，暈了過去！單

① 編者注：本篇又題作《北邙》（《人谷子》第一章）。

是因爲和這些傢伙活在一個世界上，人也會覺得很羞恥，要想什麽時候顯一點身手給他們看看，讓他們止水似的情懷也波動這麽一下的呀！於是挺身而起，自告奮勇去刺慶忌。慶忌是一個有名的勇士，二三十個漢子不容易走近他的身邊；他又是闊公子，輕易不到外面來，出來的時候，前呼後擁，左護右衛，别人很少能看見他。而要離又是慶忌早就曉得的。有什麽法子去刺他呢？要離定了一條苦肉計：表面上和主上争吵了一場，叫主上把他和他的妻子都關到牢裏，把他的右膀子砍斷了，假作越獄逃出，又叫主上等他逃出之後把他的妻子都殺了。慶忌果然相信他和自己的仇人結了深仇大怨——即使不相信，他的右手已斷，慶忌也不會把他放在眼裏——收留了他。他又憑着三寸不爛之舌，騙得慶忌把他當作心腹。然後，趁了一個機會把慶忌刺死了；他自己自然也叫慶忌的左右砍死了。

鬼谷子是個老學究，現在七十多歲了，研究了一生的學問，把什麽都弄清楚了，尤其是治國平天下的道理。因爲把世上的事情看得太透徹，自己就無意於世人所欣羡的功名利禄之類，倒躲在深山野外，授徒教學爲生。他的學問，正是王公大人們所喜悦的，是想到王公大人那裏去取青紫，博封蔭的有志之士所切需的。因此，他享了大名，來求學的非常多，學成立刻飛黄騰達的比比皆是，幾乎各國當權的重臣都是他的門下。要離就是其中之一。近來，他學也不教了，門徒們隨時接濟他一下，日子倒也過得舒服。雖説門徒們都對他不壞，他可總是偏愛要離。要離的死訊，使他痛哭了許多天；現在，當大家都把死者忘記了的時候，他又獨自一人悄悄地跑到要離墓上來了。把石碑撫了一回，又走上碑後墳頂，在草地上坐了下去。他想到：衹隔一層土，一層棺木，底下就躺着那年輕有爲的學生要離——不是！那裏面衹有要離的一隻膀子，即被主上砍下的那隻膀子，另外的部分，早被慶忌的左右砍成肉醬，抛到水裏去了，要離刺慶忌是在一隻船上。倒是要離年輕輕的夫人和不滿周歲的公子躺在裏面！但是，也一樣，要離的全家！他不禁起了一些感觸。

上了一點年紀的人，最容易感到人生的飄忽，自然法則的不可逃避，無論怎樣的聖賢才智，英雄豪杰，誰也不能永久牢牢地站在這個世界上；功名事業，勢位富厚，到頭也空虛得很！但鬼谷子想的却不這麽簡單。他想：生命這東西多麽奇怪，看不見，摸不着，什麽也不是，可是人要有着它，纔能够活在這世界上，纔有意志、欲望、情感、能力……纔能够做出種種事業來。一旦没有它，人就變成了一具尸首，被埋在地下，終於爛掉，作爲蟲蟻的食物，草木的肥料。在有着它之前，誰也不曾有過；有過之後，誰也不能再有；在無窮的時間中間，能够有着它，又不過短短的幾十年。從宇宙之大看來，一個身長不滿六尺的人的幾十年生命，大概無足輕重；但從人自己看來，它却極爲寶貴，極應寶貴；然而人又多麽複雜呀，這麽可寶貴，應寶貴的生命，却有人爲了據説是比個人的生命更可寶貴，更應寶貴的什麽而犧牲它！不但自己犧牲，并且還勸誘别人犧牲，這些人又往往就是聖賢才智英雄豪杰，他們的生命又正是一切生命之最可寶貴最應寶貴的。另一方面，有的人們雖然知道寶貴自己的生命，却不知道别人也正寶貴着别人的生命，别人的生命，即使從我們看來，也應該同樣可寶貴，應寶貴。於是爲了保全自己的生命，或者自己的遠不如生命之可寶貴的東西，而犧牲别人的生命，叫别人犧牲生命。這些犧牲别人，叫别人犧牲的人，既非聖賢才智，又非英雄豪杰，祇是一些自私自利，無知無識，游手好閑，殺人不眨眼的傢伙，他們的生命其實是一切生命中最無價值的，最無價值以下的！然而人類多麽矛盾啊！多麽滑稽呀！聖賢才智英雄豪杰們的生命，反是最無助的，最脆弱的：貧窮、飢餓、勞碌、疾病戕伐着他們。愛、悲憫、同情、忘我……一切惑着他們，他們的生命非常容易失掉。那些最無價值以下的生命反而爲許多生命所護衛，許多生命、生命以上的東西有所培養，成爲最結實的牢不可破的生命！常常因爲他們的一個生命，犧牲許多生命，常常要拿許多生命，甚至於聖賢才智英雄豪杰的生命换取他們一個生命，與他們的生命偕亡而不可得。要離是成功者，雖然同時也是成仁者，他的生命换得了慶忌的生命，但是還賠了他的如花似玉的夫人跟不滿周歲的公子兩個無辜的生命。這忠烈墓園，好幾百幾乎上千的忠臣烈士，究竟換取了多麽個無價值以下的生命，又賠上了多少無辜的生命囉！鬼谷子茫然了，在這個不容易參透的人類的謎面前。

參天古木的濃陰罩滿着墓園，把陽光像用篩子一點點地篩漏在草上，草叢裏有許多大大小小的生物，蚯蚓、蛇、蜥蜴、黄鼠狼、螞蟻、蚱蜢、螳螂、蟋蟀；在草上飛來飛去的有蝴蝶、蜻蜓、蟬、黄蜂；再高一點的有麻雀、黄鶯、烏鴉。這些生物，都把這墓園當成一個王國，飛的飛，跳的跳，爬的爬，走的走，醉飽酣嬉，自得其樂。没有誰侵害它們，它們也不害怕誰的侵害。這時候，幾隻烏鴉停在樹枝上，一動也不動地注視着鬼谷子，口裏又呀呀地叫，似乎在説，“瞧哦，那個人多麽憂鬱呀！他不知在沉思什麽咧！”“可不！”黄鼠狼説，“叫做人的那些東西，總是歡喜憂鬱的，也許他本身就是個大憂鬱呵！”“那麽！”野花對野草們説，“人類豈不太可憐了麽？”於是都摇頭嘆氣，以至把一隻在花心上打盹的蝴蝶都驚醒了。

然而鬼谷子一點也没有覺着，他已走進另一世界，不但烏鴉、黄鼠狼、野花、野草不能知道，除了鬼谷子自己，也没有别的人類知道，就是他自己也不輕易走進那世界裏去。那世界和外界是隔絶的，隔着一層厚的帳幕，除了鬼谷子誰也不能進去。而裏面又非常廣大、複雜，和外界一樣，甚至還超過外界。這世界在鬼谷子的心靈的最奥秘的處所。

鬼谷子一走進那世界，眼前的景色完全變了，樹叢、雜草、墳塋、碑石……一齊不見：衹見一片汪洋大海，在暴風雨裏翻騰着洶涌的波濤，那濤聲把人的耳膜要震破。定睛看時，却又不見波濤，更没有風雨，倒是成千的人體在擁擠、推攘、跳躍、喊叫，一齊向他涌來，好像來歡迎他，來聽他的講演似的。但是，哦，那是一些怎樣的人體呀！全都赤裸着，全都項上没有人頭，全都半身或全身被血污掩蔽着，如果説他們身上有像衣服之類的東西，那就是血。一陣紅光把鬼谷子的眼睛閃花了，他連忙閉着眼睛，可是血腥又衝進他的鼻孔，他打了兩個噴嚏，還幾乎嘔吐了。他閉着眼睛的時候，心裏想，爲什麽他們都没有腦袋，又是什麽東西喊得這麽響呢？於是又睜開眼睛，這纔看出，他們腦袋都不戴在項上，却提在各自的手裏，手裏的腦袋正在吼叫。

消化不良、思慮過多的晚上，常常睡不好覺，一睡就做種種噩夢，荒誕離奇，有的簡直使人亡魂喪膽，決不是醒着的時候所能想象的。人在夢裏却當作真的一樣，害怕、掙扎、呼喊、冷汗把被窩都濕透。但鬼谷子并不是在做噩夢，他也似乎并不驚慌，他的心幕裏面有時是有些噩夢般可怕的場景。

人體太多，看不清誰是誰，走在最前面的兩個離得最近，像是一男一女。男的一隻手提腦袋，另一手沒有了。因爲沒有手劃動，走路時，身子扭得很厲害，胸前一條肋骨在血污裏一上一下地閃動。女的一隻手提着腦袋，一隻手抱着一個孩子，那孩子手裏又提着孩子的腦袋。人體血迹模糊，腦袋尤其連面目都看不清楚，并且不連在一處。但鬼谷子本能地認識他們是誰。他向前迎了兩步，張開兩臂，大聲向那男的喊：

"要離!"

哦，他是如何地欣喜呀！要離，他最鍾愛的弟子，分別了五年，以爲永久不能看見了的，現在却在這裏碰見了。雖然樣子變得太可怕，但他們的情誼會把無論什麽不愉快的東西一齊趕走。

要離聽見他喊，也搶上了兩步。但顯然不是來跟他擁抱的；因爲同時那身體就舉起了手裏的腦袋向鬼谷子臉上打來，要不是還差這樣一步半步；要不是腦袋上的長頭髮挽在那身體的手裏，一定打着了。就這樣，鬼谷子的雪白的長髯上也濺上了幾點血。

"還命來!"

那被拋擲在空中的腦袋喊，聲音像緑林的暴客向孤身的客人要"買路錢"一樣，除了多一些憤怒和粗心人不大聽得出的悲哀。

怎麽回事呢？鬼谷子暗地裏驚愕。

"還命來!"

要離旁邊的女體和後面成千的群衆手裏的腦袋跟着喊。連那女體手裏抱着的不過周歲的孩子也舉起他的小腦袋"呀呀……"地喊。似乎因爲他們臨死的時候連喊都沒有喊一聲，現在要藉這一聲喊把一切積怨都發泄出來。

"老弟！是我！"

鬼谷子不覺退後兩步，硬着頭皮說。他以爲要離没有弄清楚。有些人常以爲人在人世間的時候，無不聰明伶俐，一變成鬼，就糊塗愚蠢了的。

"你以爲我們不認識你麼？哼哼，我們正是要找你償命的哪！"

聽那口氣，要離跟鬼谷子并没有什麼師弟之誼，倒是仇人見面，分外眼紅似的。

"要他償命！"成千的群衆跟着喊。

"老弟！"鬼谷子訥訥地說，"我想，是不是，老弟你，好像，有點兒什麼誤會，你是不是，我說，把事情記得不大清楚？"

"誰誤會？誰記不清楚？"

腦袋仍舊在手中被抛來抛去地說，聲音似乎更憤怒，那胳膀上的青筋都鼓起來了。

"那麼，老弟，那麼……"

鬼谷子的唇舌突然變得笨拙了。非常容易說的話，不知爲什麼，一個字也說不出來了。并不一定是害怕，最多的倒是悲哀，他最鍾愛的弟子，他常常向人誇耀的榜樣，現在變得像仇人一樣了！他想說，你要誰償命呢，我没有勸你行刺，你不是爲我去行刺，我也没有殺你跟你的妻子，怎麼要我償命呢？至於那些别的人，我連認都不認識，有的恐怕在我出世之前，他們就早已死掉了，怎麼來要我償命呢？對於他們，那些忠臣烈士們，我是衷心地贊嘆着、感佩着，常常爲他們那些可歌可泣的行爲謳歌與哭泣；對於你，又更多有些惋惜，有些懷念。當别人把你和你的功績都忘得乾乾净净了的現在，瞧，我不還來這墳頭憑吊麼？……如是等等。但這些話，說出來又有什麼意思呢？既然情形變成這樣了！

"哼哼！"要離冷笑，鬼谷子有點兒鬧不清楚了：究竟是他的腦袋是他，他被他的身子提着呢；還是他的身子是他，他提着他的腦袋？——他說，他似乎把鬼谷子没有說出來的話都聽見了："與你不相干，是不是？那些人，”他用提着腦袋的手指後面人群；“連我，”他的手指着自己；“連她，我的妻，”指他旁邊半裸的青春的女體；“連這嬰兒！”指那女體手裏的孩子；“都與你不相干，是不是？你説呀！是不是？”

他向鬼谷子逼進一步，鬼谷子退後了一步。

“是的！你説？”要離代他答復，接着就大笑，“哈哈……與你不相干！哈哈……你真聰明，你真撇脱！哈哈……”那笑聲像深夜的猫頭鷹叫，使人聽了心裏發冷。“我的好老師，好教主！哈哈……是的！有什麽相干呢！哈哈……”那吊在手裏的腦袋笑得發抖；提着腦袋的手和臂膀受了腦袋的影響，也發抖；兩肩像那笑着的腦袋還戴在它們上面似的跟着發抖。

“哈哈……”

要離的夫人，公子，成千的群衆一齊大笑，一齊發抖。連天空的層雲也抖着抖着，要向鬼谷子頭上壓下來！

鬼谷子現在纔真地恐怖了，他同樣發抖，恐怖得發抖。

有什麽話快點説吧，要怎麽樣快點怎麽樣吧！可是不！盡着笑，譏諷地笑！像猫捉住了老鼠，并不一口就吃掉，却花許多時間玩弄一樣。

“那麽，請問：”腦袋笑完了，説，“我們爲什麽死的呢？”眼睛眨也不眨地瞅住鬼谷子，“我們活得不耐煩了麽？我們嫌生命太累贅了麽？我們以爲做人太辛苦，做鬼倒安逸些麽？不是！你們説是麽？”手把腦袋舉向後面去問那成千的人體。

“不是！不是！”成千的人體舉起腦袋來回答。

“對了！我們也跟你一樣，跟許許多多活着的人一樣，都願意活，願意享受人生的幸福，貪戀自己的妻子和財貨，各有各自理想的事業。然而，我們死了，甚至是心甘情願地死了！爲什麽呢？爲的你呀！”

腦袋逼近鬼谷子，唾沫像珍珠樣地噴到他的臉上，一隻無形的手指着他。

完全出乎意外：要離的死，倒是爲了他！他不懂是什麽意思。

“你在我小的時候就告訴我，你説，孩子，將來要對主上忠心，爲了主上的事，要獻出生命，要成仁，要取義……你給古代冤死的奴隸，捏造出許多英勇悲壯的故事。寫成許多激昂慷慨的書，裝出種種崇拜那種人的樣子。我被你欺騙了，麻醉了，衹恨没有表現自己的忠烈的機會，一有機會，就争先恐後地搶到手了。不這樣麽，先生?”

“是這樣!”鬼谷子心裏説。要離就是個對他説什麽就聽什麽，聽了就信，信了就做的人。這也正是他使人鍾愛使人敬佩的地方，但是自己對他説的那些話并不錯呵！古今來的聖賢都是那樣説的呀！至少存心欺騙麻醉的意思是没有的呀!

“可是我們死了，這世界上，究竟有了些什麽好處呢？有一個人可以免掉半天勞碌麽？有三分之一的個人可以少完一文錢的租税麽？不，一點也不，瞎子仍舊是瞎子，跛子仍舊是跛子，聾子啞巴也仍舊是聾子啞巴，誰也没有因爲我們的死而變得好些。”

鬼谷子茫然了，這是他從來没有想過的。

“如果有，那就是我們的主上，那一無所知，一無所能的廢物，他之所以能高高在上地君臨着我們，君臨着一切，不過因爲他是我們的祖先的主上的後代；不過因爲有你似的奴才替他説教，和他狼狽爲奸；尤其是因爲有我們這些傻瓜，上了你的當，肯替他送掉自己的生命，甚至送掉妻室兒女的生命。他的江山穩固了，他跟他的后妃們，夫人們，御妻命婦們，無論怎樣荒淫無耻，再也没有烽煙來擾亂他們了。千秋萬世之後，可以把寶位傳給他的子孫也就是我們的子孫的主上了！其次是你，你可以更安穩地説你的仁義道德的謊言，竊取天下萬世師表的榮冠，欺騙、麻醉一些繼我們而起的忠厚老實人！再其次是：囤積居奇的范蠡，阿諛逢迎的祝陀，賣弄風騷的彌子瑕，草菅人命的白起，販賣戰争的孫臏，刻薄寡恩的韓非，撥弄是非的蘇秦張儀……哦哦，一口氣説不完。總之都是你的高足，我生前的貴同學，大家可以安穩地我行我素，做那些原來的勝業，　面却高談你們的學問、治術，來鞏固增進你們的高官厚禄。先生，如果你還有人心，請想想看，我們的生命豈不就爲這樣一些無聊的事而存在麽？又豈不就爲這樣一些無聊的事而失掉？這幾乎是不能令人相信的，然而多不幸哪，這是事實，血的事實，而且不僅是我，還有，你瞧，成千的在我之前死掉的人們。自然，你可以説他們并没有受到你的欺騙和麻醉，但那有什麽分别呢，他們都是受了你影響的人，你以前的你，名字叫做張三李四的你的欺騙和麻醉的呀。那麽，請問，我們不問你要償命，還應該問誰要償命呢?”

“償命！償命!”

大家喊。成千的頭顱向他擲來，成千的無頭尸身向他奔來。這一下可嚇慌了，連忙向後退着，退了幾步，退不迭，鬼谷子，就仰面朝天地倒下了。這一倒，觸穿了他的心幕，頭已經露在心幕外面了。正像從噩夢中蘇醒過來一樣，一睜眼，又看見了外界的亂草與荒墳。

一九四六，三，八，重慶

奇　遇

“我是溥儀的弟媳，把我的伙食開好點!”

從晚報上看到了這樣的話，心裏好生氣憤：一個坐牢的女人，在她，真是國破家亡，罪該萬死的女人，竟如此大模大樣地要求管牢的改良伙食！而我自己，别的且不説，没有國破家亡，没有坐牢，豈不是清清楚楚，明明白白的麽？而我的伙食——唉，剛纔就因爲實在吞不下那頓每天都必須用必死的努力吞掉的“豐盛”的晚餐，纔跑出來的！我却不能向任何人要求：“把我的伙食開好點!”

人生幾何？我想：一個犯罪，坐牢，等死的女人，尚且要吃好的喝好的，我，既然僥幸還没有失掉自由，至少没有完全失掉，口袋裏，這時候，我摸了一下口袋，僥幸還有幾張印了花的紙，又何必自苦如是，不去吃一頓“好伙食”呢？剛巧正走到一家菜館門口，就不由分説，理直氣壯地走進去了。當然，這是本來想吃點好的纔拿報上無關緊要的材料給自己辯護，如果那材料於自己無利，是决不會援引的，比如前天報上説湖南飢民每月要死若干人，我并没有因那消息而覺得有飯吃就可慶幸，更没有覺得應該絶食一兩頓纔無愧於那些餓死的同胞。

叫了菜，并且要了一點酒，没有别人，坐在别桌上的别人又與我無關，就獨自一個，自斟自飲起來。一面喝酒，一面想着一些關於伙食的事。

我想：伙食這東西恐怕是世上最勢利眼的了。窮人用收入的百分之五十以上來養活一兩個人，還味道不好，不養人，甚至不飽肚子；富人用利得的百分之零點幾養 家甚至養幾家人，却又可口，又滋養！窮人又是出力的人，一天忙到晚，身體困乏之極了，正需要補償；可是伙食不肯給他們！富人反正不出力，身體没有消耗，吃不吃，甚至活不活，都没有關係，可是伙食的營養料却特别多！你説這世上的事，是不是顛顛倒倒的呢？

小時候，讀書不用功。爸爸説：

“你對得住一天兩頓飯麽？”

什麽飯呢？窩窩頭或和窩窩頭差不多！

我苦笑：“要是連對這樣的飯都要慚愧，人就衹好什麽都不吃了！”

“不！”爸爸説，“你這樣隨隨便便，衹配吃龍肝、鳳髓、熊掌、駝峰……那些東西，向來是游手好閑的人們，無知無識的人們，殺人不眨眼的人們……吃的。”

“那麽，窩窩頭什麽的呢？”

“這麽？這是良善的勞碌的人們吃的！要不，就是聖賢們吃的。良善的人用手養育這世界，聖賢用心靈灌溉這世界……”

接着還引了許多典故：“君子食無求飽”，“蔬食飲水”，“一簞食，一瓢飲”，“陟彼西山，言采其薇矣”……等等。

因爲發言人是爸爸，不敢再回嘴：心裏却笑的前仰後合：爸爸真是個詭辯家！不説自己窮，吃不起好東西；反説好東西不是正正經經的人吃的！而我們吃壞東西的，依爸爸的説話，哦！可真了不起呀！有人吃得好，有人吃得壞，且不説連壞的也吃不到，這是合理的麽？那我們就該“素貧賤行乎貧賤”，什麽也不説。是不合理的麽？就應該想法子取得好伙食，撤消好壞的差别，不這樣，却安於壞伙食，輕視好伙食，未免太阿 Q 氣了吧！當然，阿 Q 的大名，我當時還不知道，但那含義却是早就有了的。

現在呢，虚度了幾十年的歲月，總算還换得了一點點人世經驗，逐漸領悟到爸爸的話裏頗含有幾分真理。我知道，人應該吃同等的伙食，總有一天，人會吃同等的伙食；然而今天，這大部分人類的苦難的時代，關於伙食這一點，還正跟爸爸所説的一樣！

從菜館出來，既醉以酒，既飽以飯，真是萬物皆備於我了。想起今天是我休息的日子，用不着上班——我在一家報館的編輯部做事，反正没有好遠，天色又不太晚，何不下鄉去看看太太和孩子呢？這樣一決定，就覺得自己已經出了城，好像在決定之前，本來就在朝鄉下走似的。但一覺得出了城，馬上又發現自己其實是坐在路邊的一個什麽草坪上。

夕陽挂在天邊，藍天像静穆的大海，離地平綫不遠的那兒，有一大塊雲彩，通體金黄，像一望無際的原野。原野上没有草。没有樹，也没有村落和田畝。中間横亘着一道古老的城垣，城垣上的敵樓、城垛雖然也和原野一樣顔色，但看得清清楚楚；城裏還隱約有着車馬和人家。我似乎就到過那原野，進過那城垣，幾乎可以叫出那城的名字。什麽時候，誰曾經帶人馬來攻打這城堡，城裏的人開城殺敵，就在城外的曠野上混戰，呐喊，厮殺，塵土的霧籠罩着兩邊的戰士，戰士們在那霧裏斷頭，流血，殺戮敵人或者爲敵人所殺戮。我還能清晰地記起：誰在什麽地方落馬了，誰又在什麽地方繳了械，一個將軍高舉着指揮的長劍，他的高大的白馬在什麽地方人立起來，狂風飄舉着他的血紅的披風。這一切，就在那曠野上，就在那城堡外面；簡直越看越真實，越看越熟悉，也越看越逼近，好像衹要有一隻小船，渡過那天和地交接的那一道窄狹的海峽，人就可以走到那曠野去似的。哦，我幾乎忘記它們是雲彩了。

落日漸爲遠山所掩，雲彩的光芒逐漸收斂，逐漸變得昏暗，城垣已經變成一道悠長的堤岸，堤岸上排列着濃黑垂楊或者别的什麽風景樹，樹叢裏隱約屹立着玲瓏的樓閣，樓閣的窗户似乎還射出微茫的燈火，至於曠野則變成一道大河，藉着燈火的掩映，河心仿佛還顯出堤岸上的樹列和房舍的朦朧的倒影。夜色更濃，堤岸和河心的倒影，終於不可辨認，以前的樓閣之類，又變成了一些船的黑影，停泊在河邊，河和船都是昏茫的，有一兩隻船裏面射出來的燈火，仔細一看，却是雲彩的罅隙裏的星星。天完全黑了。

我依依不捨地站起來，這纔意識到自己在這兒逗留了很久，應該趕快回去了，説不定家裏人正等候着。然而天空的雲彩多美呀！

走過一節田隴，到了一個山脚下，一邊是山的斜坡，遠處有些濃黑的樹影，一邊是一個深谷，黑洞洞的，什麽也看不見。

山路上很静，雖然覺着有微風拂面，却没有使任何東西因之而騷動。草蟲唧唧，夜鳥啁啾，聲音極其清晰；遠處的狗叫和趕夜路的騾馬的鈴聲，也因爲夜風的傳播，如在鄰近。但許多聲音中，最引起注意的，是前面一個人的脚步聲和喘息聲。那個人離我衹有四五步遠，脚步非常遲緩，重一下，輕一下，每一步都似乎踏在枯枝上或者滚圓的石上，不是要絆倒就是要滑倒，喘息聲宏大而且急促，像背着重的負荷爬着峭的山坡。藉着從疏林裏透過來的月光，還能辨出那人的佝僂的背影。從後看着，似乎還拄着拐杖。本想趁走到一個較寬闊的地方越到他前面去。但那人的樣子似乎是一個老人，那就太不好意思了。我怕跟得太緊，使他覺得後面有人，不能不走得快些。那豈不像在故意催促麽？於是停了這麽一下，離那人七八步遠地慢慢走着。這樣走了差不多小半里路。

忽然，那人開口説話了。我以爲是他曉得我在後頭，跟我講話；就搶上兩步，準備應答。但一聽，那聲音很低，不像是跟别人説；話又接連地説下去，似乎并未説給我聽，以及打算讓别人插嘴。我想，年老人常常喜歡口裏念念有詞，這老頭子竟一面走一面自言自語的咧。於是又放緩脚步，自己走自己的。那老人一段話講完了，停了一忽忽工夫，又起了一段。這一段話的聲音跟前面一段的簡直不同，像兩個人的。兩種聲音都很年輕，口語也很粗野，都不像從從容容走着的老人的聲音，那聲音響着的時候，老人的喘息又絲毫没有受到擾亂。我以爲是自己没有留意，那老人前面一定還有别的人。然而天色不算太黑，和那老人的距離也不算太遠，重新審視，除了那老人的黑影以外，仍舊什麽也没有。我并不想聽他説些什麽的，但那聲音雖然不高，却使我可以剛剛聽見。以前的聲音過去了，正在説着的是：

“凡是叫做腿的東西，都喜歡休息在温暖的床上，停在車上，跨在馬上，而不喜歡走路的，除了偶然的散步。可是我們的主人是怎樣地虐待我們哪：幾十年了，從來没有讓我們舒服過一天，總是跋山涉水，跋山涉水，累得我們精疲力竭……”

是的，就是這樣的話。我還没有聽懂那些話的真實的意思；也没有弄清楚是誰説的對誰説的。時間太匆促，要接着聽下去，來不及想什麽。另一個聲音説：

“凡是皮膚，都適宜於接觸綺羅文錦，不挨凍，不受熱，也衹有這樣纔能長得好。可是我們的主人給與我們的都是一些粗布衣服！有時候連粗布衣服還不是太多就是不够。人家説我們粗糙，醜陋；請問：這應該怪我們麽？……”

怎麽呢？怎麽呢？我有點兒懂了：這似乎是連腿，連皮膚都説起話來了！世界上哪有這樣怪事呢？哪有這種……抬頭望天，月亮已經升得很高了，比剛纔晶瑩澄澈得多，月邊的白雲，一層一層，鱗次櫛比，向四面展開，有如魚鱗，有如波浪。遠一點的群星正睁閉着狡猾的眼睛，這確是個真實的世界。越是懷疑，越是要仔細地聽。第三種聲音又響了；之後，第四種……之後，第五種……那些話的意思，似乎是喉舌埋怨一生没有嘗到珍饈美味；腸胃埋怨連粗茶淡飯也不曾經常地按時地給與它們；眼睛埋怨没有見過美好的色彩；耳朵埋怨没有聽見過美好的聲音……總之都憤憤不平。説是要怠工，要跟它們的主人告别。

“羞！”又一個聲音，“你們白跟了我們的聖人幾十年！那些綺羅文錦不從來就是裹着淫污的肉體的麽！珍饈美味，不從來就不是靈魂的養料麽？不錯，腿勞苦了，可是没在誰面前屈過膝；肚子常常飢餓，可是没有盛過人間的骯髒氣；耳目没有接觸過美好的東西，可是也没有碰見過權貴的呵斥和小民的憎怨。這些事情你們都忘記了麽？應該引以爲榮的，你們竟埋怨起來，你們還像一個聖人的肉體麽？……”

那是一種剛强的，果决的聲音，像一個大槌打在土地上一樣。而且非常年輕，簡直是一個二十多歲的小伙子所發出的。

這些話的意思，很像我爸爸的：連聲音也像，但爸爸已死去二十多年了，莫非……我還未想得完全，還未來得及害怕，前面的聲音又起來了：

“親愛的頭腦呵！”這回不止一種，但説起話來，像音樂隊的合唱一樣，整齊得很：“我們之所以埋怨，正因爲我們的主人是一個聖人。如果他老人家祇是一個鄉下的愚民，我們除了自恨命運不好，不能多講一句。可是不；他老人家什麽學問都有，什麽事情都曉得，多少人跟他老人家的學問一樣，或者還趕不上他老人家，都過着優裕得令人妒嫉的生活。獨有他老人家……當然，誰禁止他老人家做聖人呢？我們祇是說：他老人家應該想到我們這些卑微的奴隸，都祇是一些凡俗的肉體呀！”

“可是”，頭腦的聲音又說，“如果他不過是一個愚民，他的心境該多麽安靜；如果他能够和一些有學問的老爺們同流合污，高拱在愚民們之上，他的生活又該多麽安適。可是他都不是，不能够是。他悲憫那些愚民，却不能用一張魚網把他們從苦海裏撈起來；他憎恨宰割在愚民之上的魔物，又不能吐一口唾沫把他們淹死！一個人擔負着全人類的重擔，生活在現在，却瞭望着遥遠的將來。不分白天和夜晚，勞心焦思。正恨自己的凡俗的肉體累贅了他，哪還有工夫想到你們肉體的私欲呢？”

這聲音這回可没有上回的理直氣壯：顫動，似乎要開始哽咽，最後一句的餘音拖得很長，像一縷游絲在這昏茫的月夜裏回蕩，終於被一些風聲蟲語所遮没。這時候，我纔完全明白是怎樣一回事：可不，肢體臟腑們在跟頭腦開辯論會咧！

無論如何，我想，在我前面走的那傢伙，一定是個奇人，他的頭腦、肢體、臟腑，都會自己講話。人總有好奇心，無論誰，在這時候都會有一種非認識他不可的欲望的！我禁不住趕上兩步，我說：

“對不起，先生，你，請你……”

“是你麽？”那人回頭說。

“是你麽？”我大吃一驚。原來就是報館的同事老×。

“你看你，”他說，“醉成什麽樣子！一路上不斷地自言自語，東說西說……我還以爲是誰咧！”

“怎麽？剛纔說了許多各種各樣的話的，不是你，不是你的頭腦和肢體，倒是我自己麽！”

我已經清清楚楚地記起，太太和孩子早已離開這地方，她們也根本没有在城外的鄉下住過；而我現在却正走着回報館去的路！

唉唉！我真不能吃酒，祇吃了一點點。竟如此地，如此地，昏沉了！

一九四六，一一，二八，重慶

兔先生的發言

“現在請兔先生給我們講幾句話。”

在全體來賓一陣掌聲安撫了一個講演者之後，獅先生站起來，和容悦色地請兔先生發言。於是來賓又鼓起掌來；多數來賓還“哦哦”地叫；有的扭頭，有的側身，有的把望遠鏡拿起來，所有的眼光都集中在兔先生身上。那些眼光，也有驚訝的，好像説：“還請它説話？”也有鄙夷的，意思是：“你也配講話麽？”也有幸灾樂禍的：“看你講出什麽來？”也有替古人擔憂的：“這席話可難講啊！”更有等機會在東道面前討好的，心裹想：“一句話不對，老子就首先動手，要這小兔崽子的命！”

這是森林中間的大宴會，東道是獅先生；來賓有象先生、熊先生、虎先生、豹先生、狼先生、狐先生、鹿先生、野猪先生、野猫先生……所有森林裹的大亨乃至小百姓都一齊請到了，更是一齊都出席了，誰敢不出席呢？用新聞語説，就是“濟濟一堂，極一時之盛”。而叨陪末座的是我們的兔先生。

兔先生是在座諸公中體格最小的一個，恐怕也是最弱的一個吧！它很少機會參加這樣盛大的宴會，它常常是很幸福地被忘記了。它雖然身體小，在來賓中却極其顯眼，因爲它的服裝的顔色是顯眼的，像雪一樣。在我們人類，衹有新娘子到結婚的禮壇去的時候，纔穿這種顔色的服裝。有人説：結婚的禮壇就是女人的祭壇，像太牢少牢們被宰了送上去的那神前的祭壇；女人被送上祭壇去的時候，服裝的顔色和兔先生的經常的顔色是一樣的。有的地方的人，遭逢着人生最大的不幸，比如説：兒子死了父母，妻子死了丈夫，這纔穿這樣顔色的服裝；但兔先生却把這樣顔色的服裝經常地穿着。兔先生不光服裝的顔色特别，眼睛的顔色也很特别；像哭得太多了似的紅。兔先生也哭過吧，哭過的時候，眼睛是紅的；但不哭的時候究竟多，就是不哭的時候，眼睛也是紅的。生來如此，與哭不哭無關。但有人説：生來如此，恐怕是遺傳；兔先生知道，爸爸和媽媽的眼睛，的確也是紅的，説不定祖先的眼睛也這樣；那麽，祖先們也許哭得太多了。

森林裏有一條好法律：無論怎樣的小傢伙，在家庭裏都可以放肆。年輕的時候，駡駡爸爸，打打媽媽，誰也不會干涉；討了老婆或嫁了丈夫，欺壓一下老婆或丈夫，也決不會出什麽亂子；年紀大了，有了兒女，兒女當然是出氣筒，可是一離開家庭，情形就兩樣了。大亨們是那樣多，幾乎每走一步都會碰見；這并不要緊，要緊的是大亨們都難以侍奉。有一種法律叫做“吃掉法”，是專爲小動物侍奉大亨們而設的，那上面自然寫着許許多多的字，例如第五百八十四條，第七千六百三十二條，第三萬八千六百二十一條，第五十四萬一千九百八十一條，第九百九十二萬二千八百八十六條，第八百六十二萬條等等，但每條的收尾兩個字都是一樣：“吃掉”！比如説，一個小動物像兔先生似的，偶然在森林裏散步，不幸而碰見了虎先生：照小動物的習慣是，站在路旁，恭恭敬敬請一個安，説聲：“虎先生，您好哇！”這時候，虎先生如果高興，那就是説它老人家肚子飽飽的，不想吃什麽，把兔先生的話當做耳邊風，昂頭闊步地走過去，或者鼻子裏“唔”一聲，頭也不點就走過去的時候，在幾千年幾萬年的長時間中，有這麽一回半回也料不到的。可是虎先生或者别的大亨，却常常是不高興的，或者説常常是胃口很好的：“怎麽，你問我好麽？我有什麽不好，你敢諷刺我麽？”下文不必説，就是“阿門”一口，把兔先生吃掉了。因爲吃掉法上明明寫着：“凡對大亨説‘您好’者，吃掉！”誰吃掉誰呢？當然是大亨吃掉小動物。如果碰見的是豹夫人，説的話是：“豹夫人，今天天氣嘿嘿嘿！”結果也一樣，吃掉法上也有：“凡對大亨夫人説‘今天天氣嘿嘿嘿’者，吃掉！”不説什麽也不行，吃掉——裝做没有看見也不行，吃掉；看見了回頭跑，吃掉！逃到别的森林裏去，别的森林裏自然還是有大亨，且不必説。但被本森林裏的大亨抓回來了，仍然是吃掉！所有這些吃掉，吃掉法上都有明文規定，是之謂“吃掉法”。這吃掉法，兔先生并未看見，更不知道裏面究竟寫着一些什麽；因爲它被保存在大亨們那裏，是大亨們寫的，也并未徵求任何小動物的同意。但也一樣，反正兔先生之流，一不識字，二無法律知識，三家裏房屋窄小，没有地方擺那些高文典册。再説：識字，有法律知識，把那些高文典册擺在家裏又有什麽用呢？反正條文太多，記不清楚，誰能被吃掉了之後再回家翻書呢？就是記得清楚又有什麽用呢？反正不能對大亨説：“你這回吃掉我，没有法律根據呀！”吃掉法上難道不能載着一條：“凡説大亨的行爲没有法律根據者，吃掉”，在兔先生的家族或者親眷中間，誰也不知道什麽叫做死，也從來没有誰死過，它們的結局衹有一種：“給吃掉”。“寶寶不要跑遠路了，小心給吃掉！”“爸爸天黑還没有回來，一定是給吃掉了！”這就是它們中間流行的語言。從荒古以來，那些列祖列宗都是給吃掉了的。兔先生之流，都是一些對於家屬親朋的感情極爲濃厚的，一知道誰給吃掉了，少不得大家都嚎啕痛哭起來。從荒古以來的列祖列宗們起，就是如此。從此，人就可以明白：爲什麽兔先生的眼睛生來就是像哭過的。

這樣一位兔先生，坐在幾乎全體是大亨的宴會上，心情是頗有些尴尬的。常言道得好：“宴無好宴，會無好會”，這回大概是九死一生了。“兔生一世，草生一秋”，“兔活百年也是給吃掉”之類的成語，兔先生記得爛熟；然而“螻蟻尚且貪生”，比之於螻蟻總算是龐然大物的兔先生，又怎能因此而曠達？何况太太昨晚没有回家，一定是給在座的哪位大亨吃掉了。“兔非木石，孰能無情”，兔先生就因此更加傷感。不過這都是内心的事，表面上還是像在專心致志地在敬聽大亨們的講演；在每位大亨講完之後，也没有忘掉鼓掌歡呼，衹是講演的内容，却一句也没有聽進去。兔類雖然没有仇敵這名詞，正像也没有恩人這名詞一樣；雖然報仇雪耻，從來不曾放在考慮之列；但“非我族類，其心必異”的道理，兔先生却是明白的；無論説什麽，總不會給自己有什麽好處；就是有，也不過説説而已，誰也不會當真，聽不聽都一樣。自己的文化程度本來不會算太高，大亨們的講演中，有許多美麗的詞藻，特别的名詞術語，常常是自己所未聽過，或者聽過，那含義又剛剛相反的；就是用心聽，也不一定就完全懂得，鼓掌歡呼，這就够了，還用得着什麽呢？

然而東道説："請兔先生給我們講幾句話！"這時候，菜上到第五道，擺在兔先生面前的是一盤熱騰騰的烤兔腿，兔先生正望着它發愣。皮剥了，又經過烤制，顔色也不同，但是，是兔腿却很明顯。爲了太太没有回家，兔先生心裏正在難過，誰知在這裏要自己吃自己的太太的腿了！作算這一隻不恰巧就是太太的，也定是戚族中的誰的，而太太的幾隻腿，更定是分放在别的來賓們面前。這樣想，兔先生便覺得大亨們把太太烤了來吃，實在比當場"阿門"一口，生吞活剥的吃掉，要殘酷得多；而要自己來吃自己的太太，又比太太和自己一齊烤了讓大亨們吃，要殘酷得多。這樣殘酷的事，簡直把兔先生嚇昏了，幾乎以爲自己是在夢中，要不是大亨們的掌聲噼噼啪啪地響着。一聽見掌聲，雖然不知道是誰説過話還是誰講話，跟着鼓掌總不會錯，於是自己也噼噼啪啪鼓掌了。

"兔先生知道自己的講演一定精彩，所以先就替自己鼓掌了。"

狡猾的狐先生找着一個開玩笑的機會，話一説出，引得許多來賓都笑了。兔先生這纔意識到東道所請講話的就是自己！這真是没有想到的事呀，竟會像自己這樣的小動物，也配在這樣盛大的宴會上，對這樣多的大亨們講話麽？兔先生平日也未嘗不是個饒舌家，但是是和自己差不多的小動物們在一塊兒的時候；在大亨面前，除了等候吃掉以外，從來不曾有過發言的經驗。今天的心情特别不好，大亨們講的話一句也没有聽進去，連東道宣布的宴會的理由也是如此。大家正在笑自己替自己鼓掌的滑稽，再一把它們意見弄錯或者説的和它們説的話剛剛相反，它們一定笑得更厲害。笑笑倒是小事，生命的危險也許就藏在這些笑臉中間。想到這裏，兔先生覺得身上一陣寒冷，腿上的肉不住地顫動，現在正在什麽地方，有誰正在請自己講話的事，倒通通忘了。這大概真是一個夢，一個可怕的夢。凡是夢，終久是要醒的，無論怎樣可怕的夢，一醒也就好了；這個夢要特别醒得快纔好，可是怎麽還不醒呢？

"兔先生，"坐在旁邊的鹿先生推了兔先生一把，低聲地説，"請你講話咧!”

“哦哦!”兔先生真有點像從夢裏醒來似地站起來:“兄兄弟,兄弟,”可是馬上又想到自稱兄弟,本來習慣上是謙虛,但在這兒用,却是絶對僭妄,連忙改口:“本席,本席。”本席似乎更不客氣,想改口稱“小的”,一想到現在是宴會,和跪在法庭上不相同,怕大亨們疑心故意諷刺,那就爽興稱“我”吧。“我我沒沒有話話説,我不不會説説話。”這樣一聲明,滿以爲可以應付過去了,於是又坐下。

“就這樣一句麽?”狐先生不滿足地問,雖然并沒衝着兔先生的臉。

“這未免太簡單了吧?”熊先生也説。

“這不像話!”不知哪幾位先生同聲説。

“不必客氣,兔先生,隨便給我們一點教訓,機會難得,大家都在等着聽咧。”

東道説這話的時候,臉上是冷冷的,兔先生望了望别個,别個臉上也冷冷的,都一齊望着自己,似乎都在説:“不識抬舉的東西!”

看樣子,不説點什麽,是不能收場的。但是説什麽呢?

兔先生年輕的時候也曾有過各種各樣的幻想,比如説,什麽時候在大亨面前開誠布公,傾心吐膽地談一回話,就是其中之一。年輕的兔類們,雖然不知道什麽叫做仇恨,但眼睜睜地望着骨肉親朋給大亨們吃掉,總不能心裏一無感觸,這就是説不能不牽動一下腦筋。腦筋這東西衹要一動,就隨便什麽危險的思想都會産生出來。要兔類没有誰給吃掉或者少給吃掉,非要森林裏的大亨們減少或者絶迹不可。有什麽方法能使它們的數目減少乃至絶迹呢?一想到這樣的問題,馬上就發生了許多不同的意見。一種是祈禱派,主張祈禱天老爺把這些大亨們趁早收回去;一種是計劃派,主張估計大亨們每年需要吃掉多少隻兔,由兔類組織一個委員會來計劃地徵集進獻,却請大亨們再不在路上隨意吃掉額外的兔類。據説,這樣就既可由各家平均分攤,又可把一些敗類進獻上去,比較合理,所以也稱合理派。還有一種飢餓派,主張絶食,餓死也不給大亨們吃;至少也節食讓自己身體永遠養不胖,大亨看見瘦骨嶙峋,就引不起食欲，不想吃掉；就是吃掉，味口和滋養都不行，於大亨們的好處就很少。最危險的一種是服毒派，主張每次出門，口裏都含一包毒藥，一碰見大亨要吃掉自己，就先把毒藥吃下去，讓那毒藥到大亨肚裏去發揮藥性。各派的主張，兔先生都不滿意；祈禱派空言無補，“不問蒼生問鬼神”，也是世道兔心的隱憂。計劃派雖較切實際，但誰也不能擔保大亨們吃掉額定進獻之後，一定没有額外需索。“江山易改，本性難移。”大亨們有時候連自己也克制不住自己的。飢餓派違背兔情和萬物的生存原則，難以實踐，又無法證明大亨們一定不吃瘦的。服毒派忽視了毒藥是禁物，來源極少，毒死大亨，自己也不能活，也不是聰明辦法。祈禱派和服毒派的目的都在使大亨死掉，更不算一種純正思想。我們所需要的并不在它們的死，而在於它們不吃掉我們。假如它們肯不吃掉我們，它們的活着於我們有什麽妨害呢？我們要求不給吃掉，是天公地道的，因爲萬物都應該生存。可是大亨們的生存也天公地道，我們應該尊重。大亨們之所以看見我們就要吃掉，完全是被一種偏見所蒙蔽，被一種不合理的生活習慣所陷溺了的緣故，其實獸類并不要吃别的獸類的肉纔能生活；野草野花野菜野果的甘美，遠在動物的尸體的滋味之上。有一次自己曾碰見一隻死老鼠，偶然動了想嘗嘗的欲念，可是一嘗，天哪，那是什麽味道啊！腐臭腥騷，簡直不能下喉。真不知大亨們爲什麽喜歡這種滋味，難道它們從來不曾嘗過植物的味道？我們雖然是小動物，但是也是生命，也有求生的欲望，也有父母夫妻的感情和家庭的樂趣，而且又是我們所貪戀的。大亨們不曾和我們一塊兒生活過，完全不瞭解我們的情形，不知道它們一時口腹之欲，給我們的灾禍是如何巨大。假如明白了這一切，縱然送給它們吃，它們也不會忍心吃的。要它們明白植物的滋味，瞭解我們的生活，理解萬物都應生存和别的動物的生存也該尊重的這些道理，都極其容易，衹要一席話就够了；問題是難得有這樣的機會。那些頭等大亨被二等大亨們包圍得水泄不通，二等大亨又被三等大亨包圍得水泄不通；誰也見不着它們。而見着的時候，它們忙於吃掉，别個忙於被吃掉，簡直没有説話的餘裕。衹要有一天能够見得着了又不發生什麽不幸事件，從從容容詳詳細細地談一回，不必有什麼激烈行動，也不必存在什麼不純正的念頭，一定可以化干戈爲玉帛。這就是兔先生年輕的時候所常常發揮的主張，别個也相信這位舌辯家要是真有這麼一天，它一定能達到目的的。

這已經是年深月久的事情了。從最初一次激昂慷慨地發表那樣的意見到現在，中間經過爸爸的給吃掉，媽媽的給吃掉，哥哥嫂嫂以及最近太太的給吃掉，兔先生飽經傷難，精神漸漸頹傷，對於自己的主張也不像從前那樣自信了，在被邀請來參加這宴會的最初的一瞬間，雖然也正爲了太太的被吃掉而心灰意懶，這應該説是早已忘記的昔年的主張的影子也未嘗不在心裏動了一動，這機會終究來了，但一到這宴會上來，看見那些雄赳赳氣昂昂的大亨們，覺得不但獅先生象先生熊先生虎先生這些頭等角色，擺着順我者生、逆我者死的猙獰面目，就是端菜篩酒的狗們都威風凛凛殺氣騰騰，叫别個一見之下，不寒而栗。它們都不像能接受誰的意見的角色，無論怎樣入情入理的話，除了順着它們的旨意的，説出來後，收到的效果，恐怕只是觸怒。“明哲保身”，古有明訓，從種種傷難中格外覺得生之可樂、死之可悲的兔先生，决定得裝傻處且裝傻，得縮頭處且縮頭，無論什麼話也不説，無論什麼態度也不表示，衹盼望宴會趕快終結，自己能平平安安地跑回家去，從此閉門隱居，不再出來，或者可以多活些時日。

然而主席一再敦請講話，來賓們也都幫着催促。固執不講，反而會得罪它們，使它們有所藉口來加害自己，無法可想，就講幾句應酬話罷，於是它站起來，忍着身上的哆嗦。

“偉偉大的獅獅先生!”向主席鞠一個躬，“各各位尊尊貴的來來賓!”向全體來賓點點頭。

“今天——我我參加這這個盛盛會，我我覺得非非常榮榮幸，我我非非常感激，非非常感動!”

“它的牙齒在打架咧!”不知是誰説。

“先先生!”它向那説話的鞠躬，它是機警的，馬上用話去掩飾自己的戰栗："是是的，我説得太、太結結裹結結巴，因因爲我太太興奮了……"

"瞧，它還流泪，"另一位誰説，"我看見一滴泪珠，滴到菜上了，爲什麽?"

"是的。先先生!"它又鞠躬，"我流泪了。"它趁此揩了一下眼睛，"爲爲什麽呢？這這不是很很明白麽？因爲，因爲太太感動了。"停了一下，它又説："我我覺得我我們的獅獅先生太太偉大，太、太仁慈，太尊重森林裹大大小小的動物，太尊重各各種動物的意見。比比如像我我這種小小動物，也也没有忘記邀請赴宴，没没有忘記邀邀請發言，就就是一個鐵證……"

"哦，哦!"來賓們叫，同時是一片掌聲。

"獅先生是我們森林裹的救主!"它説，它的話一得到贊賞，它也就再不口吃了，"尤其是我們小動物的救主。要是没有獅先生和獅先生領導下的在座的各位先生，這森林一定會被别的凶惡的野獸所占領。它一定會把我們小動物吃光，把森林裹的一草一木都吃光。我們活不成，就是活得成也没有東西可吃。幸而有獅先生，有獅先生領導下的各位先生……"

"哦哦!"來賓又叫，又是一片掌聲。

"我們小動物，生來就是不幸的，生得太小，就是個證據。因爲自己常常碰着不幸，又不懂得不幸是分所當然。請讓我説老實話吧，有些少數荒謬分子，便以爲是誰加給我們的。一來因爲它們天生荒謬，二來恐怕還有誰從中挑撥是非，這是不應該饒恕的，但它們都不明白獅先生和在座的各位先生是如何地仁慈寬大，絶没有絲毫加害於我們的心思。這是一種可怕的隔膜，我們要打破這種隔膜！從今天起，我要向我的同類宣揚獅先生和在座的各位先生的這種德意，要它們儘量地接近先生們。要它們明白，在我們的森林裹，已經比别的森林所發生的不幸要少得多，因爲給偉大的救主獅先生吃掉或者給救主的使徒們像熊先生虎先生吃掉，比之於給别的森林裹的野獸吃掉，簡直是一種光榮的結局!"

“哦哦哦哦!”又是歡呼鼓掌。

“今天，我真是酒醉菜飽，隨便亂説。筵席豐盛極了，口味好極了，從來没有吃過這樣豐盛美好的筵席，十二萬分感謝獅先生賜給我們的筵席的恩典；也十二萬分感謝獅先生命我講話、各位先生容許我講話的恩典！完了!”它又向獅先生和來賓鞠躬。

“哦哦哦哦!”怒潮一樣歡呼和鼓掌。

“講得真好!”豹先生没口地稱贊。

“了不得，簡直是天才演説家。”鹿先生伸着大拇指。

“乖乖!”虎先生跑到跟前一把抓住它説，“你怎麼有這樣好的口才?”那爪子幾乎刺進肉裏頭去了，兔先生感到像火燒一樣疼痛，可是不敢叫唤。“我真愛你，我恨不得把你一口!”“阿門”，虎先生張開大口，露出了上下兩排白牙，做了一個要吃掉的樣子。兔先生以爲它真要吃，早嚇得魂都不在身上了。

幸而這宴會不久也散了，它們也未注意它吃過那盤兔腿没有。兔先生如遇皇恩大赦，這纔覷了一個大家正在高談闊論的機會，辭也不敢叫，裝作小解，偷出大門，射出的箭一樣地跑回家去了。聽説以後還生了好些日子的病，幾乎開了兔類的先例，死在自己床上了。

一九四二，二，廿一，桂林

毛　遂

“像我，也可以胡亂充充數麽?”一個客到辦公室來問平原君。

平原君一看，不由得又好氣，又好笑。外交首重儀表；這人像冬瓜一樣的大頭長在瘦矮的身軀上，兩個大顴骨，一雙閃爍的賊眼，滿嘴滿腮的亂草鬍子；臉色灰白，像剛生過病而又許久没有洗臉了。最糟的是脚還有一點跛。

挑選隨從人才已經三天了，説起來是三千門客，浩浩蕩蕩，可都是一些土頭土腦，糊裏糊塗，除了有一個大飯量以外，便一無所長的笨驢；衹要有點排場，講得幾句話，見過世面，上得起臺盤的，就選來選去，只有十九個。十九個也没有什麽，可是叫人慪氣啦！“平原君的門下，簡直没有人才，當他到楚國去的時候，隨員們連一個整數都凑不成!”人家説起纔好聽呀！他宣稱，非凑足二十個不可。於是來了這位自薦的醜傢伙。

“叫什麽名字?”平原君輕蔑地、厭煩地問。他不認識他，心裏想，天下真有不自量的人，這兒再没有人才，不也輪不到尊駕不是?

“毛遂。”

“毛遂?”這是一個人名字麽? 世上有這麽一個人麽? 平原君不知道。於是又問，“住在哪種房子?”

“下舍。”毛遂答，一點也不覺得難爲情似地。

“來了多久?”

“三年。”

“對不起，這兒的規矩，你大概早已明白：最有才能的住上舍，最差的住下舍。你來了三年，連中舍還未遷得進去，縱然有什麽能耐，也太不容易看出了。凡是人才，大都像錐子裝在布袋裏一樣，那鋒尖會刺穿布袋露出來的。”

“那麽，現在請把我裝在布袋裏吧!”

這話一説，平原君愣住了。有點像傻話，可又有力！真是，没有給機會，叫人家怎麽“露”呢？望他一眼，看見他的眼睛裏確似有着智慧的光。

“曉得到楚國去是爲什麽麽?”

“曉得。”

“懂得它怎樣要緊麽?”

“懂!”

“行了。”

平原君説，就馬上下條子，遷他爲上客，選他爲隨從。但那先當選的十九個人都輕視他。他們想：這傢伙倒會往上爬，公然一步登天了。

連平原君自己，二十一個人，到了楚國，一切酬酢周旋過去了之後，就開始辦正事。可是出乎平原君的意外，挑了又挑，選了又選的二十個人，却被楚國拒絶參加會談。他們衹能跟那些守殿的甲士一樣，全身披挂、木立在殿前的石坪上。平原君氣餒了。他對自己的折衝樽俎的才能，并没有多大的自信。

南方的天氣，八月初還很熱，藍天無雲，太陽把二十個穿着夹衣的遠客的影子，直楞楞地投在石板上。那些影子，起初很長，像一排并列的白楊；以後逐漸縮短，曾經縮得像一個個圓球；現在又在逐漸加長中。不過影子的頭，先是朝着那一方的，現在都朝着相反的方嚮了。二十個人站了許久，又熱，又渴，又疲乏，遥望着殿上的賓主時而喝茶，時而用點心，有人打扇，有人遞面巾，一點也不覺得熱和累。他們談得正起勁，想是把有人在下面曬太陽這件事忘得乾乾净净了。

毛遂的跛的腿，比别人更不耐站，就在附近散步，兜圈子。但他太累，一走，更厲害地顯出跛相來。人矮小，面孔難看；脚腿不便，又偏要走來走去，一拐一拐，倒倒歪歪，實在有點滑稽。殿口的甲士和别的幾個不知幹什麽的人，雖然裝得一本正經，肚子裏都忍不住在笑了。二十個客人，除了毛遂自己，也無不暗想：“這傢伙就這麼‘露’的麼？可把趙國的醜丢完了！”

毛遂却毫無感覺，衹在那裏拐來拐去，逐漸把散步的圈子放大，有幾次竟到了甲士們跟前。頭一兩次，石像似的甲士們雖然没有開腔，却都用怒目看他，好像說：“滚開！”他却像用一種帶着幾分傻氣的懇求的眼光望他們。那意思是：“原諒一個殘廢的愚人吧！”

突然殿前發出一陣喧嚷，十九個客人和幾個别人吃驚地望去，看見十來個甲士正慌做一團。不知什麼時候，毛遂已一個箭步，穿過甲士的行列，搶上石階，跳到殿上去了，誰也阻擋不及。甲士是不能上殿的，眼睜睜地望着他的背影，無法可想。

殿上空空落落，一邊坐着平原君，一邊坐着楚王，背後站着兩三個侍臣。那些侍臣，看見一個人跳上來，首先是吃了一驚，其次是不知他是誰，不知是應該給他一個座位呢，還是應該攆走？正在遲疑，毛遂開腔了。

“我有話要說！”

“你是誰？”

楚王問。他是個大塊頭，長鬍子，有點像北方人，性情豪爽，作起事來常常三言兩語，當斷即斷，但碰見不痛快的人，他却比一切人都彆扭。不用說，他認爲平原君就是個不痛快的人，永遠在轉彎抹角，說些不着邊際的話，他不耐煩極了。

“是我的客。”

平原君連忙站起來，和顔悦色地介紹。心裏想，來得正好，我們簡直越談越僵了咧。

“我跟你的主人談話，有你插嘴的麼？”

楚王問，像對於一個僕役。

“哼！”毛遂冷笑一聲，“大王這樣以聲色加人，無非因爲有楚國在背後。現在咱們衹離五步遠，一眨眼工夫，我能把我的血濺在大王身上，楚國再强再大，也來不及阻止！”他一下拔出雪亮的佩劍，不知是要自刎呢，還是要行刺。

“什麽?”楚王看見一道寒光一閃，本能地把身子向旁邊躲閃了一下，隨後又見那人直立未動，樣子也并不雄武，纔定了心。但對這種説幹就幹的勁兒，却暗暗地佩服了。他説：“説話就是了，何必動粗呢?”

這時候，侍臣在旁邊嚇得動也不能動。

“談得怎樣?”

毛遂問。一面把劍插到劍鞘裏。

“還没有决定。”

楚王回答。

“聯合或者不聯合，就在你的一句話，從太陽未當頂的時候就談起，現在太陽偏西了，却什麽結果也没有!”

“北方人性格!”楚王贊嘆，“但天下事并不這樣簡單呀。”

“天下的父母都不願意絶後，天下的兒女都不願意變成孤兒，天下的妻子都不願意守寡，天下的兄弟姊妹都不願意看見骨肉的慘變，而天下人都不願意自己横死。反過來説，都願意家人團聚，安居樂業，無灾無難，過太平日子。有什麽不簡單的呢?現在，連楚國在内，六國的老百姓都不願打仗，不願意秦國的專制壓迫落到自己身上來，不願意淪爲異族的奴隸。千千萬萬的眼睛在望着你們，千千萬萬的耳朵在聽你們；千千萬萬的父母的心，兒女的心，兄弟，姊妹，夫婦，朋友的心在默禱着談判成功，聯合成功。成功了，秦國也不敢正視各國，也不敢正視楚國，天下的老百姓都可以免除戰禍，免除異族的蹂躪。你們非成功不可，他們非要你們成功不可。不成功，不但秦國的軍力會排山倒海地壓來，連他們自己也要起來反對你們。這是多麽緊迫的事呀，你還在拖拖拉拉，把距離拉得遠遠地，在一些細目小節上掂斤簸兩，好像非要使談判破裂不可似的。你曾爲天下的老百姓想過麽?曾爲你們自己的前途想過麽?你以爲問題太複雜，其實你們太瑣絮。太自私了!”

説這些話的時候，没有人喘息，没有人咳嗽，没有人動彈，全殿衹有毛遂的聲音在周旋激蕩。他的兩眼注視着楚王，發出一種不可逼視的威光。他説的道理，正像他自己所説，簡單得很，别人未必想不到。但是，他的聲音和目光却把人慑服住了。平原君在旁邊目不轉睛地望着他，不自覺地裂着嘴笑，他覺得毛遂現在是無限的高大；而且渾身上下没有一個地方不是至美無匹。有這樣一個食客，他從此可以驕傲了。

“説得好!”楚王好像從夢裏醒轉來似地……好半天纔説，“從趙國人看來，這些話格外有理由。不過，這兒是楚國，楚國有楚國的困難。”

楚國雖和秦國不是同族，但和趙國或别國也不是同族，非我族類，其心必異，楚王的顧慮是應有的。

“聯合成功，”毛遂説，“楚國在六國中最爲强大，無形中就是盟主，楚國再强大起來，率領五國滅掉秦國，楚國就是天下的王。聯合不成功，且不説五國怎樣，楚國就衹有兩條路，一條是孤立，另一條是歸附秦國，替秦國打天下。如果孤立，秦國可以先進攻楚國，楚國臨時求與别國聯合，會來不及。幸而秦國先滅了五國之後再來進攻楚國，楚國想跟别國聯合也没有可聯合的了。如果依附秦國，秦國一定儘量節省自己的力量，利用楚國的力量去滅五國。五國滅了，楚國精疲力乏了，秦國可以垂手而得楚國。想想看，難道聯合是爲的趙國嗎？不！爲的楚國!”

“對!”

楚王高興地搓起手來。他正處於兩可之間。好生委决不下，現在一説穿，他衹有聯合一條路，心裏反而輕鬆了。

“既然對，”毛遂説，一面到平原君面前拿過文件來送到楚王面前，“就請簽字!”

“怎麽，這麽快就……”

雖然這樣説，楚王却受了催眠似地果然把字簽了。

隨後毛遂請平原君簽字，隨後自己簽字，末了站在太陽下的十九個人也上來簽字。那十九個人幾乎曬枯了。聯合，預料不知該多麽艱難曲折，不知要費多少唇舌的事，就這樣直轉急下，一下子成了功。

“毛公!”十九個人中的一個人在簽字的時候説，“真是露了一手!”

“公等，”毛遂説，“碌碌無奇，所謂因人成事的呀!”

現在是輪到他輕蔑别人的時候了。

一九四五，九，一八，重慶

季氏將伐顓臾

天氣悶極了。是該有一陣傾盆大雨要下；不下，不管怎樣，也不會改凉的。可是抬頭望天，中天正是一輪紅日，無遠無近，一絲雲翳也没有。

樊遲卷起衣袖，下衣吊得高高的，正蹲在打麥場上，弓着背，用多毛的粗大的手掄起"開山"砍一塊木頭。他要替先生的車子做一個車軸，那車軸已經壞了幾天了。鋸子，鑿子，以及另外的一些木頭躺在他面前的滚燙的地上，和他一同被那正午的烈日籠罩着。

孔子背着手，站在槐樹底下，望着他的汗得透濕的背，想叫他歇歇；但馬上又想，也好，讓他嘗嘗粗活的滋味。他不一時想種田，一時又想種菜園麽？没有出息的傢伙，活該多吃些苦頭！這樣想，就轉過臉去望那六月的田野。

同學中間，有的是逗先生喜歡的，有的是專門挨駡的，樊遲就是專門挨駡的一個。世界上的偏心人，第一是後娘，總衹愛自己生的兒女；其次恐怕就是老師，總衹愛聰明學生。樊遲是不聰明的，先生的話常常聽不懂；自己一開口，先生總是駡或者做出連駡都不屑的樣子。其實他也未必太不聰明，不過跟聰明學生比在一塊兒，顯得差些；而且，許多時候，倒是先生把他駡得昏頭昏腦了的。明明會做的事，衹要是先生叫做的，在先生面前做，先就怕做不好挨駡，想做好的心切，誰知反而鬼使神差地出了岔子！一樣的話，在别人面前可以説得頭頭是道，對先生説，爲了要説得特别好一點，誰知倒剛剛説錯了！他怕先生，常常躲開先生。可是先生偏不放鬆，要他替他趕車子。車子又故意開玩笑，不早不遲，剛剛趁他趕的時候，把車軸壞了。壞了就修吧，二十幾歲的年輕人出點力打什麽緊？糟心的是先生站在他背後老是不走，他覺得手裏的木頭越砍越不如法，身上的汗，越來越多了。

“須!”先生在後面喊他，“出了什麽事呢？又出了什麽事呢？”

“没有哇，先生!”他頭也不抬地辯護，心裏却想，糟了，老頭子又在挑眼兒了!“什麽事也没有，我相信馬上就會砍好。”

“你説什麽？”

“先生不是説車軸麽？”

“誰跟你説車軸!”孔子緩步向他走來，“我説，一定出了什麽事。在這兒望了半天，田裏，路上，没有看見一個男人!”

“天氣熱呀，先生!”他的意思説，人們都躲在家裏歇凉，誰像我這倒霉鬼在太陽底下趕苦工呢？可是没有説出來。

“胡説！女人不怕熱麽？爲什麽外面有女人呢？幾天没有出門，車壞了哇，什麽消息也不知道。該不是又要打仗吧？”

“要打仗，爲什麽男人就不出來呢？”

“你什麽時候會用腦子？要打仗，男人們怕當壯丁，逃的逃，躲的躲，自然就不容易看見。”

樊遲不信，抬起頭來一望，遠遠近近，盡是一些女人在走路，衹有大路的那頭，有兩個影子，好像是男人。

“你看……”他指那影子説。

孔子用手遮在額上，順着他的指頭望去，果然有一大一小的男人向這邊走來。隔得遠，陽光太大，剛一看見，又被幾棵樹遮着了，但，的確是男人。

“惟願如此，”孔子放心了似地説，“要是真地又打仗……”

樊遲揩了一把額上的汗，又低下頭去做活。没有聽完先生的話。心裏想，這回你自己也錯了。

孔子替樊遲累不過，又爲他發現了兩個男人有功，想撫慰他一下，就自己也蹲下去看他做活，打算給幾句好話他聽聽。

“歇歇吧！砍了好久了。”

“不，反正是要做的……”樊遲説。要不是先生覷在那兒，説不定早攬好了。

“前天，你進城，看見誰了吧?”孔子找話説。

“看見冉有，在街上碰見的，他要請我吃飯，我没去。”

“爲什麽不去呢？他有幾文，吃他一頓不算什麽呀。”

“他的老闆比周公還發財，他還替老闆想法子刮地皮，先生不是叫我們敲鑼打鼓地攻擊他麽？我没有當面駡他，已經是太講情面的了。”

樊遲這樣説，不過故意頂頂先生，倒不完全是心裏的話，他不喜歡冉有，不必先生説什麽。冉有成天在設法打洞做官，做了官，又設法打洞發財。做一點點小官，發一點點小財，又有什麽了不得呢？可是對於上司就顯着脅肩諂笑的樣子，對於同學就顯得洋洋自得的樣子。并且縱然跟他談三天三夜，也半句真情實話都没有了。看穿戴，儼然一個正人君子；聽説話，比聖賢還要聖賢。可是腦子裏滿是升官發財的想頭：爲了升官發財，無論什麽低三下四的事都幹得出來。人活在世上，就爲了這麽一回事？種種田，做個安分守己的老百姓，不同樣也可以過一輩子麽？何必那麽下賤呢？爲了這，他不但不喜歡冉有，并且也不很喜歡先生，先生也喜歡做官的，雖然比冉有識大體些。

“不過他很聰明能幹，你不妨跟他學學。”先生説。

“哼!”樊遲鼻子哼了一下。他想説，人總應該正派，邪門歪道的聰明，專做壞事的才幹，没有還好些。但他没有説出來。他常常把話放在肚子裏的。

“還看見誰了呢?”過了一會，孔子又問。

“季路。他却没有看見我。”

“你没有跟他打招呼?”

“没有。他那回在這裏鼓瑟，鼓得殺氣騰騰的，我聽見先生説：‘由的這種調子，怎麽在我這兒彈起來了呢?’……”説到這裏，他抬起頭來望先生的臉，想問：難道我又不對麽？他看見先生的布滿了皺紋的臉，這時候倒挺和藹的，心裏覺得一陣輕鬆，就把這句話打消了。但他同時望見先生背後有兩個人走來。“啊！真是説人人就到啊，可不就是他們兩個?”

孔子回頭一看，果然是冉有和季路走到了打麥場了。

季路，是個身材高大，體力充實的人。走起路來一陣風，真是雄赳赳、氣昂昂的樣子。眉清目秀，口鼻端方，上唇有一撇濃黑的小鬍子。他穿着流行的輕便武裝，白綾子綉花戰袍，不過前後都叫汗水濕透了。服裝都是新的，頭上的綉花紅得跟火一樣，劍鞘也閃着光芒，在陽光下看起來，又英雄，又俊秀。但是祇要是稍微有點處世經驗的人，一看就知道他是一個簡單傢伙，簡單得跟一根棍子一樣。

冉有是個瘦弱的書生，幾乎衹有季路的一半，狹長的臉，深陷的眼睛，鷹嘴一樣的鼻子，兩撇稀疏的八字鬚，兩肩微聳，胸部下陷，三十來歲。可是無論面容或身體，看起來都比季路要大十多歲。其實倒是季路比他大差不多這麽多的年紀。硬挺挺的葛布袍和他的身體一點也不調協，好像是向季路借來的，無處不顯得空空蕩蕩。戴着草帽，穿着珠履，手裹拿着一把白鵝毛扇。跟季子走在一道，格外顯得猥瑣，好像他不是季路的同等的朋友，并肩的同事，不過是隨身跟着的小厮。

他們走到打麥場，離孔子有七八步遠的時候，孔子已經站起來，迎着他們。他們就站住，恭恭敬敬地行了一個叉手禮，同聲喊：

“先生!”

孔子點了點頭，看見他們這麽熱的天氣，滿頭大汗地從城裏跑來，一定有什麽道理，就問：

“有事麽?”

“嘻嘻，”冉有笑眯着眼睛說，“没有，衹是來看看先生，好幾天没有來跟先生請安了。”

“同時來跟先生辭行，”季路單刀直入地説，“老闆要我們跟他到顓臾去一趟。”

“顓臾，嘻嘻，”冉有接着説，“先生，那顓臾，説是另外一個國吧，又跟我們分不開，説不是吧，可是又那麽跟我們不同。所以老闆要討伐它!”

孔子聽到這裏，回頭去望望樊遲，意思想說："怎樣？我說要打仗了吧？"可是樊遲却低着頭一心皈命地砍他的木頭，没有理先生，也没有理那兩位闊同學。

"求！"孔子望了望季路，又望了望冉有，慢條斯理地喊冉有的名字，"這又是你耍的花樣吧，是你獻的策吧？"

"不，嘻嘻！"冉有想辯解，看見孔子用手制止住他，衹好停下來。

"顓臾，"孔子出人意外地温和地說，一隻手不住地捻着自己的花白的羊鬚子，"顓臾，我們的先君跟它很融洽，什麽事都曾合作過的。先君叫它主持東蒙山的祭祀，它跟我們是一個國，那裏的人民也就是我們國裏的人民，討伐它幹嗎？"

說着就慢步向槐樹底下走。

"先生！"冉有走上兩步，在後面說，"這完全是老闆的意思啊；我跟季路兄都不願意的啊，老闆要怎麽辦，我們做家臣的阻止得了？"

孔子回過身來，望了季路一眼，從季路坦率的臉上，分明看出這樣的意思，他拿老闆壓你啊！

孔子突然覺得渾身是汗，便舉起老布袍的袖子把臉揩了一把，那袖子是用一塊顔色不一樣的布補過的。他半天說不出話來。他想，開口老闆，閉口老闆，你的那老闆又是什麽東西呢？不就是那姓季孫的花花公子麽？他曾經在自己的庭院裏舞過八佾，又擅自主祭過泰山。不過是大夫，却僭妄地做諸侯的事，做天子的事，豈不是不但想做諸侯，簡直還想做天子？他把國庫的財富放在他的家裏；拚命地刮老百姓，使老百姓窮得不能不做盜做賊；等老百姓做了盜賊，就用嚴刑峻法把他們捉來殺掉！現在還嫌財發得不够，又要去打劫那附庸顓臾，使得顓臾和本土的許多人民都家破人亡，妻離子散，看樣子非把國弄亡了不止的。

至於季路，尤其是冉有，孔子更是又一次地感到了絶望。自己已經五十多歲了。早年曾經想在政事方面做出點成績來；好容易作了個司寇，纔幾個月，就被季孫們三家權臣整垮了。冉有、季路是學生中對於政事具有才能的，從前問過他們的志嚮，季路是衹要有了權柄，無論怎樣不行的國，都可以使它强起來，冉有則可以使它富庶。他們不是吹牛，這才能是有的。因此，對他們寄托着無限的希望。可是没有人使他們當權！到季孫家裏去作家臣，原是大才小用，不得已而求其次的辦法。做得好，説不定也可以左右季孫，使季孫變得像樣一點。誰知一去，却志嚮也没有了，先生也没有了，衹知道老闆！現在，冉有簡直公然拿老闆來壓先生了！眼見得在政事這方面，不但自己，連對於學生的希望，都完蛋了！

看看冉有，冉有正得意地揮着那雪白的鵝毛扇，好像説，你把我有什麽辦法呢？孔子恨不得吐一口唾沫在他臉上，恨不得把那鵝毛扇奪過來，扯爛了，朝他的頭上投去。但這，當然是無意思的，就極力壓低自己的聲音説：

“周任説過，輔助别人的人，應該‘就自己的職分獻出一切努力，真無法了纔可以收手。’你們這樣做了麽？你們的那位老闆懂得什麽呢？盡他胡攪，連天都要吞進肚子裏去。他好比什麽都看不見的瞎子，所以需要你們這些牽瞎子的，走到危險處不攔住，跌倒了不扶起，要你們牽瞎子的人幹嗎呢？你們説，他要怎麽怎麽，怪不上你們，那麽，老虎和兕從籠子跑出去了，也怪不上看猛獸的人；龜板和寶玉在櫃子裏破碎了，也怪不上守寶物的人麽？”

“先生！”冉有也低聲地説，“顓臾的城郭堅固，不容易攻打，又和我們的費城離得太近，現在，我們的兵力比它强，他還不敢怎樣；要是將來弱了，它必定會攻打我們的子孫。”説完，又得意地揮那鵝毛扇。

啊呀！啊呀！這可更不得了了。不但拿老闆壓人，還更進一步，拿國這大帽子壓人了！而且，簡直還在爲子孫後代着想，多麽周到的深謀遠慮呵！可是，親愛的冉老爺，這麽一來，你豈不明明承認討伐顓臾是出於你的高見麽？剛纔爲什麽又推得一乾二净呢？

“一個正派人，”孔子不耐煩地説，“最討厭不説是他‘要’做壞事，却找許多這樣那樣的理由，證明他不得已，不能不做壞事。政事，我姓孔的也不是不懂。我聽見説過：有國有家的，不怕人口少，衹怕不和睦；不怕貧窮，衹怕分配不均匀；不怕有危難，衹怕不安定。事實上，和睦就不會人口少，均勻就不會貧窮，安定就不會傾覆。能够這樣，國家還會不興盛麽？還怕誰不賓服麽？縱有遠處有人不賓服，也衹消提倡提倡文化，砥礪砥礪德行，使他們賓服就行了。已經賓服了的，則要使他們能安心安意地跟我們一樣地生活。現在——”，說到這裏，用手指指一直站得稍遠的季路，“你，由！”又指指冉有，“你，求！輔助你們的老闆，人家不賓服，没有方法使人家賓服；國内弄得四分五裂，各懷鬼胎，强敵攻來的時候，除了望風而逃，毫無辦法；僥幸敵人退了，就怎樣也按捺不住，要想法打自己人！吞滅那自以爲吞得下去的！這樣下去，你們的老闆的灾禍，恐怕不在顓臾，不在任何别的地方，倒是家裏，該謹防關起門殺家刀子！”

他越説聲音越大，越説越急促。剛説完，就一陣氣喘，接着是大聲嗆咳，咳得滿臉通紅，額上暴出着大顆大顆的汗珠。

冉有和季路可尷尬了。走也不是，不走也不是。衹見樊遲抬起頭來向他們做着鬼臉，好像説：

“兩位老爺，這回可也觸了霉頭了！”

一九四六年七月二十日

姐　姐

是小時候的事。

一個春天的正午，我和青兒在城邊的田野的路上走着，那田野一望無涯都是菜花，黄的像金子一樣，把那些豌豆呀，麥子呀，都欺住了。它們發出一種衝入鼻孔的香氣，花香不像花香，酒香不像酒香，隨着暖和的風在田野上頭飄蕩。蜜蜂們成群地在太陽底下飛，嗡嗡嗡地唱着誰也聽不懂的歌。痞裏痞氣地跟菜花們“玩臉”，有時候還朝人頭上飛，你不能撞它一下，一撞，它就射你一箭，討厭得很。

“絆根子草哇，雅合一，節節青囉，嘀……嘿；男女相好麽要長情嘞，哎嘿喲!”

青兒唱着不知哪裏學來的歌，一路走，一路把眼睛望着遠處。那遠處是青的山，稀疏的或者稠密的樹林，像煙霧一樣籠罩着四處的村莊和廟宇。

“多有意思呀，哥兒！一望這麽遠，頭上是一整塊的天，哦……”

她跟我說，我正從麥田裏扯起一根麥子，想抽出裏頭的稈子來做“吹叫子”，麥子還太嫩，做不成。我抬頭望天，天上光亮得差不多叫人睁不開眼睛，一隻鷹子在遠處的天空打轉；不錯，這是一整塊的天，城裏頭的天是一條一條，一小塊一小塊的。

我們是到韓家灣去討子錢的，韓家灣離城裏有四五里路。好些鄉下人該我們的錢，媽媽說這幾天要到家家去討一回，教我下半天不上學，跟青兒一塊去。

討錢，衹要青兒一個人就够了。說話吵架都是她的事，我不過跟她走一趟。可是媽媽總教我跟着，青兒一個人出去，總是大半天不回來，打也打不好。媽媽背地裏跟我說：

“看她引你到哪裏去玩，跟哪個講什麽話。都回來告訴我!”

我很喜歡跟青兒一路出去，她帶我到好些地方去玩，告訴我唱歌，跟我講古話；如果到城外，到鄉下，有蘿蔔的時候，她從人家田裏偷蘿蔔，有菱角的時候就勾菱角，再不就摘毛栗子什麽的。衹要弄得到手，她都弄來給我吃。有時候還偷錢出來給我買肉包子。

“啊哈，你偷錢啦，我告訴……”

“不是的，哥兒！我攢的呀，你告訴，以後就……”

她攢了錢買東西給我吃，我喜歡她。不拘她在外頭做了什麽，回家一點兒也不説，問起來，就説青兒先給我約編了的假話。凡是媽媽跟我説了什麽，一丁一點，我都告訴青兒。

在城裏有好多跟青兒一樣大大小小的丫頭，她們都要到河裏去搗衣服、洗菜。天天在那個時候會在一起，一到這時候，衣服、菜，先放在一邊。一鬧一夥，坐在一塊吃七子，吃九子，講閑話，一玩半天；到了覺得真不能不回去了，大家纔七手八脚的做起事來，事情少的就幫事情多的人的忙。她們回去遲了，少不了要挨駡，甚至於挨打的吧，可是第二天出來還是照樣地玩着笑着，再没有人提起先一天的事。

青兒不光衹跟這些女孩子們玩，她還有好些大人朋友——其實她自己也是大人了，她比我大八九歲，我都已經上了學；豆腐鋪裏四嬸娘，賣米粑的二嫂子，還有别個。她常常到這些人家裏去。一去了就是講不完的話，不曉得多親熱。人家説：

“青兒該回去了。”

“怕什麽，横直是遲了。”

青兒向來是一回家就愁眉苦臉，一出大門就歡天喜地的。

我們在田野的路上走，青兒高興地唱着歌，要我也跟她學着唱。如果有人走攏來，唱着唱着，就衹剩下我一個人的聲音了。

她忽然説：

“媽媽不是叫我們明天到文風塔去麽？看，那就是文風塔咧。”

我順着她的左手望去，一個尖尖的東西，在遠遠的嶺岡子上站着，很小很小，好像還没有我高，可是它有七層，每一層都比大人高。我有好久没有到塔上去玩了。

“明天，”她説，“我們上頂高的那一層上去玩。告訴你吧，還有人在上頭等我們咧，人家還買好東西等我們去吃。糖，花生，滷菜，酒……”

“真的麽？哪個？哪個等我們？”

“現在不要問，到明天就曉得了。”

她像很得意的笑着。

“啊！我曉得你哄我。”

“幾時哄過你？是真的，不過不能先告訴你。一告訴你，就不靈了。還有你如果回去告訴媽媽，也就不靈了。”

我曉得她説的靈不靈是假的，怕我告訴是真的。其實，我爲什麽告訴？告訴了，媽媽一定不讓我們出來，人家買的東西我也吃不到。唉唉，爲什麽不今天到文風塔去呢？

回家的時候，廳屋裹坐着四五個客人，却一個也不認識。看那樣子，一個個又粗又黑，是些鄉巴佬，我們家裹很少這樣人來往的。那些人看見我們一進來，就望着我們瞅。尤其是望着青兒瞅。青兒和我也瞅了他們一下，就跑到裹頭去了。

媽媽在厨房裹燒飯，因爲有客吧，菜飯弄得很多。媽媽忙得額角上都是汗。還有隔壁屋裹的小媳婦兒三姑在竈門口幫忙。

我們袛顧在外頭好玩，没有想到到家已經這麽遲了。我不要緊，青兒没有早回家做事，一定要挨駡的：爲什麽現在纔回來？到哪裹野去了！

可是媽媽没有駡，也没有像要駡的樣子，反而很和氣地説：“唔，回來了，走累了吧，歇歇去！”

“歇歇？”青兒怕媽説的反話，趕忙跑到竈門口。

“三姑，麻煩你了，讓我來吧。”

“就讓三姑做吧，”媽媽説，“都快要好了。”

青兒到筷子簍裹抽筷子，到碗櫃裹拿調羹、酒杯，一路擦，一路口裹算“一個客，兩個客……”

“青兒！叫你讓三姑來呀，走了半天路，歇歇不好?”

向來衹有别人要做事，媽媽説讓青兒來的；今天却叫青兒讓别人來！青兒呆呆地望着媽媽，媽媽臉上帶着笑，像别的媽媽疼她的女兒的時候，故意地駡幾句一樣：

“痴丫頭，叫你歇歇你就歇歇呀，怎麽變得這樣不聽話了！”

三姑從竈門口伸出頭來望着青兒笑。

做事，出力，挨駡，挨打，纔是青兒過慣了的日子，可以無憂無慮的過。和這相反的空氣，她是没有呼吸過的。突然一來，不説她，就是在旁邊看的我，一個八九歲的孩子，也有點叫人招架不住，頂當不起，想到裏頭一定有什麽蹊蹺。我不曉得青兒心裏在怎樣想，衹看見她摸不着頭腦，把一雙手閑下來没有地方好放的樣子，着實有一點凄惶。一定没有什麽好説了吧，纔訕訕搭搭地問：

“是哪裏來的這些生客呀！”

媽媽没有答應，我怕是没有聽見，跟着幫她重問了一句。

“要你管！”媽媽多凶。

真奇怪，問問有什麽要緊呢，又不是我一個人問，青兒先就問了，爲什麽單駡我呢？我不服氣，口裏咕嚕咕嚕起來，青兒怕我再挨駡，把我牽到堂屋裏去玩。——向來這樣，衹要大人一駡我或者要打我，青兒總把我搶走的。

爸爸從房裏抱着水煙袋出來，看了我們一眼，也没有問討到錢没有，就到廳屋裏陪客去了。

忽然，青兒也變得古裏古怪了：她不説話，也不跟我玩，眼睛眨也不眨，可又没有看什麽，一定在想心事。

我聽得廳屋裏客人在跟爸爸講話。

青兒好像想起了什麽，躡手躡脚地跑到廳屋背後的拐角門那兒躲着，聽人家講話。聽了一會兒，跟到房裏，倒在鋪上，突地“哎呀”一聲哭起來——没有人打她，也没有人駡她。

我叫這奇怪的事情嚇慌了。我想一定有什麽禍事，可是奇怪的還在後頭咧。

到了媽媽他們吃飯的時候，青兒還在房裏哭，不出來吃飯。三姑去喊，不出來；媽媽自己去，她哭得格外厲害，口裏還不知在嚼些什麽，媽媽和和氣氣地勸她勸不好，就叫三姑端飯去給她吃，還拈了許多菜到她碗裏。

過了一會兒，爸爸進來。媽媽説：

“她哭得厲害咧，您去勸勸吧！”

爸爸媽媽都到她房裏去，自然我也非跟進去不可。

“青兒！”爸爸喊了一聲。

她正在哭，聽見喊，忽然一下就爬起來，從鋪上一跳，鋪面前的飯碗，也帶下來打破了，那飯她還没有吃，飯跟菜，潑了一地。她下來，撲通一下，跪在爸爸面前，抱着爸爸的腿子。爸爸趕忙往後退，她抬起頭，眼雨鼻涕糊了一臉，樣子蠻嚇人，簡直看不出是她了。她嗄着聲音喊：

“相公啊，開恩哪！救我呀，我不去的！死也不去的！”

一路喊，一路把頭在地下碰得騰騰地響。

“你好好的，你向來蠻聽話，蠻懂事，起來，好好地聽我説……”

爸爸説着，就喊三姑進來跟媽媽把青兒抬到鋪上去。青兒掙，哭，到了鋪上，還用脚把鋪板打得亂響。我偷偷地問三姑，這是怎麽回事？她講：

“青兒姐姐要出嫁了，廳屋裏的客人，就是來接她的。”

一個炸雷把我從夢裏頭打醒了。爲什麽呢？爲什麽要把她出嫁呢？在家裏不是蠻好的麽？并且她自己又不肯！是的，她不肯去頂好，去了這屋裏就没有人跟我玩了。

媽媽説：“痴孩子，你不能跟我們一生的呀，總要……”

“我不去，死也不去，我情願跟奶奶跟一生。”

爸爸説：“你是填房，又不是做小。這人家有田有地，又没有兒女，你一去就當家，有什麽不貴氣？你這麽大了，還不懂事，要好好地想想，我們不會害你的。”

爸爸説完，把嘴一挑，就跟媽媽她們出去了，我站在她的鋪面前，看見她的朝外的背，不住地在抽動，心裏很難過，想跟她説幾句話，可又什麽話都想不起來。

哭着哭着，她翻了一個身，看見我在跟前，一把抓住我的手，用那哭得怪難看了的臉望着我，喊了我一聲，她的聲音是這樣凄慘，一喊，我也撇不住哭出來了。

“哥兒！我要走了，你不能看見我了！”

她自己在哭，却扯起我的衣服來幫我揩眼雨。我説：

“你不是不去嗎？”

她没有答話，用一隻手伸到枕頭底下去，摸出來了好幾個銅角子，放在我手裏，用很小的聲音跟我説：

“好哥兒，請你去找一個人，你説……可不能叫爸爸媽媽曉得，你衹説……”

我正要聽她説，她忽然又自言自語地説：“没有用處，没有用處呀！”把身子扭過去，大哭起來。

夜間，媽媽在堂屋裏數錢。三姑，三姑的婆婆也在幫忙數。一布袋一布袋的銅角子倒在一個大簸子裏；數了，一錢板子一錢板子往媽媽房裏端。我没有看見過這麽多的錢，很想湊攏去撈來玩。因爲身上有青兒給我的七八個銅角子，怕媽媽搜出來了説是偷簸子裏的，没有敢去撈。想到房子裏去睡，聽見青兒還在哭——我跟青兒睡在一個房裏，因爲没有跟青兒做到事，雖説不是我不做，也怕她要討回錢去。

“媽媽，我要睡覺？”

“睡就睡去，還要抱你去睡麽。”

“青兒在房裏哭，吵得睡不着呀。”

“到我房裏的鋪上去！”

我就到媽媽房裏睡了。很久很久，還聽見“一五、一十、十五、二十”和銅角子響的聲音。

第二天起來，媽媽不在房裏，房裏冷清清地。出去一看，媽媽在堂屋裏掃地，臉上好像還有眼雨。怎麼，媽媽也哭了麼？

我正想去看青兒怎樣了，媽媽對我説：

“青兒到人家家裏去了，屋裏没有多的人，你要少到外頭跑，多在屋裏做點兒事！”

“青兒走了麽，”我嚇了一跳，她説了不去的，怎麽還是去了呢，什麽時候走的，哪個把她勸好的呢？

“走了。”媽媽説，“没有轎幔子，把你的門幔子拿去代替了，過幾天媽媽賠你一條新的。”

我纔注意到我的房門口，果然没有門幔子了。

雖説這樣，我還是覺得不能够相信，好像青兒并没有走，作興還躺在床上哭。我要到她房裏去看看。

“來！”媽媽喊，“我問你，如果有人問：‘青兒出嫁了，你爸爸媽媽得了多少錢？’你怎的説？”

我没有想到這，答不上來，衹好吞吞吐吐地説：

“没有人問我呀！”

“曉得没有人問你，我是説，如果有人問你呢？”

“我説我不曉得呀。我本來不曉得，我又没有數錢。”

“痴漢嘞！”媽媽很生氣，“來！我告訴你説。你説没有得錢，人家是爸爸的乾兒子，爸爸看見人家争氣，没有老婆，就把青兒送給他了。一個錢也没有要。”

“爸爸没有乾兒子啊！”我撅着嘴。

媽媽一巴掌打來，我把頭一偏，没有打着。媽媽説：

“人家曉得？就是人家這樣説，我也要説是新收的，没有來幾回，所以……”

我爲什麽要這樣説呢？前幾天，爸爸教我不要説假話，講了一回司馬光的故事給我聽了。現在媽媽又教我説假話，究竟聽哪個的好呢，我想反駁媽媽，看見媽媽臉色不好看，怕挨打，没有敢做聲。

外頭有人進來，一看是爸爸。爸爸今天真早，向來没有這麽早的。

“怎樣了?”媽媽問。

“走了，我送他們到了塔園裏，我怕街上的痞子攔住打麻煩；還好，没有事，出了街口，就不怕了。”

“她還在哭麽?”

“哭還在哭，出了城，好像好些了。”

“唉唉!”媽媽嘆氣，“跟了我們十來年，忽然走了，真有點兒捨不得咧。這孩子倒像蠻貼心的，哭得真厲害呀!”

“曉得她爲什麽哭呢，作興是聽見説那邊不很好。”

“我想不是那樣，我們待她并不錯咧。”

“那末，過幾個月了，如果就便，就接她回來玩吧；不過遠一點兒。”

爸爸一路説，一路呵欠入口地到房裏睡“復覺”去了。

聽這説法，青兒是真走了。跑到房裏一看，房裏的東西弄得亂七八糟。她昨天還穿的舊衣服，褲子，圍裙，丢在她的鋪上；一雙鞋子，横一隻，直一隻地躺在我的床面前；小櫃子上擺着一盆骯髒的洗臉水跟媽媽的鏡子，粉盒子，梳頭盒子……

青兒没有了！天天跟我玩，跟我梳頭，洗臉，盛飯給我吃，有時候還買東西給我吃的青兒没有了！爸爸媽媽要打我的時候，趕忙把我搶開，把自己的背抵住爸爸媽媽挨打的青兒没有了。

昨天還説，今天要一路到文風塔去玩，去吃人家買的東西的青兒没有了，我身上揣着她昨天給我的銅角子，眼睛裏看着她留下的衣服，鞋子，被窩跟枕頭，“哥兒我要走了。”耳朵裏還明明留着這樣的聲音，我伏在我的床上偷偷地哭了。不知爲什麽，我覺得如果大聲哭，媽媽會打我的。

以後，很久很久，我在屋裏都過不慣。好像這屋裏不光衹少了青兒，還少了不拘什麽人；好像不拘什麽人，爸爸也好，媽媽也好，都跟我不相干；尤其是夜間，我一個人睡在一間大房子裏，燈一吹熄，黑洞洞地，没有人做伴，老鼠子們在樓上跑馬，吱吱地叫，真怕人。我天天都用被窩蒙着頭，蒙得氣也不能出，儘睡儘睡睡不着；有時候，半夜裏醒了，以爲她還在，把頭伸出來喊她拿夜壺給我，一想起她不在了，趕忙把頭又縮進去，尿也不敢撒；有時候還在夢裏頭想起來問："青兒，不是説你出嫁了麼？"

青兒嫁去的那裏是山羊店，聽説離城裏有一百里路；一百里，多遠的地方哦，那是走得到的麼！聽説山羊店在老山林裏，四面盡是山，山上廣出豺狼虎豹；山羊店是個很窮的地方，個個都没有錢，都吃不起米，衹能吃粟米，吃包谷；山羊店都是些土頭土腦的人，他們一生不進城，城裏的人也很少到那裏去的。從前，我不曉得有一個地方叫山羊店，如今我又曉得的太多了。

爸爸説過，過幾個月要接青兒回來玩的，等着吧。幾個月之後就會看見青兒。可是過了幾個月，我漸漸把青兒忘記了，爸爸一定也忘記了，永遠也没有提到叫人去接她。

這一年，我們家裏買了二十幾畝田；秋天裏，并且從湖鄉裏買來了一個比我還小些的丫頭：紅兒。

"哥兒，幾天没有看見你了，一塊兒玩玩吧。"

在同一條街上和我們家裏隔不得好遠的一家雜貨鋪裏的劉先生碰着我了，牽着我的手蠻親熱的跟我説話。

他是大人，大人要跟我玩，是很稀奇的。不過劉先生常常跟我玩，玩慣了。

他跟青兒是熟人，青兒引我到城巷子裏那跛子吴媽家裏去玩的時候，就常常碰見他的。他從鋪裏偷瓜子、冰糖來給我們吃，他蠻大方的。

他的衣服穿得很乾净，臉上也長得很白，很好看。不認得的以爲他是公子少爺，以爲他是讀書人，不曉得他是幫人家的。

他又是個蠻有趣的人，會説笑話，不拘怎樣不快活，他衹要幾句話，就逗得你笑起來。其實，我不一定覺得好笑，看見別人都笑，也跟着笑了。

他常常跟青兒“玩臉”，在青兒身上格癢，有時候把青兒掀在地下或壓在床上，那時候，我就幫青兒的忙，拖他的腿子，拖不動，就掐他，擰他，捶他；他都不生氣，他跟青兒“玩臉”，青兒也不生氣的。

青兒出嫁的前不多久，我們還在一塊兒玩過。那一天，青兒在家裏又挨了媽媽的罵，她一看見劉先生就哭鼻龍悚地説：

“唉，這日子過不下去了哇!”

“忍耐些呀，”他説，“横直過不多久的。”

“快點哪，你叫人跟我的相公去説呀。”

“我曉得，這不是説得好的呀，你的相公少不得這東西兒。”

他用一隻手做了一個圓圈圈。

“他不要的，他説過，把我留在屋裏招人的。”

“那怎能行呢！我上不了人家的門，我又没有三兄四弟。”

“依你説……”

“莫着急呀，我寫信到漢口去了，一個朋友在那裏做生意，他可以借錢給我。等他的錢來……”

這樣我們就走了。以後我没有碰見他，一直到這一天。

我們在一條背街裏走，他用很小的聲音跟我説話，他的樣子没有平常那樣快活，板起面孔，像跟誰生氣似的。

“青兒嫁了幾天了?”他問。

“看哪，前天，大前天，三天了。”

“那天我在文風塔盡等盡等，誰知道，唉，她嫁到哪裏去了?——哦，就是那天。”他算了一算。

“山羊店。”

“是街上還是鄉下?”

“當然是鄉下呀，離城還有一百里路咧。”

我以爲除了城裏就都是鄉下的。

“不，哥兒，山羊店是個集場，那裏也有街。”

“那我不曉得。”

“那家人家姓什麼?”

“不曉得。”

“你不跟我説，我不跟你玩了。”

“真不曉得呀，曉得不説的，是一個爬爬子。”

“那麽你跟我問你家裏大人去，不能説是我叫問的，問到了，請你吃好東西。”

忘記了跟他問過没有——其實到現在我還不曉得青兒在什麽地方，那家人家姓什麽，衹記得他以後就很少跟我玩，并且有好些時候，簡直不能看見他了。到了我慢慢大起來，有點懂得大人們幹的玩意兒了，再碰見他的時候，問他還記不記得青兒——這時候，他已經討了老婆，自己在做生意，也不像從前那樣愛乾净，好説笑話了，纔曉得他到山羊店去過。他説道:

“那年年底，我辭了益大裏的事，跑到順河去找到一個生意。順河離山羊店三十里，衹要山羊店有人來我就問——無名無姓，實在很難問的;衹要有工夫我就到山羊店去玩。花了一年工夫，可讓我找到了。她在鄉下，離山羊店街上還有五六里。”

“找到了她，像什麽樣子?”

“哦哦，説不得，説不得，她老了好多，不像從前那樣好看了。哥兒，你不曉得，街上的狗也比鄉下人快活，她要下田，要上山，還要帶孩子，她已經有一個孩子了。”

我已經忘記了青兒的樣子，小的時候又不懂什麽好看不好看，經他一提，回想起來，她倒真像很不錯似的，於是我好奇地問:

“她説什麽呢!”

“説什麽呢?她説，你的爸爸害了她，把她嫁給一個老頭子。”

“一個老頭子!”

我叫起來，剛剛懂得點人事的人，常常把那件事想得格外現骨現傷，一個老頭子，和她睡在一塊兒，我幾乎要嘔。

“那還有什麼説的呢!”劉先生像還很喪氣地説，“我叫她跟我跑，她説算了吧，已經是别人家的人了，老頭子很喜歡她，她又捨不得她的孩子。我説，我等你吧，老頭子是要死的。她説，莫瞎説！我不能謀死他呀！最後，她説，她白做一場人，勸我不要自己耽擱自己。”

“所以，你就回來討老婆了！”我譏誚他説。

“不，我還到山羊店去開過兩年小雜貨鋪，讓她看我是不是真在等。她的老頭子六十歲了，你説有鬼麽，還越過越剛强，她又生了一個孩子，她常常跑來哭，吵，要我回城裏來，説就是老頭子死了，也不能嫁我，她有兒有女，有吃有喝，她還要做人的。她説我在山羊店一天，她就不能好好的過日子，你叫我怎麽辦呢？”

在紅兒——賣了青兒之後買的那個丫頭——出嫁的那一年，我離開了我的家。日子真快呀，現在已經十七八年了。我的家，和有些懷鄉病者所描寫的是不同的。它既不美麗，也不温暖，更毫無光榮，我願意忘記了它，忘記那生長我的腐舊的城，甚至於衰老的媽媽，什麽青兒啊，紅兒啊，在一個流浪人的記憶裏，實在早已連影子都没有了。這回得到青兒的消息，完全是意外的。更意外的是從那替媽媽寫信的人的粗劣的叙述裏，我看出那卑微的人的什麽地方，竟藴藏着一種想象不到的崇高的東西。

事情是這樣：

前頭提到過的那三姑的男人——他現在頂少頂少有四十歲了吧，到山羊店那裏去了。他去做什麽呢，不清楚，反正城裏没有正當職業的人，總要用各種各樣的理由、方法和面孔到鄉下去的。要是不，他就没有地方弄錢來過日子。

這城里人，背着一個小包裹，用雨蓋遮着頭上的太陽，在山羊店附近的路上走，碰見了一個上了年紀的鄉下女將，那女將一隻手牽着一個三四歲的孩子，另外一隻手遮在眉毛上頭，眯着眼睛向這過路人瞅：

“大哥，你是城裏人麽？你貴姓？你不是——看哪，你不是同金兄弟麽？”

城裏人愣住了。怎麼連自己的小名，這女將也會曉得呢?

“啊，不認得我了麼? 我是你隔壁王家裏的呀!”

城裏的人這纔想起來:

“可不就是青兒姐姐麼?”

於是笑着打了招呼:

“我説有點兒像咧，你臉上那顆痣還在那兒，衹是大了些；再，走路的樣子，也没有怎麼改。到我家裏去歇歇脚吧，牛阿子，趕快回去叫媽媽燒火，衹説是婆婆説城裏的舅爹來了。”

那孩子瞪着眼，向這陌生人瞅了半天，聽見婆婆説，就擺脱婆婆的手，往路邊的小路上跑了。做婆婆的，陪着“舅爹”在後頭講着話，慢慢地走回去。

現在是“舅爹”不住地瞅着婆婆。這婆婆，的確也像個“婆婆”了，一頭花白的頭髮，在太陽底下眯着的眼睛，沿圈有無數的皺紋，連背也好像有點兒駝了。不拘從哪一點兒看，都没有和自己勉强還記得起一點兒來的那青兒姐姐的樣子相同的地方，也難怪剛纔簡直不認得。

走到一個單家獨户的壪子，四面有五六根大大小小的樹，一間矮小的“三合頭”的茅草屋，蹲在那樹邊的禾場裏。——門口横七竪八地擺着些城裏人叫不出名字來的釘扒、連枷什麼的，一個曬簸裏曬着城裏當點心吃的包谷。

“舅爹，就在禾場裏坐吧，凉快些。牛阿子，喊你的爸爸媽媽出來叫舅爹呀。”

婆婆一路搬凳子給舅爹坐，一路朝屋裏喊。屋裏先走出一個二十幾歲的小伙子，藍短褂外頭繫着一條草繩。他一定在屋裏推磨，出來的時候，還不住拍那身上的麵粉。他腼腼腆腆地望着這没有看見過的客人，口裏像含着什麼似的打着招呼，接着又出來一個三十來歲的女將，頭上搭着一個花布包頭。剛纔看見過的那孩子也出來了。她低着頭，看也没有看誰一眼，就依着孩子喊:

“舅爹你稀客呀! 牛阿子叫舅爹呀!”

婆婆說過了介紹的話，就囑咐那男的到後頭墻裏去借酒，又叫那女的做些什麽菜之後，自己抱着牛阿子坐在外頭，跟舅爹談家常。

吃飯的時候，桌上擺着四大碗菜，那些菜是棉油炒的。爲了款待舅爹吧，又多放了幾勺子，碗碗都是黑漆漆的，分不出什麽是什麽來。一家人都殷勤地勸着舅爹的酒，婆婆也高高興興地陪着舅爹喝。舅爹呢，暗暗地皺着眉頭，那酒味像陳了的淘米水。

“舅爹!”婆婆說，“這不是別人家裏，没有好東西吃，你不能見怪。”

這舅爹跟別的城裏人一樣，是個精靈鬼，慣會見風使舵，因乖賣巧，祇要有點兒好處，没有事情他不會做的。現在他在這裏扮着别人的舅爹，口裏應酬着没有約好，也没有防備的話語，可是誰也不能從他的話裏頭聽出一點破綻來。

婆婆喝了幾杯酒，格外高興了，話像泉水一樣地涌：

“唉！我多想家喲，多想回家一趟啊！老頭子在的時候，我當家，走不開。老頭子死了，小傢伙們又纏着！哦，舅爹，你不曉得，老頭子死了，族裏人都欺侮我們孤兒寡母。這個來拈點，那個來掐點。孩子們小，我一個婦道人家有什麽法子呢！他們還怕我舒服了，造出好多閑話，甚至於說我不是用花轎接來的。舅爹，今天你在這裏，當着孩子們說一句，是不是接我的時候鑼都打破了，媽媽也哭，我也哭，都說是很不吉利——可是他們還那樣說！他們人多口多，說一是一，說二是二，哪個跟他們打架去！舅爹啊，你不曉得姐姐過的日子……”

“您莫聽媽媽的話，”兒子說，“人老了，喜歡囉裏囉嗦，没有人這樣說。就是有，也已經十幾二十年了!”

“是的，”婆婆說，“我把話說得一邊兒去了，我想家，我想回家去，可是幾十年，也没有回去一回！幾十年也没有看見一個家裏的人！今天看見你，舅爹，就像是天下掉下來的一樣。雖說不是親兄弟，總是一家人呀。說你不見怪，就是看見家裏一隻狗也是好的。”

舅爹哈哈地笑了。兒子跟媳婦兒抿着嘴，也笑了。

“喝酒哇!”婆婆把酒往自己口裏倒。

“我常常説，爸爸媽媽都是狠心人，把我嫁得這麽遠，老也不叫人來看看我，老也不接我回去玩，真是世上少有的。要是我自己的媽媽不死的話，她能够這樣麽？媽媽我不怪；爸爸總是自己的呀，爲什麽也這樣呢？舅爹，人家説‘娘晚爺也晚’，一點也不錯，他們不想我，我可没有哪一年我不念他們，没有哪一年我不托多少人帶過信了；有的説找不到，有的没有工夫去找。頂好笑的是千生那雜種，舅爹不曉得，是族裏的一個侄兒子，他找到了，看見了我們家裏的高門大户，没有敢進去。你説有這樣不中用的麽！不過，他總算打聽到了一樁事，一樁不好的事，我爸爸過世了……”

舅爹臨時編了好多話，説大娘很想她的女兒，可是太遠了，大伯又常常生病，三天没有兩天好，家裏像過難一樣，就想不起接你了。大伯死了，大娘一心在屋裏燒香念佛，什麽也不管，靠兄弟們當家，他們年紀小，記不得姐姐了。

“哦，是呀，‘隔層紗到底差’，兄弟不會想起我的。他自然是早就行過了喜事，小把戲們都有多大了吧——喂，你們跟牛阿子掂點兒菜呀，看他自己攬起來了。”接着奉了一注菜在舅爹飯碗裏説：“舅爹不嫌姐姐家裏窮，在這裏多住幾天吧，你還没有看見小外甥跟外甥女兒咧。——老大，明天去接你妹妹回來。——小的進山挑柿子去了，一兩天就回來的。”

“不!”舅爹好容易吞進一口麥米飯説，“姐姐，謝謝你們，有要緊的事，吃了就走的，轉來再看你們吧。”

“哎喲哎喲！真是親的親不得，假的假不得咧！要是我自己的兄弟來了，他能當天就走麽！怎樣也要過一夜呀!”

……

第二天早晨，一家人在禾場裏送舅爹，婆婆送得格外遠。没有别人的時候，婆婆説：

“同金兄弟，你莫見笑，在孩子們面前，衹好這樣。他們曉得自己有外婆，外婆家裏有人，就是一生裏不來信吧，做人也做得起勁些。回去拜上奶奶說，我在人家裏很争氣，没有玷辱她老人家；寫信給哥兒，也給我帶上一筆，説我望他做大官大府。有人來，帶個口信接我，我不會真回去的，老也老了，還回去做什麼呢！有人來説説，我跟我的孩子們就都光彩些。”

這聽話的人，後來就把這些話一五一十地説給我媽媽聽了，媽媽又詳詳細細地叫人寫給我了。

在一看到這封信的時候，我的心是如何地激動喲，三十多年了，這早被人忘得乾乾净净的人，還懷念着她的相公，奶奶和哥兒。不過在孩子們面前，她改了口，叫做爸爸媽媽和兄弟了。爲了她的孩子們，她遮掩了她的出身和一切早年的傷心的眼雨。

我欣幸我有這樣一個姐姐；爲了她，曾經幾次想到家，想到衰邁的媽媽，想到我的童年，想到這已經做了祖母的姐姐和她的孩子們。如今倭族的海盜占據了我的家鄉，我的媽媽早已在亂離中死去。離家衹有一百里路的山羊店，聽説也正是强人出没的所在，地方的糜爛是不必提的。我的姐姐怎樣了呢？我的姐姐的孩子們怎樣了呢？姐姐喲，願你平安，總有一天，你的弟弟會回來看你的。

一九四〇，七，一，改於桂林

鹽

早晨，我還在床上挨被窩，媽在外面喊：

“起來！起來！”

我不做聲。媽有時候雖説有事，喊不應，也就算了的。

“還不起來！還不……”

媽可喊得格外起勁了。

“唔唔……”我裝着剛醒，“麽事？”

“管麽事，滚起來！”

“媽！我昨晚做打文章的……”

“不起來，要來掀被窩，打屁股麽？”

這可没法！起來。冷咧，冬天哪。

“你去找金元！”媽説。“問那砍頭的買的鹽怎攪打？有鹽交鹽，無鹽交錢，把籃子也帶回來！”

“媽！您駕看天色多拐，怕要下……”

“這懶身雜種，没有打得，下雨下雪，要你去，看會死不？”

“曉得他在哪裏呢！他又没有屋！”

“他上打天？他没有屋，他幫的人家也没有屋？你不曉得去問四叔？横直他供不起你一杯水，總是要去吵四叔的。四叔還不曉得他在哪裏麽？”

媽什麽事都好，就是太小氣：這樣冷，爲了串把錢的事情，叫我跑幾十里路去找一個没有窩處的人！我想，這時候，那傢伙送鹽來了就好了。

金元是我們自己屋裏（族人）。講輩分比我高兩輩，爸媽都喊他做金元叔，我自然喊金元爹。不過不高興喊，我爲什麽要喊一個在鄉下幫人家做長活的做‘爹’呢？自從我認識他以來，他就在離城裏三十來里路的觀音岩幫人家。以前在攬什麽，攬不清楚。閑月，縱然没有屁事，也要上一兩回街，到我們家裏來玩玩。來的時候，無論天冷天熱，外面總是穿的那件孝衣，繫的那條藍花洗澡布。那孝衣恐怕穿了幾十年了，白的變成了烏的；衹是没有扣絆子，扣的地方是用布條子繫的，一看就知道是孝衣。走起路來，就把前面的一截衣服摟起來扎在腰裏的藍花洗澡布裏面。一個兩頭尖，當中出奇地寬的瘦臉，臉上像搽過一層醬；稀疏的左眉上頭，不知什麽時候吃人家殺過一刀，留下一條白的刀印子。衹要一坐定，就一定要動着身體，讓衣服在身上磨擦。他自己説是瘖癢，媽却説他是長虱子，叫我和他離得開些。

城裏人總把鄉下人當作什麽都不懂的傻子，鄉下人的一舉一動，都似乎蠻好笑，金元爹連生得矮小也常常給我們當笑柄。他也真的很老實，好像連話都不大會説，看見爸了，常常是竅口不開，像一斧頭砍的一個楊樹將軍。衹在媽她們面前，有時候還説説笑笑，不過也總是些老話。

“金元叔，聽説趕場去打牌的人到場裏一問：‘金元來了麽？’如果説‘没有’，他就背起褡褳回去。爲什麽不打呢？他説‘没有人輸錢哪’。這是真話麽？”

媽她們總是用這樣的笑話起頭，因爲他好打牌，每年臘月三十，十幾串工錢一到手，是要連夜趕到場裏去打牌的，不輸得“王字掉底”，總不回家。牌本打得不好，别人又有點明欺暗混，每年不等半個月年過完，他就衹能站在桌子角裏替别人着急了。他會輸錢的故事，媽她們知道得很多的。

“我哪曉得呢？不是説我没有去麽？”

問到臉上的時候，他總是這樣回答。話一説出，媽她們就哈哈地笑。他却呆呆地望着，不知别人笑的什麽。

“您駕也應該接個嬸娘了。”笑談之後，媽她們常常乂止經地説：“看哪，去年甲，今年乙，您駕明年不就三十歲麽？男兒無妻家無主，無論怎樣窮，香爐碗總是該接起的。”

媽向來看不起没有老婆的光棍，説他們是下賤胚子。自己屋裏的叔叔却不但幫人家做長活，還連老婆也没有，這不是很不光彩的麽？

“話倒怕不是一句好話，”金元爹説，“我没有那福氣呀。《增廣》説：萬般都是命，半點不由人！”

一年兩年總是這樣説，後來媽問：

“您駕是怕没有錢麽？不打牌，把工錢都攢起來，一年少，二年多，兩三年工夫，不就可以討一個麽？”

金元爹叫這樣一追，好像有點不耐煩了。他説：

“二姑，你怕我當真是紅薯[①]麽？靠工錢，一年十二串，兩年二十四，三年也衹三十六。就算巴巴結結接個人，衣服首飾，媒人水酒，一下地，錢完咐不説，怕還不是一身債。人過咐門，把她放在哪裏呢？把甚個給她吃呢？”

“不是也可以幫人麽？”

“你不曉得，端人碗，服人管，就在一家幫也不方便。不的話，我幫這家，她幫那家，作興隔個七八上十里，還不是各顧各。我怕没有緑帽子戴，出錢買一頂？”

媽媽像覺得金元爹的話也不錯，想了一會兒説：“您駕不也可以領點田種麽？像老四。”

“唉！跟你們街上的太太奶奶們説不清！你不曉得，種稞田，要頂頭，要牲口，要傢伙，肥料，忙月還要請短工，比接個婆娘還難。像老四，怕不好，我怎比得上呢？人比人，氣死人！”

“您駕就這樣完咐麽？”

“我没有這樣説呀。你不曉得，人，第一靠命，第二靠運脚。運脚來咐，連門板也搪不住，不來，伸起頸項也白説。我這幾年打牌總是輸，你怕是我不會打？是運脚不好哇。瞎子説過，我過幾天要换大運，還有，讓我算算看，一年，三個月，五個月，還有一年半，我就要走大運。你

① 紅薯：傻子。

們不要笑，就是打牌，哪樣？‘行行出狀元’，也還不是可以翻身？比方說，打一回，贏一回，衹是打，衹是贏。‘贏錢三隻眼’，像鬼使神差一樣，你們還看不見麼？贏幾串，贏幾十，贏一百！我還不接婆娘的麼？現在是，‘有意栽花花不發’，到了那一天，哼，‘無心插柳柳成陰’！運脚一來，作興比老四還那個，真的‘瓦片也有翻身日’，人不有幾年大運走還得了麼？”

金元爹手之舞之地説得蠻大勁，眼睛睁開像燈籠，涎沫子噴在别人臉上；好像瞎子的話就是金口玉言，上了銅版册。

一年半很快就過去了。兩年，兩年半，三年，四年了。金元爹呢，還是没有交大運。

“您今年贏咑錢吧。”

“唔唔？唉！”

金元爹來城裏的時候，媽她們問起來，回答的口氣就秧[①]了。

“您駕今年要討……”

“唔唔？唉！”

媽她們是明知故問的。慢慢，正經話又來了。勸他從今以後，改邪歸正——不打牌。不打牌多好，要是起首不打牌，年年攢錢，現在怕不有百把串了。

“你不曉得，”金元爹説，“我不是一生下來就打牌的呀。起首打，是心裏不好過；打來打去就打慣咑。”

“您駕心裏有什麼不好過呢？”

“有什麼不好過。你不曉得，幫人家的人受的什麼氣。一説，好些年咑，那年，我看哪，十九歲，在幫松亭屋裏。松亭，他媽的，仗着他兒子在城裏住高等小學堂，是大相公，他自己在屋裏就大咧咧地，蠻拿架子，一天坐地吶喊：金元，點個火來；金元篩杯茶來！哪樣？我金元也不是小門小户出來的，我爹爹不還是秀才麼。現在窮咑，受人家的氣！

① 秧：軟。

這還不算：臘月間，他屋裏辦這樣辦那樣，安置過年。又是打揚塵，又塌豆餅，又是揣糍巴，哪一樣不是我做，到咐過年，吃飯的時候，少不得要弄幾樣菜；鄉下吃飯，比不得你們城裏規矩大，就是做活的也還是跟松亭們一塊兒吃。好點的菜，放得老遠的；口裏說：金元，拈這呀；金元，拈那呀，等你當真伸手去拈，松亭那兒狗肏的就用眼睛横！當然囉，拈咐一回，第二回就不好去得咐！一桌子人，都是大吃大喝，自自在在，衹有我不能伸筷子，你説氣不氣！這也不説；過年，也不叫人歇歇，跟他的'大相公'到這家那家去拜年，一跑一天！到了要去好點的人家，比方説：丈人屋裏，跟的人，可以打發幾個錢；松亭他媽的，他又不叫你去！寧可叫幫别人家的他的一個遠房兄弟去。好，我就在屋裏玩吧，他又：金元，做做這個呀；金元，做做那個呀！不是過年麽，也要人一天忙！一來也是年紀輕，脾氣大，就滿肚子氣不慣，跑到場裏去玩。場裏還有什麽好人，你一嘴，我一舌，都'抽乎'① 我打牌；碰見鬼，玩了幾天，就學會打牌咐。"

"以後不是不幫松亭屋裏打麽?"

"是呀。你以爲别人會好些麽。鄉下人，都是刻薄成家，一個賽似一個，所以，我寧可在外頭輸錢，不情願在屋裏看'東家老爺'的臉嘴子!"

"現在年紀慢慢大咐，也該朝後頭想想呵!"

"我有什麽後頭不後頭的呢？一生裏幫人，命定咐！純好，也是個長工。打牌不是好事，我曉得；可也不失悔。我一生裏没有一樁快活事，衹有打牌；也没有一樁自己要做的事，衹有打牌。你想，一個人連牌都不咐，活到做什麽呢!"

媽心裏怕不想：真是生得賤，無藥醫！可是口裏却什麽也没有説。以後也没有人跟金元爹説起這些話了。

天瞞得很緊，北風吹得人衹打哆嗦。路上來往的人簡直没有幾個。

---

① 抽乎：慫恿。

我一面埋怨媽小氣，一面又恨金元爹——他什麽人都没有害到，獨害到我了！我想，金元爹是個老實人，他都拆白，騙我們一串錢去，世上還有靠得住的人麽！

約莫兩個月前，金元爹又到我們家裏來了。他還是上半年爸過世的時候來過。這回來，眉開眼笑，樣子蠻精神的。勸媽她們不要常常想着我爸，人總是要那個的，四五十歲，也不算短壽；孩子們要成人，該好好地管管，我們族裏人少，没有多大指望，衹有靠孩子們了。話是甜蜜，親切，蠻是個長輩的口氣；一點也不像平常那樣傻頭傻腦了。末了還説從今以後，自己也要做好人，不打牌，不跟些不三不四的人們閑玩了。媽她們都當面説金元叔過好了，過精明了。

不知怎麽一下子就談到鹽了，他問城裏的鹽賣多少錢一斤。

“二百八九，有時候三百，一串錢三斤六兩。”

“哎喲!”他像給嚇壞了一樣，“怎這樣貴！哪裏是吃鹽，簡直是吃錢。我們場裏，一串錢六斤半，合城裏的秤，足足五斤，還蠻旺。”

“真的?”

媽是個打算盤的人，平常就愛貪點小便宜；聽見説，禁不住就這樣問了，并且媽也曉得，城裏的鹽運進來，要從他們那裏過。

“哪個還説假話。不過，别人作興買不到這許多；我們村子裏王老三是個鹽販子，跟我很熟，要是我買……”

“那麽，金元叔，您駕可以跟我們……”

“那當然……買多少都行。這點小事，還是外人麽!”

媽是很謹慎，没有想買多，衹拿了一張一串錢的票子出來給他了，約定頂多十天半月就送鹽來。

第二天早晨，他回去了。走的時候，媽説：

“帶個籃子去，怕您駕没有東西裝。”

“不消得，籃子，鄉下多的是，隨便哪個的都可以……”

“還是帶起吧，横直要用的，何必向别人借呢。”

他把一個大菜籃子帶走了。

過了十多天，燒火的説要稱鹽了。媽説：

“不消稱得，買一兩個銅角子的就有咁。這幾天有人會送來的。”

兩個銅角的鹽完了。燒火的問，這回是稱呢還是包呢。

“金元叔説好打送來的，還是包幾個錢的吧。”

又包了五個銅角子的。

五個銅角子的鹽還没有用完，媽就在口裏念：

“金元叔怎還不來呢？”

過了些時，媽問我們：

“你們看金元不是來拆白的吧？”

稱的鹽怕又吃完了一兩斤，媽可罵了：

“金元那砍頭的，討不到好死，欺我們孤兒寡母！要是爸在……”

不但駡，并且還想到爸，哭起來。

但是他還不來。

到四叔家裏的時候，四嬸娘已經在燒晚飯火了。四叔他們都想不到這樣冷的天氣，我會跑到鄉下來，可是都猜到是爲金元爹來的，買鹽的事他們早就知道了。

四叔比上回看見的時候老了些；四嬸娘呢，眼睛像格外近了。不過别的還是那樣——堂屋裏還是滂牛糞臭，“天地君親師”家神紙還是那樣爛，飛起着一大片，一大片。四叔跟四嬸娘身上的衣服還是補得花一塊白一塊。

“哪樣？媽她們都還好吧？你快長成人咁咧。——喂。聽清冒[①]去借幾個鷄蛋來，弄給孩子吃——啊，冷吧……”

四叔一隻手不放他的竹筒子水煙麻跟麻梗火，一隻手端了一個矮凳子給我坐，自己就背朝外面坐在門坎上。四嬸娘從竈門口出來，扯起圍裙角來擦了一把臉上的灰，眯起一雙眼睛笑着問長問短。

吃飯的時候——并不是嘴刁，那臭鹽菜的氣味，光衹聞聞，也就真

① 聽清冒：夫婦互喊的稱呼。

有些不舒服。四叔說：

“金元叔真是……你不曉得，金元爹把錢一拿回來就把給人家咁。他今年輸咁錢，扯債，人家逼他還；不，他自己不還了得了！不争氣的人，到老不争氣，到處出乖賣醜。哪裏不好騙，跑到城裏去騙自己屋裏的錢，騙孤兒寡母！哪樣，不打牌就會死麽？”

“孩子，”四嬸娘説，“拈菜呀；拈……”

一碗鷄蛋炒得像石頭，恐怕交了一斤大蒜什麽的。還是特别爲我弄的咧——我四嬸真好厨工！除了蛋就是臭鹽菜，四嬸娘還直叫拈咧！没法，我衹有淘茶。

“你不曉得，”四叔叉了一口鹽菜，咕嚕嚕嚕地跟我説，“金元爹這一兩年來越過越不成話咁。以前也打牌，輸咁就不打——喂，你再跟孩子倒杯茶呀——現在，哼，借錢打；今年借錢五串，一個月兩百錢的利錢。要不還，利上加利，過年就得八串多——怎麽，鷄蛋炒得不好麽？——他自然背不起，就在這裏拆那裏拆。就是我這裏，也今天跑來：老四，借這樣；明天跑來：老四，借那樣。我老四就算地下滚得蘆席上，比您駕高得一篾片兒，也是我們兩口子辛辛苦苦换來的呀！不打牌，總該不會死，像我……”

“我説，”四嬸娘插進來，“那也難怪，一個人做慣了活，一閑下來就悶得慌。像過年，没事做，跟别人談閑天吧，金元叔的幾句話，硬邦邦的，跟哪個也打不攏。不玩個什麽吧，一天又望不到黑。這時候，人是很容易學會打牌的，哪個不想快活幾天呢？像你？你有婆娘，别人没有婆娘呵。你不是我管住，還不是……一樣！”

“多嘴，一個婦道家！是的，打牌可以，有錢打，没有錢就算咁呀！”

“你不曉得，金元叔心纔大咧。他説他轉了運脚，快發財。一年三百六十天做，做得皮包骨，可憐，真該發點財，歇歇。怎樣發財呢；田裏挖不到銀子，路上撿不到錢，人老實，又不會偷，不會搶！他説，看，打牌不也……他想赢。赢咁想多，輸咁想趕本，怕麽事？運脚好，他還要買牛，買地，不幫人家了……”

“哼！他那手牌也能够赢錢，雷都不在天上咁！光留對對，又不會量字，一張字過了四個，他還在望成！——哪樣？不吃咁麽？吃飽哇！”

四叔告訴我，金元爹在幫離這裏三里多路的一家人家，說好了明天早晨帶我去找。

鄉下的鬼規矩，我頂不喜歡的是，吃了晚飯，坐不得一屁工夫就睡，亮也不點。

我跟四叔睡在一張床上，四嬸娘在竹床上頂棉絮。壁子是没有窗子的，可是很多大的洞細的縫，看見外面黑魆魆。風在外頭呼呼地叫，一陣陣地從壁縫裏吹進來，蠻冷。狗子有一聲没一聲地就在壁子外頭汪，是鬼呢還是賊呢？我怕，睡不着。

“四叔！四叔！”

四叔跟死了一樣，衹是打鼾。我把眼睛閉得緊緊地，并且用被卧蒙着頭。

過了好一會，我還没有睡着，好像有什麽東西在響。露出一隻耳朵一聽，是屋上。啊，糟了，可不是下雨麽？我格外怕起來。隔壁左右都没有人家，荒場子，又下雨！

“四叔！”

四叔不做聲。我把頭衹向裏鑽，四叔的脚好臭！怎麽？響聲像到屋裏來了？有鬼，啊，在床上！糟，被卧是濕的，準是屋漏，鄉下人簡直是猪，一過幾年不興整房子！我大聲把四叔喊醒，半夜裏，不，還蠻早咧，起來搬了一回床。天，多冷囉！

第二天早晨起來，不下雨了；可是在下雪，鵝毛團静静地一陣一陣地下。真倒霉，金元爹找不成了！

没法，金元爹找不成，家也回不成。在四叔家裏住了三四天，天天吃臭鹽菜！

好容易雪不下了，但是天還没有晴。屋上天井裏堆的雪還没有化的意思。四叔說：

“趁雪花没有化，我們去找金元爹吧。”

我們就走了出來，一出來，我的脚，像落在冰窖一樣冷。一望，一片白，四叔在前面引路；其實路也没有，什麽也没有，全是白汪汪的雪。北風捲起樹枝上的雪在空中飛，刀一樣地撲到人頭上。我馬上覺得我臉上已經凍得發燒；脚也凍僵了，有一步没一步地算是在走。

路，真也難；一踏，凹下去尺把深；面上是一樣平，踏下去之後，作興是個坑，作興是凍着了却又没有凍緊的水。一不小心，撲龍通，一跤，僕一個雪人，鼻子、眼睛、嘴都印在地上。總算好，怕足足走了兩個鐘頭，四叔説到了。

隔不多遠，是一個有三四家人家的村子。四面疏疏朗朗排着些裸體的樹，不，穿着白衣服的樹。門口，凹下去，是一口大堰。説是堰，也看不見水，衹有雪。

我們正朝着這村子的正面去，隔着堰，看見正當中那間屋，大門大開着，裏面好像有人在做什麽。四叔説："好，金元爹在屋裏推磨咧。"但是我没有看見；我衹看見隔堰有歡迎我們的幾隻狗，狗也怕冷吧，叫得不很起勁。

我們沿着堰繞進村子的時候，正當中的那一家已經有人出來了。

"我説是哪個，是老四。這樣冷，怎來吖的？這個是？哦，城裏的侄少爺……"

出來的這個人是個老頭子。臉還白，比别人好像好看一點，差不多像城裏人，衹是穿的并不好，一件很舊的藍布棉襖，腰裏還繫着一根粗棕繩。看樣子，就是金元爹的東家。

四叔跟那老頭子説了幾句話就問起金元爹。

"金元？他在屋裏。金元，金元，老四來找你呀!"

三個人一齊朝屋裏走。四叔喊"金元叔"，我也跟起喊"金元爹"，但是没有人答應。

走進堂屋，米，磨擔子，就那樣放着；椅子上還有一件破棉襖。衹有金元爹不見了。

"金元，金元，"老頭子喊，"到哪裏去吖呢？一定是上茅房，他的衣服還在這裏，”他指那件破棉襖，那準是推磨推熱了脱下來的。“坐一下就會來的。”

坐了一會兒，還不見來，老頭子往後門外面去喊，也没有人答應。四叔聽見有人對老頭子説，金元朝往場裏去的那條路上走了。

“嘿!”四叔説，“他跑啦，真是！孩子，咱們趕他去，一定還没有跑好遠的。”

四叔没有等老頭子轉來，就拉起我從前門跑出來，老頭子還在後面喊：

“坐一下啦去呀，有麽事麽？有……”

我們跑出了村子，幾隻狗跟着叫，别的屋裏也出來了幾個人，跟在後面看。

“那不是!”四叔説。

但是我看不清楚。衹覺得很遠很遠的那頭，雪當中，有點東西，好像在動。

“你站在這裏，我去趕他轉來。”

四叔丢下我就跑。不曉得爲什麽，我覺得一陣子不好過。我年紀小，向來没有欺負過人，也没看見别人欺負人。金元爹，來不來，是自己屋裏，又衹一串錢的事！我追着四叔喊：

“趕不轉來就算啦，衹看籃子在哪裏，我帶回去就算啦。”我還記得媽叫我帶籃子回去的話。

四叔不曉得聽見了没有。衹是跑，口裏還喊：

“金元叔，金元叔，站住呀!”

過了一會兒，金元爹看不見了，四叔也看不見了，我站在雪地裏，風向我臉上颳，像打嘴巴一樣。我的耳朵凍得生疼。

村裏的老頭子，還有好幾個别的男的女的，都望着我，你一句我一句地議論：

——一定有麽事。

——一定爲的錢什麽的。

他們問我，我裝着認生，不做聲，心裏不好過，好像自己在玩把戲給別人看。

過了好半天，雪地裏一個黑東西向這頭跑來：一走攏，是四叔，口裏還不住地喘着氣。

“回去，孩子……啊，對不起，驚動吋你們。没有事，麽事也没有。”

路上，四叔告訴我，金元爹無論怎樣也不轉來，説没有兩塊臉見孩子。事情做錯了，他曉得。鹽總是要買的，衹是這幾天没有錢。叫孩子先回去，籃子還是留下，一有錢就買了送去。四叔問他哪裏有錢；他説，你不管，偷，也得給他們送去，我不能叫孩子們駡我。我賤，衹在别人面前；在孩子們面前，我是前輩，我不能丢人，將來連面都不能見。四叔又説：“他打的單布衫，説冷，我脱下一件棉背心給他穿去吋。這種人，真是，又可恨，又可憐!”我纔注意四叔身上真少了一樣東西。

第二天，我踏着雪回城裏了。鞋子襪子打得切濕，脚都凍腫了。媽還駡我没有脾胃，連籃子都没有拿得回。

快過年了，有一個早晨，媽有事到大門口去。住屋的人説：

“有一個菜籃子，是您駕鄉下的那族人送來的。叫他進去他不進去，叫他坐一下也不肯坐，慌慌張張，好像哪個要拉着他，籃子一丢，就回頭跑吋。”

“是空籃子麽?”媽問，“没有留麽話麽?”

“没有。”

“這砍頭的!”

説得那樣硬，結果還是空籃子送來了，莫非偷也没有偷到什麽?

以後，我没有看見他再到我們家裏來。

一九四二年，八，八，改舊作

兩條路

一、“這麽高，這麽高”

“桂英，桂英！”

桂英剛挑着一擔水，上到堰塍上來的時候，聽見村子裏王家十一歲的小女孩細毛喊她。

“甚個[①]！”桂英未卜先知地知道這小東西没有怎麽好話説，扭轉頭就惡狠狠地問。

細毛站在離她十來步遠的地方，説話之先，眼睛向兩旁望了一望，就把一隻手比在自己的下巴子底下笑着説：

“這麽高，這麽高。”話的意思，簡單明了，桂英一聽就懂，可不是説自己的女婿阿子[②]——宗保——衹打齊自己的下巴？桂英臉一紅，把水往地一卸，舉起扁擔向細毛跑來：

“小屄個，揪[③]死！”

細毛早已開步跑了。一面跑，一面口裏連笑帶喊：

“宗保哥呀，你的惡母狗咬人呀！”

桂英没有功夫趕，站着用指頭指一指地駡：

“小屄個，説人前，落人後！”

細毛知道桂英不趕了，站在遠的田塍子上，回頭來比着説：“這麽

---

① 什麽。

② 阿子即孩子，娃子之意。女婿阿子，用你聽慣了的話説：未婚夫。

③ 音喬，上平聲，討也，惹也。

高，這麼高。”

“呸!”桂英向細毛吐了一口涎，把水挑回屋裏去了。

二、驕　傲

桂英受她寡婦婆婆的磨折已經是第三個年。做在人前，吃在人後，打跟罵，像家常便飯一樣地習慣了。她從來不向人叫一聲苦，也從來没有想到埋怨婆婆一聲。爲什麽呢？因爲她没有過過好吃懶做的日子，没有看見不打不罵的小媳婦兒。

人一天天長，壯；力氣一天天大；活，一天天加重，加多。在全村子裏和她同樣年紀（十六歲）的小伙子，没有人敢誇一句口，“我比桂英還能做。”相反地，知道桂英的人，没有不稱贊：“桂英真行。”

在田裏，別的小伙子調戲桂英説：

“桂英，你種[①]不跟我？咱們纔是一對兒呀。肩膊一樣寬，胳膀一樣粗，睡到床上，頭齊脚也齊。瞧你那宗保，那纔真是個寶呢，明朝不要‘吃够媽’[②] 麽？”

桂英低着頭，紅着臉，“啪!”給犁着田的牛一鞭子，不回話。她想，“你纔不配呀!”是的，她有她的驕傲。女婿阿子雖小，喝過兩年墨水；你們，哼，跟我一樣“扁擔倒在地下”[③]！并且，她偷偷地和宗保比過一下，他似乎可以打齊她的耳朵了。“男長三十慢慢悠[④]，女長十八就回頭”，早得很咯，桂英會心慌麽!

---

① 怎麽。

② 够，動詞轉形容詞；媽，奶也；言男短女長，止够得上奶部也。

③ 言一個“一”字也不認識。

④ 悠，動詞。

三、日子像水一樣地流

格門軍經過桂英們的村子的時候，宗保被拉夫的拉去了。婆婆哭了三天三夜。到了第五天，宗保回來了。説格門軍講道理，看他是小孩子，終於放他回來了。

宗保雖然回來，婆婆可因這次驚嚇躺倒了，在一個冬天的晚上，她永久閉上了眼睛。

遵照婆婆的遺囑，桂英和宗保在燒了“五七”之後就“吃了餅子”①。

桂英還是那樣做。宗保也做，幫助她。

桂英現在是更滿足了。雖然也還是没有空一下，可是没有婆婆的打罵了。一切都得由自己作主的時候，做得比從前也許還多。但是，好像從前做，是幫婆婆做的，現在纔是幫自己做，幫自己跟他做。

兩口子晚上睡在床上。宗保説：

“姐，我明天到城裏去完差，你早點起來幫我做頓乾飯吃吧?”

“你不幫我在城裏買雙真的銀環子回來麽?”

“媽的孝還没有滿，就戴真的銀環子?”

“我没有説一買回來就戴呀。”

“那麽，等戴的時候再買也不遲呀。”

“我曉得你捨不得。”桂英在黑暗裏撅着嘴。

“哪個捨不得，哪個捨不得? 你不説我明天也要買的。”

“哎喲哎喲，真像讀書的大相公哩，説話這麽扣②。”她的手不覺摩在他的臉上了。

---

① 雅話叫做“過喜事”，當然，你總是説結婚。

② 下平聲，聰明也。

“你譏雀[①]人？要我吃個‘够媽’，吃個‘够媽’。”他把頭向她的懷裏鑽。

兩口子的日子像水一樣地流。

四、男子大丈夫

宗保一年大過一年，做事居然像個大人了；但是脾氣比他的個子長得還快。

宗保從田裏回來，把家伙向門角落裏一丢，重新揩了一把汗，大聲地説：“回來吖。”

但是没有人應聲。走到堂屋裏，也没有人。

“死絶吖！”他捶着桌子，嗵嗵地。

桂英在竈門口，因爲草太濕，不好燒，伏着在吹。聽見捶桌子，趕忙跑出來，一面用衣角擦臉上的煙灰，一面笑着問：“弟，吵什麽呀？”

“老子回來吖！”

“回來吖還不好？稀飯恰恰煮好吖。”

“抱起媽肏的，又是稀飯！你把乾飯留給野男人吃？”

“哎喲，我們這個閻王，簡直不像喝過墨水的，説話一水桶粗。”她半笑着説。

“狗肏的，你還嚼嘴，老子揪掉你的腦殼。”

“哪個嚼嘴？我説，弟，你曉得，我今天又没有工夫出去捍[②]菜，煮飯不是没有菜交？我想，白稀飯，乾乾地，一樣。將就點吧。明朝做乾飯，做大米飯也行。”

“什麽叫將就點？三天吃一頓乾飯，就算不交菜，就窮吖麽？叫人做，不叫人吃，後娘也没有你狠。看你把東西帶到棺材裏去！”

---

① 用反語譏笑之意，大約是“譏誚”之訛。

② 捍，摘也，有選擇意。

“莫吵，要吃乾飯，給你做；等一會兒，吃着稀飯等着也好。横直省一點，也還不是你我的麼?”口裏説，連忙到厨房拿了碗，又進房裏裝了麥米，然後出來對宗保説：“你去扯幾個蘿蔔來炒吧，止有鹽菜一樣，下飯不是不好麼?”

宗保的脾氣雖然大，看見桂英百依百順，也就慢慢軟化了。他説：“算了吧，老子等不得；記到明朝做乾飯，大米的，不許交菜。唉，吃一頓飯好像吃的你的肉!”

明朝吃了飯之後，桂英又服侍他洗臉，洗脚，找乾净的襪子鞋子。一直到兩個人睡到床上了，宗保纔不像個閻王。

桂英想：他究竟是個男子大丈夫呀，哪個男人，不管管他的堂客[①]呢？

五、心　事

大熱的天。宗保趕場去了還没有回來，桂英一個兒在田裏薅草。不知怎麼，心裏有點不好過。

抬頭望天：天上大紅的日頭，青灰色的天空，白而亮的雲彩一絲絲的。低下頭來，是自己的一雙粗大的手，手裏的鋤頭把，鋤草底下是青的禾苗，緑的野草，草上踏着一雙自己又粗又黑的脚和腿。向遠一望，一丘一丘的田，田塍上深的草，緑的樹，在太陽底下，一動也不動。別人的田裏，有別人在薅草，同自己一樣。

什麼都跟往常一樣。祇有心裏一點點不好過是新的，不，其實也是舊的。

桂英覺得手裏的鋤頭，一下比一下懶了。

想到自己的家屋，家屋裏的人。自己，宗保，牛，照門的狗，幾隻鷄，一個不少，也同往常一樣。這幾年，要説屋裏少了什麼，那就是婆

---

① 老婆。

婆。但是没有婆婆，會叫自己不好過麽，笑話。

從前有婆婆，磨，慪氣，心裏想：婆婆不會跟自己一生的。現在没有婆婆了，就該好，爲什麽還是不好過呢？哦，想起了，那是因爲男人的脾氣不好。男人是要跟一生的，男人不好，什麽都完了。怪，又不是打不贏駡不贏，爲什麽總怕他呢？

男人的脾氣，并不是一起首就壞的，吃餅子的那半年年把，就蠻好。爲什麽越過越壞了的呢？不懂得！又，從什麽時候起壞了的呢？記不清。記記看，哦，是的，是天乾的那一年，一説是前年了，日子真容易混。從那年起，家裏越過越窮，宗保的脾氣越過越大，桂英的日子也就越過越苦了。

桂英一個兒在田裏一面薅草，一面想心事。越想越不舒服，越想越懶。她向四下裏望了一眼，就坐在田塍上了。橫直他不在跟前，要歇歇就歇歇，管他呢！

揩了一把汗，把草帽子取下來當扇子摇，一歇，倒越是覺得天氣熱，人也累了。但是她肚子裏的心事却没有歇。

自己的日子不好過是因爲男人脾氣不好，男人脾氣不好是因爲窮。

兩口子還是一天到晚做，誰也不許誰偷懶；并且，兩口子都是人長樹大，能挑能馱；比起往常來，還少了一張嘴吃飯，怎麽會越過越窮的呢？這，她估不透。

她想過好一點的日子。怎樣纔能過好點的日子呢？她没有想。

總會有法子想的吧？她又起來舉起她的鋤頭。

是的，法子是有的，并且馬上就來了。衹是，不是她想出來的。

六、話説回轉去

宗保的爸爸死的時候，幫他們母子倆留下了十六畝田，當中有五畝是值不得花肥料的。到了他跟桂英吃了餅子之後，就衹剩下六畝了，連那值不得花肥料的五畝。

那十畝田，都是宗保親手賣掉的，一共賣了四回。

第一回是爲埋他的爸爸；第二回是爲“拿八字”[①]；第三回是媽媽的病和死；末一回是爲吃餅子。頭兩回，他小，不知是誰幫他寫的賣約，也不知賣給誰。後兩回都是由他寫的“立賣水田字人楊宗保……”，一共六畝，都是賣給城裏的二老爺名下。

二老爺交價的時候，十塊錢衹交了七塊，那三塊，説是把田還發給他種，做了“頂頭”[②]；回來的時候，謝中人，每十塊抽六角大洋，照原價計算，不折不扣，不得短少分文。二老爺説，因爲你的田好，纔買。好不好，要過一年了再看。稞，可不能少我一顆。

“當然咯，老爺。衹要年成好，我們老實人……嘿嘿，老爺還刻苦我們窮人麼?”

“爲老實人。”二老爺望着别人笑，“鞏[③]字號的，可不都是你們。”

“鞏字號?”老實人不懂，總之，不是好話，不高興；没法，撅起嘴回去了。

挨二太太的駡的是第一年。

因爲是第一年，宗保忍疼把稞完足了。平安大吉。

第二年天乾。蝗蟲不但把自己的六畝稻子吃得精咁光，連二老爺的，也十成衹剩下兩成。

宗保特爲進城求二老爺讓稞。説了好多話，二老爺纔説，好，照去年的六成完吧!

“那，不成，老爺! 老爺派個人去看着收割，除了短工們的工錢，都是老爺的，好不好!”

“胡説! 一個也要派人，兩個也要派人，我没有這多人派。不是説你的田是上好的麼? 看起來，我上了你的當。我真不要這種田，退給你;

---

① 定婚。

② 押租。

③ 即共字號，指共産黨。

你把原價交出，祇收你一年的利錢!”

宗保賠了好多小心，結果照去年的折半。

這一年年底，二老爺家裏，多了一張宗保的借字，大洋二十元，長年四分行息。但是宗保的家裏呢，年飯米是向三媽家借的。

又是一個第二年。天不乾。可是雨水太多了。快收割的那幾天，祇是下，祇是下；熟了的稻穀在田裏發了芽!

宗保又得進城，又得賠小心。結果，剩下的一畝好田，搭上兩畝壞田，一下寫給二老爺名下了。可是借字却没有取回來。

過年的時候，兩口子吵了一架。

桂英説：“窮骨頭，天天要吃乾飯，吃白飯；明年，我看你什麼也没有得吃!”

宗保説：“你媽的，不是爲買你這背時貨，老子總還可以剩下幾畝好田，一個人，有什麼不好過日子?”

果真到了明年。但是他們并没有“什麼都没有得吃”。宗保到二老爺家請看稞的時候，二老爺不在家。二太太蠻和氣地説：“看什麼呢? 老賓老主，完多少是多少，各憑各的天良。”

宗保憑了天良送稞去，二太太也不在家了，别的人也不在家了，没有人收，挑回來。

“朗搞的[①]?”宗保想，“真古怪!”

但是，古怪事還在後頭。

七、笑　柄

誰也没有想到桂英會變得這樣快。

兩個趕了場的老頭子，背着褡褳，一前一後地在窄的小路上向自己的村子裏走。

---

① 何故，爲什麼。

“往年古怪少，今年古怪多。貴銀哥，你説呢?”前面的那一位，想起了什麽似地這樣説。

“可不是麽，高發哥?”貴銀老頭子應和着，并且説，“頂古怪的要算咱們那位，什麽呢，哦，穆桂英‘女同志’哳，對不對?”

“女同志”三個字是特别帶着滑稽的味兒説的，所以高發老頭子禁不住笑了：

“不活不活，五十歲，你看過這樣混賬的破屁股①麽?”

“你不是學得很像麽？再學學看!”

“你要幫忙。”

“好的。”

於是他們學着女人的聲音，在路上説着：

“我説，那女宣傳員説的話，真有一‘八譜兒’②，你説哪一句話，不是咱們想説的呢？我早就想説，可是不好意思，怕人笑。她今天一説出來，蠻有道理!”

“對了，桂英姐，現在女人受男人的壓，真是豈有此理，像你那宗保，我説，你幾時要壓他……”貴銀老頭子忍不住笑，衹説了半截。

高發比較行，繼續學着桂英：“我頂相信她説：窮人受有錢人的壓迫，農民受地主的壓迫，不管是男的女的。宗保雖然欺負我，但是二太太來看稞的時候，駡打他一飽頓，他一句話也不敢説。咱們女人，要和男人一齊‘搞’③ ……”

説到“搞”字，高發也説不下去了。於是貴銀又另起頭：

“桂英姐，那女宣傳員説你們是什麽呢?”

“半自耕農。”

“我們呢?”

① 稱女人的下流話。

② 有八譜，等於北方話的有準兒。

③ 搞，動詞，幹也，辦也，作也。此處有猥褻意。

“佃農呀。”

這兩個老傢伙哈哈大笑地走回了家。

八、工　作

在隔壁村子裏的王氏宗祠，十好幾個人聚集着。桂英也在內。桂英來了上十天了。

桂英看見大家都在忙。

吴村洋學堂的先生，成天在寫，寫了大的寫小的，寫了紙的寫布的。城裏來的特派員，一面在跟人家“談話”，一面又吩咐這個：喂，同志，請你到場裏去一下；或者那個：叫劉老三來一趟。跟特派員一路來的女宣傳員則哄了好些阿子們來，穿上紅的緑的，告信①他們唱文明戲。幾個做粗活，跑路的人，出出進進，滿身是汗。連吴村的吴如意也有事做，她幫先生研墨，并且幫阿子們搽粉。

是呀，大家都有事做，肩膊跟男人一様寬，膀子跟男人一様粗，力氣也不比一個頂能做的小伙子要小的桂英，豈不也該做點什麽纔好麽？

但是桂英總閑着。

她走到這裏，這裏没有事做；走到那裏，那裏的事都搶走了。就看别人做吧！先生寫的字不認得；小阿子們光胡吵，唱不出一句戲來；特派員説話的樣子倒不錯，但是那些跟特派員談話的人們，把特派員當做一個老爺，説話的時候，嚇得戰戰聲，并且，屁大的一點事也拿來説給特派員聽，那神氣，氣死人。

“唉！搞不來，搞不來！”她想。

别人介紹她來這裏的時候，是想一來什麽都會好的，從前的日子，像一刀割斷了的一樣。特派員跟她談話那口氣不也像是馬上會好的麽？現在來了上十天了，雖然别人都喊自己是同志，洋學堂的先生看見她的

① 告信，告訴也，教也。

時候，也不拿架子；聽過些没有聽過的稀奇話。但是除了這些有什麽呢？哦！有了。那就是每天回家之後，對宗保甚至於隔壁左右的臉嘴子。

怎麽會好起來呢？估不透。

“明朝不來啊？”那天回家時她對特派員跟女宣傳員説。

“做甚個？”

“我……我搞不來！”她低着頭。

“你并没有做甚個！”

“不做甚個來做甚個呢？”

“哦！”特派員恍然大悟地笑了。“那，那，你去籌備一個貧農識字處好不好？”

“甚個呀？”

“你去約同村的別村的不認得字的人，不管男的女的，祇要不是小孩子，叫他們來學認字，我找人來告信。”

“好是好，爲甚個不要小阿子呢？”

“小阿子再想法子。”

“我可以學麽？”她没有等到回答就走了，在路上她想：

“也有事做啦！”

九、等門的悲哀

桂英現在是忙了。白天晚上，常常不在家。但是她對宗保却特别好。晚飯的時候，她對宗保説：

“弟，咱們夜裏去看聯歡會好不好，還有文明戲呢。”

“天氣這樣冷，熬夜？半夜三更，摸黑路回來？我不去。”

鍋碗洗了之後，她又哄小孩似地：

“弟，一同去吧，多不容易一塊兒看會。我常常在他們面前吹你，年紀輕，吃得苦，能幹，認得字。你總怕見世面，别人以爲我扯白。”

“‘同志’，請吧，陪不上。”

“那你等我回來纔睡。”説着，她口裏吹着哨子，連跳帶跑地出去了。

起初，要等門，他是不願意的。但是她是“同志”，認得從縣裏來的特派員。特派員對她都蠻客氣。有什麽事，總幫她的忙，自己没有辦法。所以漸漸就降服了。

他點了燈，靠在床邊，翻出她帶回來的一張傳單。題目是“告農民書”。他看了一行，有上十個字認不清楚。於是就擱下，拿起老本頭《萬事不求人》來看他的“二一添作五”。

本來，他也想搞一下的。那宣傳員們的話，雖然不十分明白，却大部分都可滿意。但是桂英搶了他的先，他不情願。他想，搞就搞，要女人做什麽？女人不懂得外面的事，衹應當在家裏做活。假公濟私地説格門，説黨，不過想出去多丢幾個迷眼[①]，多打幾個“麥林會”[②] 罷了。什麽事情都會壞在她們手裏。於是他反幸灾樂禍地説，看你們搞出什麽“猴形”[③] 來！他頂覺得有理由的是：别人縱然我不知道，桂英，是我的堂客，我還有不明白的麽？她懂得甚個？

“二一添作五”也不能引起他的興味，没有看到一頁，他就參着了。

從壁縫吹進來的風把他凍醒的時候，已經不知道是什麽時候了。一燈盞油已經燒完，火焰在燈盞的當中軋軋地響。他起來撥了一下燈草，把燈托裏的漏燈油倒在燈盞裏。外面的風呼呼地颳着。好像有散會回來的人，在路上唱：“我們是……農人的少年……”。過了一會，聽不見了。但是桂英還没有回來。

曉得她去搞什麽猴去咑呢？他蠻不高興地一口吹滅了燈，原身打原身地倒在床上，扯開被窩睡了。

他還未睡着的時候，外面有桂英叫門的聲音。

---

① 吊膀子。

② 在麥田裏幽會。

③ 猴形或猴，没有確切解釋的話；略如，名堂，把戲之類。

十、“女同志的男人”

宗保不但夜晚等門苦，白天裏走到外面，又被隔壁左右的人譏誚。他們給他取了一個别名叫：“女同志的男人”。這話，在他聽來，不如叫他是烏龜王八鱉還要好過一點。

本來，在村子裏，前村後村，有好些人是“同志”；從前都和宗保很好。但一到他們成爲同志了之後，宗保便覺得那些人像跟他隔着一個什麽似的，自然而然地和他們疏遠了。他所來往的人，雖然年輕，也都像高發跟貴銀，很看不起桂英，尤其是看不起宗保。在他們看來，宗保是天下第一個没有“脾胃”[①] 的男人，竟讓堂客在外面胡搞而没有辦法。這種人衹碰見一個，還不打緊。要是碰了兩三個，他們故意裝着没有看見宗保，你一言，我一語，説些半酸不辣的話的時候，宗保就衹有往屋裏跑的機會。

十六歲的自己屋裏[②]的弟弟宗富對宗保説：

“宗保哥，説你不喜歡的話，你那嫂子不管管不行。外面的閑言閑語太多，不光衹你明朝不好做人，就是咱們姓楊的走出去，都像矮咑一矬子。”

“唉！你又聽見什麽難聽的話咑麽？”

“話？要多少？你知道别人背地裏叫甚個？”

宗保低着頭嘆氣：“女同志的男人”，這孩子雖然没有説出口，他心裏是明白的。不錯，要是從前，罵她幾句，打她一頓，現成。現在，你一開口，她雖然不回罵，但是硬話不讓一步，簡直説不赢。要是動手，保不定她不對來。她的牛勁，自己清楚，對來，不見得有上風占。他媽的，男子大丈夫，要是被自己的“堂客”打上咑身，以後還活不活在世

① 本領。

② 同宗。

上呢？還有，特派員，同志，一清二楚，有理無理，要幫她説話。

“喂哥，朗樣呢，你説？要是你怕打不過她，定一個時候動手，我來扯‘陰陽架’①，把她箍起，盡你‘捶’②。不過，打，也不是一個好法子，不如幾時等她在開會的時候，拿出丈夫的威風，把她，當住千人百衆，拖回家來關一兩天，以後她就没有臉見人咐。”

方法是還不錯。宗保也曾這樣想過：“一不做，二不休”，難道特派員們就因爲這樁事把我殺了麽？但是，一回想，桂英待自己不錯；雖然閑語很多，丢人的事，誰也不過是猜猜罷了。這辣手段怎麽忍得心？并且，别人不知道，桂英有了三個月的喜。

“我有法子的，等着瞧吧，不消你操得心。”其實，他不過在别人面前裝裝面子，法子在哪裏？

他一個人的時候，捏着拳頭，袖子挽齊肩膊，覺得自己已經二十來歲了，不是和桂英般長般大的小伙子麽？怎麽就把一個堂客没有法想？結果：他一面摇頭，一面苦笑地自言自語：

“抱起媽肏的，女同志的男人!”

十一、大失敗

第二天要舉行一個露天大會。晚上，特派員召集了幾個同志在區黨部籌備處開預備會議。穆桂英女同志也在座。

特派員説，明天得有一個女同志上臺演一回説纔行，你們説推哪個的好？女同志一共有三個。一個是跟特派員同來的助理宣傳員，一個是吴村的吴如意，還一個，你知道，穆桂英。女宣傳員進過女學堂，作過事，是城裏人，能説會道，大家一致推她。但是特派員説，同志們，要是有一個本鄉本土的女同志出來説話，效果一定會大些，怎樣？同志們

---

① 明勸暗幫。

② 打。

一想，穆桂英没讀過書，也没演過說，一定不行。吴如意呢，今年還止十五歲，雖然在私學裏讀過書，但是不開通，見到生人就紅臉。并且完全是個小孩子也太不鄭重。另外可又没有人了。

大家吵了半天，有人主張用不着女同志演說；有人提議還是女宣傳員好；後來特派員說，叫穆桂英同志明天去試試看。桂英站起來推辭了一回，推不脱。

會開完了。特派員告訴了桂英好多話，叫她記住明天說。并且叫她不要怕。格鬥，是没有什麽叫做“醜”或者“不好意思”的。另外一個同志在旁邊說：

“宗保嫂，要好一點，這是咱們的面子呀。”

别人喊她是“宗保嫂”，在平常她總要說：“哪個是宗保嫂，别人又不是没有自己的名和姓!”現在她興奮得了不得，專心聽着特派員的話，没有聽清楚，就衹笑着點了一下頭。

她差不多一夜没有合眼，翻來覆去地背着特派員告訴給她的話。她想把小媳婦兒受公婆的打駡，老婆受男人的欺負，宗保挨了二太太的駡……這些話都加進去，可是不知加到什麽地方纔好。

第二天到了。會場裏擠滿了兩百多人。貴銀老頭子跟高發老頭子們都來趁熱鬧。

開會了。主席特派員說了半天話之後，介紹說，“請穆桂英同志演講。”

這話一說出來，臺下就是一陣哄動。有人大聲地笑；有人說，簡直是搞得玩；甚至有人喊起小媳婦兒來；也有人說，莫吵，看她講個什個給我們聽。

桂英站起來，先向臺下一望，盡是熟人，覺得真有點不好意思，喉嚨裏像有個什麽東西鯁住了。

“同志們，鄉鄰們，咱們，這個，今天，那個，會議，這個這個，農民的話，那個那個地主的話，格鬥呀，咱們呀，有錢的人壓迫窮人，地主壓迫農民，男人女人……”她覺得昨晚背得溜熟的那些特派員所告訴給她的話，一句也不記得了。她急得臉鮮紅。越急越説不出來。

會場的秩序完全亂了。大家笑得打滚。高發老頭子扯起喉嚨喊：

“桂英，牽牛喝水去!”

連特派員也暗中連聲叫着：“大失敗，大失敗。”

十二、哭的理由

桂英一回家，什麽話也不説，就躺在床上。

宗保把晚飯做好了——近來，他常常自己做飯，要是桂英不回來的時候——站在床邊喊：

“喂，起來吃飯呀!”

“不吃!”

“爲甚個呢?”其實，他雖然没有到會，桂英演説的消息早已有人告訴給他了。他是早已“八卦算就”了的，她懂得什麽呢，能够上臺演説麽?但是，像傳消息的人學的那樣壞，又似乎有點不肯信。他知道，桂英不知怎樣學的，已經認得幾十個字，常常帶些畫報跟小册子回來跟他兩人看，講起畫上的情節，比自己還高明得多。千講不出，萬講不出，也該不至於丢那麽大的醜。

桂英剛回來的時候，他看見臉上的神情，心裹暗暗地感到一種勝利的快感；過了一會，看見她躺在床上連飯也不吃，又好像這樁倒霉的事是自己幹了的一樣地難過起來。晚上，他很温和地勸她：

“姐，莫難過，哪個人一上臺就講得好呢?”

桂英聽見他勸，反抽地抽地哭起來了。他第一次看見她哭。她説：

“我不是爲講不好話難過，我敢誇一句口，下次講話就好咑。祇要聽特派員的一句話：‘莫望下面’就好咑。”

“對，你爲什麽連飯不吃呢?”

“我氣的是所有的人對我的樣子太不公平。我平常到籌備處去幫忙，順便學認字，除了幾個同志，没有看見外人；看聯歡會，没有上過臺，也不知道别人對我怎樣。今天我都看見咑。有人喊，‘桂英，牽牛喝水去!’個個人都是這樣，不過没有喊出來。是的，我不中，我曉得；你們中，爲什麽不搞呢？自己不搞，生怕别人搞好咑；一有錯，就叫你‘牽牛喝水去’。你也牽牛喝水去，我也牽牛喝水去，什麽都多餘，收了穀子，還是往地主家裏送！何苦呢？我桂英又不是‘瘸聾殘疾’，又不是‘七老八十歲’，不搞就没有日子過？好不好，還不是爲大家!”

多少被桂英同化了的宗保，覺得桂英的話都是對的；同時覺得她所説的那些人，連自己也在内，也開始慚愧起來。桂英現在的確是不同了，比她從前，説起話來，簡直像兩個人一樣。我們男子大丈夫，不搞；讓堂客們搶了先，到了覺得她們搞得不好的時候，幸灾樂禍地説風凉話，這是什麽道理呢？但是，他又馬上想起了别的事，他對桂英説：

“所以，格門這樁事，多够灰心！你幫大家搞，哪個也不領情，反譏誚你！咱們又不簡直没吃少穿，姐，以後還是少出去跑，在屋裏做點自己的活，落得安逸。自然，收的穀子要往地主家裏送，太不公平；但咱們這也不是一家呀。”

桂英不做聲。

“并且，你説是不是，宣傳員們的話，不可不信，也不可全信。十五年的時候，一些當鋪裏的人説得多好聽；過咑没有幾天，不知爲了什麽，你殺我，我殺你，咱們村裏就死了幾個。現在還不是一樣，天天説分分分，到幾時纔實行!”

“莫瞎嚼!”桂英氣憤憤地説，“你怎這樣糊塗？宣傳員的話，儘管句句都是騙人的；但我們都搞起來咑，作主的就是我們。我們要分就分，不分就不分。宣傳員能够説他對我們講的是騙人的，就不許我們分麽?”

句句話都有道理。

“但是，説起來容易，做起來，危險。那裏殺，這裏砍，説不定想分分不到手，倒白送咑性命。”

“不跟你這貪生怕死的説話。”桂英打起鼾來了。

第二天早晨，宗保醒來的時候，桂英已走得無影無踪。

十三、公平的人們

雖然桂英說所有的人對她自己不公平，其實，人們并不都像她所想的那樣壞。那天散會的時候，高發老頭子在路上聽見了好多埋怨。連貴銀老頭子也說：

“高發哥，你太過火了。桂英那傢伙，平心兒說，也虧咧她。才兒[①]的世界，是要攏[②]搞的哩。”

高發無話可答，勉强地說：

“我，我不過隨便喊得玩玩……并不是……”

“是呀，咱們是隨便玩玩，年輕人們還要做乾坤，禁不起呀。所以……太，太糯果[③]咧……”

有一個年輕人甚至於說：

“你，媽的，能百五的繼兒子[④]？充能？你種不去上臺說說看？男子大丈夫，幾十歲，笑人家姑娘家！”

同志們的想頭又不同。他們想：“桂英同志真行，要她搞，她總搞，不管搞得好不好。”

是的，他們也笑過她；但是，過後很有些人覺得自己笑得不對了。“我們對於一個熱心的勇敢的同志，不該幸灾樂禍地笑。”他們記着特派員的批評，特派員的話，是不會錯的。

“没有人比桂英同志還勇敢，也没有人還熱心，你說是不是？”教員在寫標語的時候，對吴如意這樣說。

“哪個說不是呢？人家說她演的說不好；我看也就很好咧。一個人，

---

① 才兒，如今也，現在也。

② 攏，那樣也，如彼也。

③ 糯果，那個也，怎麼的也。彼此共喻。不必說出之名詞。或一時找不出適當語時，亦以此代之。

④ 能百五，萬能者。

第一回；比方你第一回寫字……”

“演得不好，她還肯演呀。別人肯不肯？工作，衹要做，總會搞得好的——桂英同志，不是我說的話，我看比她還㬹贅[①]。”教員用嘴向隔得很遠的女宣傳員一挑。

如意掉了一下頭，低聲說：

“真說不定呢，要是桂英姐讀過書的話。”

“我說，咱們選舉的時候，舉她當……”

“不管別人舉不舉，我是要舉的。”

“咱們要多咤[②]幾個人呀——不知特派員同志的意思……”

“他一定贊成。前天還說，女同志要有人當選纔好呢。女同志……還有哪個？”

說着說着桂英進來了。這兩個低聲地說：

“莫做聲，咱們的委員來啦！”

十四、半年以後

桂英當選爲區當鋪委員之後，就跟宗保分了家，搬到當鋪裏住去了。

“分家”的意見，是宗保提出的。因爲，自從她當選了，在有些人之間，又起了一種新的閑話。說是，她的當選，是因爲跟特派員有“皮絆”。宗保可受不了。

分家了半年光景，楊村吴村，村連村的風氣，大大地改變了。小伙子們，成群地組成什麼旋風隊，真地跟旋風一樣，前村捲到後村；滿口是“打倒”，“擁護”，“我們是……”。像桂英那樣的女人，也滿村都是，再也没有人用奇怪的眼睛看她們了。

桂英在歡送三十幾個慰勞隊員到前綫去的時候說：

① 㬹贅，厲害也，了不得也。

② 咤，約也，此處有疏通意。

“同志們，剛送咐五十二個志願兵，纔兒又送你們走，我覺得我們女同志没有比他們男同志落後一步。在半年以前，像你們這樣的女同志，是没有的。就是我，雖然在那時候，被當作怪物看待，可是比起現在的你們來，還是落後得很。比方，我，因爲怕别人説閑話，怕人看不起做格鬥工作的人，到現在還是像守寡一樣地過着。你們中間，誰還把這樣的事，放在心裏呢？你們，比起我來，是活潑得多咐，勇敢得多咐，也自由得多咐……”

這樣活潑勇敢而又自由的女性們出現了之後，誰還記得世界上有過高發老頭子之流呢？

不説别人，就是宗保，現在也過得很格鬥了，可惜的是，除了他自己，没有一個人曉得。這，真有點令人不平。

宗保很少看見桂英，有時看見了，她衹望他點點頭，跟一個陌生人没有兩樣。但他，都好像有很多話要對她説。他以爲她一定不等他説，就會明白的。誰知她倒像什麽也不曉得的一樣。他有時很原諒：她很忙，不但在黨部，現在還要在收費岩做工作，收費岩開在場裏，場裏離村子四五里路，也够她跑的咐。不過，有時候，竟直又恨她：這一定是她在當中搗鬼，要不然，我早就可以搞起來咐。可不是麽，比我還不行的人，都在搞；連要捶桂英的宗富，也當咐旋風隊哩。

他找着一個同志，對他説：“你看是不是？我説，咱們種别人的田的人，哪個不是天生的該格鬥的？不格鬥，那是因爲他糊塗，不懂事，有口飯吃，就心滿意足咐；想過好日子，各顧各，怕死，没法想。像我，哪個婊子養的早就不想搞，衹因爲……嘿嘿……現在……無論甚個，都没有比格鬥還要緊的。”他以爲這樣説了，就有人會來找他的。在屋裏等了幾天，一個人也没有來。

非得找她，非得找她。他想。但一想起找她來，不知爲什麽，他覺得有點害怕，也許是害羞。

他果真去找她，一共去了三回，但不巧得很，一回也没有找着。

没有等到他找着的時候，世界又完全變了！

十五、變　化

起初還以爲是謡言，慢慢就證實了。

馬孟起，你們曉得麽，真是纍贅角色，銀盔銀甲銀旗號，銀鞍白馬，帶領十萬，不，百萬天兵天將，殺殺殺，殺到這裏來了。爲什麽要殺來呢，天曉得!

真糟糕，連薛仁貴的火頭軍都敗下來了。

“跑呀，跑呀”，大家嚷着。當鋪裏的人，收費岩的人，同志們都跑光了，還跑了一些别人，比方説，高發老頭子。

他們跑到哪裏去呢？有人説是新姜，有人説是青海椒，還有人説是“用菜籃子挑水”的那裏。總之，都是没有聽見説過的地方。

是跑好呢，還是不跑好呢？宗保想找個人問問，但是，以爲可以問的人，一個也不見。别的人，他自己也“找不到[①]”。宗保可火[②]了，他駡：“老子説當鋪裏人没有一個好傢伙，天天格鬥格鬥地，一聲有事，跑咁，丢下老子們!”

人一天天少了。他們説，還不跑？馬孟起，不比别個，他要殺得“鷄犬不留”！宗保衹是搓手跌脚，“這該朗搞呢？這該朗搞呢？要是，鷄犬不留，唉，真是羊肉没有吃，惹得……倒不如……媽的，爲甚個不要老子呢？”

没有等宗保跑得及，馬孟起的天兵天將已經到了。殺殺殺，村連村，殺得鬼都看不見了。但是，好像做夢一樣，天兵天將的刀，没有砍到宗保的頭上。

宗保不知從哪個壁眼縫裏[③]被天兵天將捉住了。用繩子綁起，牽到

① 找不到，不懂也，不曉得也。

② 火，發怒也。

③ 壁眼縫裏，幽僻之處也。

當鋪裏。還有别的好多不認得的人也被捆起在。

經過幾次的審問，宗保被認爲“好人”① 了。但是，不放，要他當團士。

“曉得麼，不當團士，就是反格鬥，就要殺頭!”

“當，當，哪個不當?”宗保不老早就變得格鬥了麼?

從此，宗保變得比那些同志們還威武了，簡直跟火頭軍一樣：有槍，有子彈，并且還穿的軍裝。宗保出頭了。

十六、結　局

天兵天將們在到處搜索，聽見蘆草内面有小孩子的哭聲。鑽進去一看，一個赤身裸體的小孩，不過剛生下來三兩天，爬在一個失了知覺的女人身上哭。那女人躺着在，下半身全是血，腥氣難聞得很。看那樣子，是個叫化子。

他們把她弄醒了。

“你是做甚個的?”有一個天兵天將問。

“唔?”那女人半睜開失了神的眼。“呀呀呀……”

“問你是做甚個的?”

“呀呀，唔呀呀……”

“媽的，一個啞巴。”

有人主張算了吧。但這主張没有主張帶回去的有力。他們把她連小孩，半拖半抬地拖到營盤裏了。

大的天兵天將問：

“真是個啞巴麼?”

“真是個啞巴。”

“有人認得麼?”

---

① 好人，無罪之人也，良民也。

“没有。”

“混蛋，叫本地人來認呀，叫團士們來認呀。衹説認得的有賞。”

啞巴女人軟弱地躺在天井裏，一隻手無力地管住小孩。小孩不住地哭。大人跟小孩渾身都是血，泥。看的人全掩住鼻子。

她覺得有很多人圍住她。很多人在嗡嗡地説話。

“你們認得她是做甚個的麼?”

“不認得。”

“你們這裏，没有看見這個要飯的啞巴麼?”

“報告，我們這裏，好久没有要飯的咁。”

“一定是别處人。”

“一定是新來的。”

大家紛紛地議論。忽然有一個人擠進來，看了一回，就大聲地叫起來：

“她，是她，啊……”

“你認得麼?”

“報告，是她，她是，她是格鬥同志，她是當鋪委員，她叫……她是我的……”

啞巴女人聽見有人説認識她，睁了一睁眼，想抬起頭來看是誰。還没有抬起來時，“砰”！一槍打在她的身上了。連小孩也停止了——永久停止了哭聲。

在死之前，她已經知道那認出她的人，名字叫做：楊宗保！

一九三三，一〇，二七

風　塵

日子是無窮的，路也是無窮的，反正一下子過不完，走不完，何必急急忙忙像過了今天，没有明天似的呢？火車非常懂得這道理，所以拖着悠長的狐狸尾巴，背着笨重的蝸牛的殼子，從容不迫，好整以暇地在路上磕碰着，摇晃着，顛簸着；而且，每到一個車站，像忘記了似地停下去。

鐵篷車裏頭的我們，過了幾天，也變得聰明起來了。急也没有用，人總不能推着火車走。既然自己的運命的擔子，自己没有法子擔負起來，又何不爽性丢在一邊，落得輕鬆地休息這麽一個短短的或者長長的時間呢？有得吃就吃，有得喝就喝，有得説笑就説笑；人，衹要能够樂天知命，或者説聽天由命，就無論在怎樣的環境裏頭，都會心廣體胖的吧。

十幾個人坐在車厢裏的地鋪上——這是鐵篷車，就是裏頭没有椅子或茶几之類的裝置的。自然也没有别的裝置，比如説，窗户哇，電燈哪，厠所呀等等。不過我們已經很滿足了。比之於那站在敞車上，連坐一下也不能够的兵士們，比之於巴在車頂上，無依無倚，車一震動還有掉下來的危險的難民們，這鐵篷車裏，豈不是和天堂一樣麽？總之，我們十幾個人在這坦坦蕩蕩、莽莽蒼蒼的小天地裏，各人拿出自己的鋪蓋，在地板上開着毫無畛域的連鋪，而共同生活着，已經差不多一個星期了。我説十幾個人，是指我們這個連鋪，也就是車厢裏的一頭；而另外一頭，也是一個連鋪，也有十幾個人，自然也是十幾個樂天知命的人。不過那是另外一個世界，和我們不相干，正像火星上的什麽和我們地球上不相干一樣。他們也有男的女的，有挂武裝帶的軍官和像公務員之類的西裝朋友，我們不知道他們是幹什麽的。

我們這一群，怎麽説呢，我們是一群文化人，比如小説家阿密，詩人蓬山，畫家吴季風，散文家張緋，都是鼎鼎大名的角色。其次有話劇導演史青文，女演員香雨，新聞記者蒼生；再加上我自己。我，你們都知道，我是××學專家。一句話，都不推盤。衹有兩個學生，是兩位小姐；還有一個是招待員，是學校裏派來歡迎我們，招呼我們的。我們是戰區大學新聘請的藝術系的教職員，蒼生是新聞學系的。

有人不知道又想知道文化人的生活麽？在這裏我要告訴他。不，我不能告訴。我們是一批文化人，這是無可懷疑的；可是在這路上，在這車厢裏却并不是表現文化人的什麽特點的地方。而且，老實説，在日常生活上，文化人也并没有很多特點。因此，我們這十幾個人，現在，無非是十幾個普通旅客，甚至無非是十幾個普通的難民。我們有幾個是從淪陷區逃出來的；大多數又都失掉了生活的依據，在武漢流落了好幾個月。這時候，日本“皇軍”已經占領了我們的首都，南京。

我們十幾個人坐在地鋪上，小説家阿密的椅子不知是誰的箱子，畫家吴季風的底下是他自己的枕頭，導演史青文靠着背後的行李……女演員，女散文家，女學生，她們都取着一致的行動：用被子蓋着伸出去的腿，爲的腿上都衹有一層單襪子。這時候，我們都武裝着：詩人蓬山，手裏是一把雪亮的大刀；導演先生的武器却是三股鋼叉；女散文家拿的是兩根象牙筷子；女演員的筷子是銀的，頭上還有一副鏈子；另外兩位小姐的是紅骨頭的，紅得像三月裏的杜鵑花……我呢，我什麽都没有，可是我比他們都勇敢，簡直就徒手上陣了。敵人擺在正當中，那是麵包，饅頭，包子，牛肉，猪肉，沙丁魚之類。説聲“衝呵”！就一齊動手，各嚮着早在心目中選擇好了的目標。“把他消滅，把他消滅”，無需乎什麽持久戰，脆弱的敵人就像斷殘的雲片被暴風捲得無影無踪。在有些羽扇綸巾，談笑却敵的儒將們還在一面指揮，一面談着三教九流，諸子百家的時候，沙場上就衹剩下犧牲者的破碎的盔甲，零落的肢體了。我們勝利的戰士們，除了一兩個還在肅清殘餘、收拾殘局以外，就都擦着各自的武器的血迹，揩乾净嘴角或手指上的油污，喝茶的喝茶，吸煙的吸煙，或者還劈開火柴棒向牙縫裏挑撥。真是一場惡戰哪，十幾個生龍活虎樣的年輕人，勝利之後，就都現出疲乏的神情來了；導演先生簡直閉上眼睛，靠在挨墻堆着的行李邊，讓腦袋挂到胸前。……

那外面是遼闊的北方的冬天。

“你們第一眼看見北方的時候，有過什麽感想呢?”我們的小説家説。

每天或者是飯後，或者是睡前，我們總得談一點什麽，不然就是哇啦哇啦地吵一回。新聞記者就講過“目前抗戰形勢”，香雨小姐唱過“九一八，九一八”，張緋女士的西西恰買馬的故事又幾乎把每個人的肚子都笑疼了。昨天輪到小説家講話的時候，他先向别人發出這樣的問題。不過他也没有等候别人的答復，接着就自己説：

“我呢，我是有一個疑問：北方的人們，究竟生活在地面上呢，還是地裏頭呢?”

這額角上發着紫醬色的光的廣東人，運用着他的不很靈巧的廣東官話，噴出霧沫一樣的口水説着。藉着兩隻手的揮動的幫助，加上他小説家慣常的描摹，使人覺得他的話裏頭，他的手所揮動的虚空中，就像有什麽看得見的東西存在。

“瞧哇，這一望無涯的黄土，一望無涯的塵霧……”

隨着他的話，那車外的曠野就毫無遮掩地裸露在我們面前：没有一根曾經生活過的枯草，没有一根還留着敗葉的樹；高的山峰像純金的寶劍插入雲霄，低的河床，縱横着車輪和馬蹄的痕迹，你不能相信它什麽時候滋潤過，也不能相信什麽時候再會滋潤。驢、馬、人、車子、恐怕從來不曾顯露過鮮明的樣子；衣服永久是破舊的，毛色永久是灰暗的，面目永久是模糊的；白天裏就在那黄色的塵霧裏喘息，奔走，像魚蝦在泥塘裏吃力地游泳，夜晚就走進那暗夜的寒冷的窑洞，人和畜牲都縮緊在那堅硬的土炕上面或旁邊，土炕上是永久掃不乾净的灰土。

“風是這曠野的惟一統治者……”

他説。他像講着什麽神話似的，説那風怎樣仗着黑色劍，披着黑色的外衣，騎着黑色的馬。它怎樣凶暴地呼嘯，怎樣瘋狂地鞭打那無助的馬。那馬，失智地跳躍，踢打，奔馳；口裏吐着白沫，身上流着汗水，不住地發出悲慘的嘶叫。馬蹄所接觸的地方，就捲起塵土的浪濤，噴出塵土的飛沫，都變成塵土的煙霧，涌汹着比錢塘江的秋潮還要偉大的壯觀。

“那風就這樣吹過土山，穿過樹林，跑遍那一坦平陽的野地……”

我們十幾個人完全被他的講風吸引住了。我們都目不斜視地望着他的口，望着他的手，望着其實什麼也看不見的黑色怪物奔跑的姿態。他的口沫噴在好幾個人的臉上，我們却没有一個人想到把它揩掉。

“有一回”，他接着説，“我和十幾個人乘着運輸汽車在北方旅行……”

他説那時候春天已經開始了，陽光是温暖的，一點小風吹動遠處的樹枝，那些樹枝竟然慳吝地露出了幾點嫩緑的顔色。

“不過放眼一看，兩邊的向後面飛跑着的地，仍舊是一片荒沙。雖然没有什麼風，那笨重的汽車一跑起來，自己就捲起一陣風暴；塵土從車的兩旁，車的前面和後面，以及車底的窟窿裏飛揚起來，把車上的人和東西一齊罩住了。然後，它像一條龍一樣，這樣矯着，這樣矯着跟着車子跑。……”

他的手在空中彎彎曲曲地劃動。

“這樣走了小半天，車在一個站口停下來了。……”

他説，他們從那行李堆的高山上爬下來，各人招呼着各自的路伴，到下面找休息和用飲食的地方。站上本來有些兜攬生意和看熱鬧的人，十幾個人一下車，又是一陣忙亂，霎時之間，他找不着他的朋友了。他和一個王先生一路。他向四下裏探索了一回，接着就大聲地，同時也是没有向着一定方嚮地喊：“老王！老王！”“什麽?”那熟悉的聲音馬上在極近的地方回答，原來那個人就在他面前，而且面孔正對着他！他仔細望了他的朋友一眼，禁不住就哈哈大笑起來了！

“你們不知道，那樣子纔好看咧！一臉盡是土，就和經過風吹雨打，剥落了一層皮的神像一樣。眼睛，鼻孔，嘴，那裏是幾個黑洞，周圍的土，經過眼泪和呼吸的氣息的滋潤，都變成濃黑的泥了。鬍子，眉毛，眼睫毛以及臉上的汗毛，都在泥土上面竪起來、排成一行行，像雪地上的竹籬，一根根非常清楚。至於和原來的臉相像的地方，却一點也找不出來。再看别人，别人也是一樣，我自己當然也不會例外。……”

他還解釋：在車上的時候，大家被顛簸得頭昏腦悶，都用手巾兜着嘴和鼻孔，抵抗着風沙的欺淩，没有閑工夫注意彼此的面孔；而且，既然面部露在外面的很少，既然塵土迷漫着，也不能看清自己的面孔。……

可是我們已經無心聽他的解釋；倒在你看我，我看你，似乎想看看彼此是不是還認得出來。

車外的風，正送着一陣塵土從車門口擁進來。

現在又是飯後，小説家提議要方瑛和白璧講各自的志願。方瑛和白璧是那兩個女學生。

“這樣子，一年半載，戰争不會結束；我們會有一個長時期生活在戰争裏。不用説，我們都是擁護這戰争的，可是我們拿什麽東西來獻給它呢？或者説，在這戰時作些什麽呢?”

他説這一段“引言”的時候，臉是朝着方瑛她們的。不但應該輪到她們，而别的人也都東倒西歪地躺下了。

“做些什麽呢?”高高地躺在行李堆上的記者説，“教書的教書，讀書的讀書；你寫你的小説，我訪我的新聞。”

“我不是指這些。”小説家解釋，“不是説能够作什麽，是説願意作什麽，想作什麽，甚至於幻想……”

“幻想?”我也插一下嘴，“比如我就没有什麽幻想。”

“我没有問你呀。你和我都可以没有，我們的幻想，也許早被現實的東西打得粉碎了。可是有人有的呀，像她們……”

他又朝着兩位小姐。

“我没有。”方瑛用很清脆的北平話説。説的時候，露着雪白的牙齒，神秘地笑了一下。一笑，嘴角邊就旋成兩個圓潤的酒渦。

“她有的。”白璧玩笑似地從旁證明，“她想做一個……”

“算了，算了，誰要你說。”

方瑛轉動長睫毛的眼睛，嬌嗔地推了白璧一把。不用說，那衹是表意而已。白璧稍微側了一下身，就用手抓住了她的豐腴的手腕。白璧的手在她的手腕上格外顯得白。

“好吧，不要她說，你就自己說吧。”

小說家催促着，向我望了一眼，好像說，“你瞧。”

方瑛是江蘇人，故鄉在沿江一個縣城裏，本來在一個女中讀書。現在是，家不知怎樣了，學校却住着日本軍隊。她在漢口就和張緋認識，進戰大也是張緋介紹。在車上過了一個星期，大家都熟得和一家人一樣，同吃同喝，同玩同笑，都很隨便；衹是她講話的時候，總帶着一點兒羞怯。

“唉唉！”她說，“怎麽說呢？真是！……”

“不要羞羞答答呀！”白璧是頑皮的。

“誰羞羞答答？”從白璧手裏把手抽出去的時候，妖嬈地扭動了一下腰肢。“我幻想……”她突然抬起頭來，黑大的眼睛似乎望着什麽遠方。“在前綫，我們的戰士在和敵人……軍官們在指揮，輸送隊，救護隊……唉唉，説不出來，不曉得爲什麽。”摇了摇頭，眼睛重新垂下，一層紅暈浮上兩頰。

“很好哇，”小說家鼓勵她，“起頭就起得不壞！”

“其實，”她說，“平時我會說的，現在你們叫我說，反而……是不是因爲申明了是幻想，就不妨說得荒唐一些呢？”

“當然不妨呵，”小說家說，“越荒唐越……”

“在那黄塵滚滚的曠野裏，盡是我們的穿灰衣的戰士；或者在山林裏，草地上，盡是穿草绿色的軍裝的戰士。這單一的顔色中間，忽然來了一個異様的東西。你們猜……”

晶瑩的兩眼，第一次掃向她的聽衆。

“説吧，小姐!”本來睡下了的張緋，這時候又坐起來，“别賣關子了!”

“我猜一定很有趣,”小説家説。

“要我猜不?”白璧笑着問。

“是一匹白馬。”她向白璧略爲摇了一下頭，“一匹高大的白馬。馬上搭着一床大紅毯子，毯子上坐着一個女兵……你們不要笑哇，一笑就説不下去了!”

“没有人笑哇!”張緋斂住笑開了的嘴。

“那女兵，那女兵……唉，怎麽説呢?那女兵手裹拿着一支雪亮的手槍，背上背着一捆稿紙……别笑，原説過是幻想啊!另外還有一個熱水瓶，一支自來水筆。她不知從什麽地方跑來的，許多人圍攏來。她跳下馬，和别人講話；一面就抽出筆，打開熱水瓶，那裹頭是她的墨水，顔色是紅的!……”

“那是敵人的血!”白璧插一句。

“對了，是血!她吸飽墨水，拿出稿紙，把馬鞍子當做寫字臺……她是戰地記者。”

“還差一句呀!”小説家説，“她就是你。”

“是的，我是這樣幻想的。”

“很美麗!”張緋舒展着長眉，似乎自己也在想。

“悲哀呀!”我笑着説，“阿密，這學生不是你的，也不是我的，是蒼生的。”

“不!”半天没説話，我們都以爲睡着了的蒼生，突然冷冷地説，“她不是我的學生，恐怕還是我的先生咧。我没有這樣闊過。而且，這真是個小姐式的幻想啊，就真這樣，在我也是毫無趣味的。”

我們都愉快地笑了。

“那麽，你呢!”小説家問白璧。

白璧和方瑛是同鄉同學，戰争開始又遭遇了同一的運命。可是樣子却完全不同。方瑛是很美的，一種柔媚，婉孌的女性美。白璧則是男性的，除了肌膚比方瑛還要白皙細膩以外，一切都像個英挺的少年。神態的豪邁，就像無論什麽時候，都站在山峰或懸崖上迎着天風的拂蕩；像無論什麽時候都昂着頭，挺着胸，無論有多少人在她面前，她都當做什麽都没有地向前走去。修眉長眼，端正的口鼻，紅白分明的唇齒，本來都説明她的美，并不下於方瑛；但這些和那青春的，高貴的，除了使你贊嘆以外，連平視一下也不會想到的風度一比，却都成了小節。

“我麽?”她坦然地説，“我倒是真没有幻想的，想的事情，都老老實實，平平常常。我想成爲一個藝術家，可不知道做哪一種。弄文學吧，丢不下繪畫；畫畫吧，又覺得還是演戲好。有時候又覺得都不好，都不是革命工作。我到現在還徘徊着。”

她説了之後，不知爲什麽，我覺得她和方瑛的志願或幻想都和她們自己不相稱，簡直就應該對調一下。女性的方瑛，有一個英雄式的幻想；應該是個英雄的白璧，却是一個猶豫不決的人！不過這車上，幾乎每個人的性格都和自己的職業或身分不相稱的。新聞記者是個粗暴傢伙，動不動就伸出胳膀，晃動拳頭，好像隨時都在準備打架。導演先生是個瘦弱的懶散的人，一天到晚都昏昏沉沉地睡覺，甚至於把一個女演員也導演得好睡起來；散文家張緋，以她的青春聲譽和幸福的生活説，都應該是快樂的，可是她憂鬱，好像地球明天就要破滅；詩人蓬山却很猥瑣，眼光永遠注射在幾件值不得提起的事務上；還有那招待員，本來是招待我們的，可是什麽都懶動，一路上倒是我們在招待他。

我踢着地面的塵沙，在車站上走着。車停在一個大站口了。説是車站，車站的房子和月臺却没有看見。這一列車前面還有好幾列車，它們也許正在月臺那裏，也許越過了月臺，而我們却不知道月臺在什麽地方。我們這一列車很長，究竟有多少節，簡直没法數清。起初并没有這樣長。沿途的站上給我們加上軍用車，難民車，恐怕有原來的十倍多了，以至於尾上也不能不安一個車頭。沿途加車，沿途等對面來的軍車客車過去，還要等後面來的快車上前，還要停在什麽山洞裏躲避敵人的空襲，這就告訴你這一列車爲什麽走得這樣慢。

車一停，我們很多人都下來了。每到一個站口，我們總有很多人要下來的，車上没有窗子，衹正當中有一個上下的門；東西多，人也不少，坐久了就有點兒悶；同時我們差不多都是南方人，有的還是初次到北方來，對於北方的風景人物，都有着很大的興趣；另外呢，每個人似乎都需要一點熱氣蒸騰的飲食，需要一點不受别人牽制，完全由自己的意志選擇的飲食，我們一天幾頓是大伙兒一塊兒吃的；最後一個理由，説起來似乎很不雅，我説過，車上没有厠所。車子旁邊盡是人；許多人是從車上下來的，許多人是趕車的，許多人是做生意的；却也有許多人什麽都不是，你就不知道他是幹什麽的。這些紛紛亂亂，蹌蹌濟濟的人們，黑魆魆地擠滿了路邊，使地面都改了顔色；可是你看不清一個人的面孔，分不清這一個人和那一個人有什麽不同。正像他們本來都在各人説着各人的話，那些話表示着各各不同的意思；却因爲遠遠近近説話的人這樣多，聽起來可就是一片嗡嗡，什麽意思也聽不出了。

没有下雪，也没有颳大風，天氣并不算太冷；可是一個個都傴僂着背，有的還呵着手，似乎比我們没有經過大寒大冷的南方人還要怕冷些。女的都纏着褲脚，露出小小的或者大大的金蓮；男的有的還拖着尺把長的小辮兒，脚下都穿着雙鼻梁的藍布鞋。男的女的，都是滿身塵土，説是人，其實倒和柿餅什麽的差不多。柿餅你當然看見過，正是北方的特産，它永遠裹着銀灰色的粉末，一抖，就像下雪似地往下掉。

我獨自一個人在人叢裏走着。走來走去，覺得有點兒口渴。并不是天氣熱，身上排出的汗水太多；也不一定是因爲空氣乾燥；主要的倒是眼睛裏耳朵裏吸收了一些使人不能不口渴的東西；這地面，這地面上的人物以及人物所發出來的喧嚷，幾乎無一不像裂開了口的田畝，等着你去給它一點潤澤。

我找尋賣茶水的，找了一會兒，碰見了一個小姑娘——這裏的人除了大小以外，很難分出他們的男女、老少或美醜來。她一隻手提着一把大瓦壺，一隻手托着叠起的兩三個飯碗。

“喂！賣茶的!”我喊。

“茶？先生,”她抬起那用塵土裝飾着的臉，瞪着笨滯的眼睛望了我一下，説，“没有了!”

没有好遠，一個男孩子——我猜他是男孩子，蹲在那裏，面前放着一把洋鐵水壺，我向他走去。

“你是賣茶的麽?”

“賣水的。”那孩子無論什麽地方也没有動一下地説。

“是開水麽?”

“洗臉水，兩分錢一盆。”

還没有等他説完，我已經發現他旁邊有一個和湯碗差不多大的面盆。那裏頭還有一條面巾，不過那面巾，如果你看見了，是寧可不洗臉的。

似乎再也没有賣茶水的了。於是，改變方針，找一點什麽可以解渴的東西吃吃。探索了好些陳列着食物的籃子、盤子和攤子，最多的是：花生、花生糖、核桃、核桃糖、芝麻糖、貫心糖、白的烙餅，醬色的滷鷄滷鷄蛋，乾牛肉之類，那些東西上面，甚至於那些東西裏頭，都裹着一層層的灰土。看到那些，不但毫不引起食欲，反而更其覺得口渴了。我不知道這裏的人是不是都隨身帶着一把刷子，我覺得這是頭等需要的：吃花生的時候先刷刷，吃糖果的時候先刷刷，吃鷄、鷄蛋以及無論什麽的時候，都得先刷刷！

人叢外面，不，比較人少一些，離火車遠一些的那邊，有幾間矮屋子，遠遠望去，門口擺得有桌子板凳，也有些人坐在那裏，一定是賣飲食的。我向那裏走去。天是灰暗的，没有太陽，塵土撲在臉上和身上，我覺得也快變成柿餅了。

“請坐，客人!”堂倌用抹布擦着桌子説，“吃點什麽呢，還是……”

“東西不吃，有茶水拿點來!”

一面説，我就側身坐下。對面一個人在吃鍋貼，别的桌子上有人在喝酒，談話，内容好像是關於戰争的。

一個粗碗放在面前，滚燙的水從炊壺裏高高地瀉出，碗裏濺出水沫，濺到四處，有的幾乎濺到我的眼睛裏去了。“反正没有好茶葉，先生！……”

堂倌笑着聲音說，我没有看他的臉。意思仿佛是說：就喝點開水吧。但是看碗裏却仍舊是茶，是茶的顔色。我本是不一定要茶，堂倌的話却使我莫名其妙。

“喂！”我說，“這是茶呢，還是……”

“說過是開水呀，先生，隨便給幾個錢就得。”

堂倌的聲音從别的桌上傳來，以爲我在責備他没有泡茶。再看碗裏，明明是茶；雖然看不見茶葉，雖然不很濃，顔色總不同的呵！茶很燙，一時不能喝，衹得坐着等候它的温凉。

舉目一望，望過那紛亂的人影，望過那起伏的丘陵，那遥遠的前面，有一座大城。那城也有着和大地相仿佛的顔色；在迷茫的塵霧裏，不容易看得十分清楚，我就不知道它從哪兒起，到哪兒完。遠遠看去，它是這樣悠長，這樣雄偉，這樣静穆；蜿蜒，蟠踞，像荒古的恐龍，沉着地匍匐在那無邊的曠野，伺候别的動物走到近旁，它就出其不意地躍起，攫住，吞食！它孤零零地躺在那裏，陪襯着它的林木呀，房舍呀，一點也没有。而且就不容易想到那裏頭會有人煙；也不容易相信它是一種實有的東西，倒以爲是在欣賞一幅古代的畫圖，那是怎樣的一幅年湮代遠，經過風吹雨打蟲蛀塵封的畫圖啊！

東張西望了一回，再回頭看面前的茶，真教人吃驚呵，樣子完全變了，碗裏毫不含糊地分成了兩層：上層是清朗的，反映着天空的雲色，竟然像透明的晶石；底下那層却是渾黄的，不知是像瑪瑙還是像琥珀。原來果真是開水，不過裏頭含有許多灰沙，静了一會兒，都沉到碗底，變成泥了。足有百分之四十！“氣之輕清，上浮者爲天；氣之重濁，下凝者爲地。”還有更好的開闢鴻蒙的釋例麽？喝着水，我不禁暗暗地苦笑了。

汽笛的尖鋭的叫聲，斷斷續續地在天空裏回蕩，屯集在車站上的來往列車逐漸開走，站上的人也逐漸分散，減少，不像先時那樣嘈雜了。

西天邊的密雲，綻開一抹藍空，落日在那兒露着金黄的半面，微弱的斜光，拖長着人們的暗淡的影子。晚風吹動，塵沙放肆地在人叢中奔跑。

忽然有人説要開車了。不必得到什麽證明，人們自然匆忙地，甚至於争先恐後地向自己的車厢裏爬。我説爬，因爲車門那兒并没有一步一步的階梯讓人輕而易舉地上下；却衹有一個小小的踏脚，懸在半空，上離車厢，下距平地都有兩尺多高，非拉着門邊的扶手，不能上去，腿短一點的，還得屈膝地爬一下子。

每回要開車的時候，各個車厢門口總是擠滿了人，車上的，正在上車，在車下等着上車的，男的女的老的少的，發出各種各樣的叫聲："喂，快點哪!""拉我一把呀!""不要推呀!""擠什麽，先來的先上呵!"等等。

趕車的人們，本來在車上没有位置，每個車厢又都是滿的，有的車又是軍用車、專車之類，一個車厢一個車厢都是以部隊、機關、團體爲單位的，就是有票的，也不會被車上的人所容納，何况本來就不一定有票。惟一的辦法是趁開車前一兩分鐘，或剛剛開，還衹是慢慢移動的時候，搶上車去，衹要能够在車上站住或是扒住，車一開，或者一開快了，人們也就不能硬把他們推下來。那末，在開車之前，全車厢門口擁擠，人數比回車上去的人多到幾倍，以及嘈嚷，叫駡，一陣喧天的紛亂，不是很自然的麽?

不過我們這一列車是最後的一列，許多人已經搶上以前開走的車上去了。在我們原來的人都爬上車之後，單門口衹横着一個新來的乘客。

這是多麽奇異的一個乘客喲，馬上，我們車厢的人，地球上的，火星上的，總共二三十個人的注意力，都被他吸引住了。我不能説，我們排列着，重叠着像一堵半圓的城墻站在他的面前；無疑地，精神上却已經形成了這樣一座城墻，圍繞着他，注視着他。

尊貴的朋友啊，你看見過這樣的人麽？他犯了逆天大罪，被丢在死囚牢裏十年，三十年，或者更多的年辰。他被規定了要坐穿那牢底的；無奈他是一個肉身，禁不住時間的鞭打，禁不住獄卒或牢頭的欺凌，禁不住虱子、臭蟲、跳蚤以及更小的寄生物的侵蝕，禁不住陰濕、腐臭、污穢，一切疾病的酵母的魚肉，終於在那牢獄還絲毫無恙的時候，他被送到廣闊的自由的天地裏去了，在他的生命離開了他的肉體之後。還有比他的慘白、乾枯更可怕的麽？還有比他的污穢、襤褸更可怕的麽？嗅覺敏鋭的蒼蠅，恐怕從十里以外就得到了消息，瞧哇，它們成群地朝他飛來了！

假如你没有看見過這樣的人，你没有看見過這樣可怕的尸體，那末我介紹給你，就是現在坐在我們車門口的這位乘客；自然，這乘客是活着的。

他是一個老人，有一嘴花白的鬍子和一頭花白的頭髮，那頭髮横七竪八，叉牙拔天，亂草似的蓬着；裏頭有多少灰土，多少積垢，多少寄生的小動物，是誰也説不清的。三角臉像一種粗劣的橘子皮，不但高低不平，并且有無數的小孔，每一個小孔裏都貯滿了一孔的塵垢，成爲一個濃濃的黑點。皺紋也盡是濃黑的，一條一條，非常醒目，像小學生在陳舊石灰壁子上涂的蘭草。

一望而知他是個討飯的。可是跑到車上來幹什麽呢？

“喂，”終於有人發話了，那是挂武裝帶的軍官，他連在車上也把武裝帶挂着。他説，“你是幹什麽的？”

“先生！官長！”那乘客低着頭，像在對於地下的人説話，他的聲音是嗄的。他説，“做做好事吧……”

“討乞站到地下討哇。”那官長説。

“不是，不是，我是……”

他低沉着聲音，迂緩地抬起頭來，用那細小的昏澀的眼睛望着官長，那眼沿是紅的，裏頭有灰黑色的泥土，淡緑色的膿液。

“你是……？”

“我是，我是搭車的，先生，官長，讓我……”他吃力地説。他張着口，口裏露出殘缺的黄黑色的幾顆門牙。他說，“我是傷兵，讓我……”

不錯，他穿的像是軍衣，但那是什麽樣的軍衣呢？領子没有了，讓那烏黑的長脖子露在外面；扣子也没有，胸前是什麽髒綫胡亂繫上的，腰裏則被捆在一根草繩裏頭。肩膊那裏都破了，一邊用黑布補着，一邊就那樣露出突起的肩骨，至於衣服的顔色，即使你拂掉浮着的塵土，剥去巴着的泥垢，也不能認出他是灰的、黄的還是草緑的。正和不能斷定它是夾的、單的或棉的一樣——它有的地方也真有棉花，有的地方補得很厚，另外的地方却連一層也没有。

至於褲子呢，似乎不能也說是軍褲，但也不能說是别的褲子，到有一點兒像舞女們的草裙。那些布條子并没有替他遮住腿杆，甚至也没有遮住大腿；最糟心的是褲襠那裏還有一個大洞！“你是傷兵？”另外一個人問，“你是當兵的？”

“是的先生！是的長官！我是××師，我是……”

也許他真當過兵，打過仗；不過那該是二十年前的事，至少十年以前。現在，他是太老了。

風從車外吹進來，他似乎覺得一點冷；鼻孔裏已經吸不住緑茵茵的鼻涕，看看要流到鬍子上了，於是大聲一吸，那東西又縮了進去。

“是當兵的也不行呵，”官長說，“這裏是專車！”

“我是傷兵呵，在上海帶了花的……”

鼻涕像有一個醜老婆而自己又有外遇的丈夫一樣，總不肯在家裏久待，一忽兒又跑出來了。他用腫得像胡蘿蔔的手握着鼻孔那麽“哄”一下子，一大把緑玉翡翠就落在他手裏。他隨手一摔，那東西飛到車外去了。我猜一定在地面滚了幾滚，連灰帶土，滚成一團；明天一乾，又隨着灰土揚起，被人吸進肺裏去。“真他媽的！”我聽見背後香雨小姐的聲音。“傷兵有傷兵車呀，怎麽隨便……！”

“看，我病了哇。我的傷早好了，早出了院，我要回家去，可又病了，害了幾個月病，我想我快要死在外頭了。我要回家去，官長，我要回家，没有錢，没有人讓我搭車，從鄭州走來的……做做好事，積積德吧，我打過鬼子咧。……”

“不行！不行！”

軍官大聲地説，一面又用脚把他擱在車上的腿推下去。軍官的皮鞋是閃亮的，後跟那裹的馬刺發着銀光。

我看了看别的人，大家似乎都屏着呼吸、嚴陣以待的樣子。也許有人同情這老人的遭遇，可是我敢説誰也不會主張把他留在車上。車上已經没有空地方了，就是有，又把他往哪兒擺？叫他睡在軍官或那穿皮大衣的軍官太太旁邊麽？叫他睡在招待員、教授、有美的幻想的方瑛小姐或像玉樹臨風的白璧小姐的旁邊麽？雖然是旅行，雖然是戰時，我們的被單還是潔白的，我們的被面仍舊有着美麗的彩色的圖案，我們的西裝旗袍也和平常一樣整齊，我們能讓這些東西在第二天早晨，全部爬上虱子麽？不行啊，留他在車上是不可能的呀。而且他扯謊，明明是叫化子，却説是傷兵！

那老人的腿已經掉下去了。但是一隻手還撳在車上，一隻手固執地捏着那鐵的扶手。現在他朝外面坐着，扭轉頭來，哀苦着臉説：

“讓我坐坐吧，衹一點點路哇。衹一夜工夫哇。明天我就到家了。”

“不行！不行！”

軍官又用脚推他。他坐不穩了，一隻脚站在踏脚上，手却仍舊捏着扶手。

“做做好事吧！積積德吧！官長！老爺！太太！我家裏還有老婆，有……”

正在這時候，車子突然訇同一聲，一個大的磕碰，把全車廂的人都弄得摇了幾摇，險些跌倒了，這是要開車的信號。那老人在踏脚上站不牢，就掉下去，同時，握着扶手的手也鬆了。

“呵呵！”他在底下喊，“做做好……老爺，太太，先……”

全車廂没有人説話，連那軍官也不做聲了。但我覺得全車舒了一口氣，一個天大的問題解决了。

車開動了，我看見他還在車邊跑，跟着車子跑，踉踉蹌蹌地。晚風梳着他的亂髮和褲條，塵土在他脚下猖狂地捲起。大概他還想搶車，不是仍舊搶我們這個車廂，就是搶後面的一個。没有跑得好久，他的褲子掉下去了。他一面光着下半截，踢踢絆絆地跑，一面弓下腰用手去提褲子。終於褲子絆住了他的腿，他倒在沙土上了。

車漸開漸快，從車頭那邊送來更尖鋭的風，落日已經下去，在塵霧昏茫中，我不曾看見他爬起來了没有。

一九三九，五，二五，金華

天　壤

一

十多年没有回家。如果不是抗戰爆發，從上海轉徙到武漢，武漢又離家這麽近，也許還不回家的。但回了家，又覺得家裏的人：母親，親戚故舊，街坊鄰里的温情，也頗有幾分迷人。最使人發生一種奇異的感覺的，是家裏的一切，這房屋，這街道，街上走的人（一大半都不認識），對於我，都是如此熟悉，而又如此地陌生；好像什麽都變了，而又像什麽都没有變。

一天，我走進梧桐巷去了。梧桐巷在小東門裏頭，離我的家不很遠，是一條很冷落的死巷子！頂裏頭有一個土地廟，廟裏有一對像人這麽大的土地神的塑像，是通城内外最大的土地神塑像。許多土地神，連廟還没有人這麽高咧。這土地廟横着一連有三間房子，每一間房子都可容二三十個人；有幾年，廟裏還辦過學校；我八歲的時候，就在那兒讀過書。那土地廟，那我在那兒讀過書的地方，像什麽樣子了呢？是抱着這樣的心情走進去的。進去一看，廟門上的横匾還是黄時寫的“栖鳳祠”三個歐字。黄時是城裏最有名的寫家，但在我知道他的名字的時候，他就不知死去多少年了。這匾一直就很舊，左邊的邊框已經掉了，栖鳳祠的“祠”字，其實衹是“司”字多一點。現在還是那樣，好像二十多年，從我離家的時候算起，也是十多年，對於它竟毫無影響。廟門關着，没有進去，大概裏面的那對裝金的神像也還是那樣吧。

在這廟裏教過書的那位先生的樣子一點也不記得了。在這兒讀書，是翻民國的那年，翻了民國，他就到外面去做事，以後聽説死在外面了。

但有一次講的課還記得：他説從前有一個薛世雄——這薛世雄，以後在任何書上都没有碰見過——小時候就帶孩子們玩打仗的游戲；大人看見了，説他將來會做將軍；後來果然做了將軍。所以，先生説，一個人要少有大志。爲什麽記得這話呢？因爲我們這時候也打仗玩，我却没有做將軍；將軍是一個比我大也比我能打架的别的孩子。誰不要做將軍呢？衹是想一想自己不是那現任將軍的敵手，也衹好罷了。那位將軍真是少有大志，將來也真會做將軍的吧？

但志嚮最大的，我以爲還不是那位將軍，而是王龍。王龍的志嚮是做皇帝。皇帝不比將軍更大麽？王龍是學校裏最大的學生，恐怕已經十二三歲了。不但歲數大，書也比别人讀得高，他讀的《書經》，我却還在讀《先進》。這學校是一種半私塾性質，下半天雖然講國文，算算學，上午却完全讀經書。書的高下，是以經書分的。他姓王，是帝王的意思：名龍，是真龍天子的意思：兩個字倒過來是龍王，是龍宫的主子的意思；不知是本來要做皇帝，纔拿名字來表明他上符天意，下順民情；還是因爲取了這名字，纔使他想做皇帝？總之，他宣布他是皇帝了。不但皇帝，如果世上有比皇帝更尊崇的什麽，他要做，也衹好由他；因爲没有人能打過他，也没有人的書高過他的了。跟他同桌坐的鍾山，大約十歲光景，長得很白，有些動作像女孩子；他就封他爲“正宫娘娘”。此外，誰是東宫，誰是西宫，誰是宰相，誰是大夫……一句話，全是他的臣妾。

起初，我對這件事并不感興趣，及至聽過薛世雄的故事，想法就不同了。既然薛世雄小時候自稱將軍，後來就真做了將軍；王龍現在自稱皇帝，安知將來不真做皇帝？爲了對這位少有最大志的現在的假皇帝和將來的真皇帝表示敬畏，有一陣子我對“完差”“進貢”之類的事做得特别起勁，不用説，王龍的皇帝做得更起勁。

王龍的家就在這巷子裏，和土地廟衹隔兩三個門面，這回也看見了。大門口有兩棵梧桐樹，是這巷子得名之所在，也還是和從前一樣。現在是初冬，樹上連枯了的葉子也很少了；從前是常常跟那些小同學們在樹底下搶拾梧桐果子的。這兩棵樹，也是王龍做皇帝的一種符瑞：劉備門口祇有一棵樹，尚且做了皇帝；何況有兩棵呢？樹在屋也在，但那屋裏面，我知道，早已不住着王龍和他家裏的人；在我還未離開這地方的時候，就由王龍賣了。但我還是由這房子，同時也由土地廟，想起了王龍。真的，這回回家，小時候的同學好多都會到了，至少也知道他們的下落，何以獨有王龍没有看見，也没有聽見提到呢？

"媽！"回到家裏問，"在田怎樣了？"在田是王龍的大號，我想媽大概不知道他的學名。

"哪在田？"媽反問。

"王家的，在梧桐巷住，跟我同過學，後來還常來我們屋裏玩的。"

"不曉得。好多年冒有聽見説了，一恍（疑惑？）死了！"

"怎就死了呢，他的年紀并不大？"

"你不曉得！"媽解釋，"那娃子冒得脾胃（本事），窮得噴（音滂，上平聲）屁臭，常常冒得米下鍋！人家説冒得飯吃，説打餓肚，是一説話兒，他屋裏却是真的。後來聽説，他媽出家做尼姑去了，姑娘（老婆）跟人家跑了！他的姑娘不是東西，害了他，也害了他媽。"

"哦哦！"我嘆息，"連老婆也……"

我没有吃驚，少有大志之類的鬼話，自然早不相信了：對於小時候玩做皇帝，長大却窮死了，决没有什麽意外。但窮得叫母親不得不做尼姑，老婆，哦，尤其是老婆……他是很愛他的老婆的呀！他的老婆竟……對於他，應該是個不小的打擊。在苦難中間，在那樣沉重的打擊之下，人可能倒下去的。我相信了媽説他恐怕是死了的話，雖説媽的話始終不曾證明。

"你不是問起過重喜兒麽？"

過了幾天，媽冷水盆裏起熱氣地跟我説：

"誰，媽説？"

"這回你又不曉得了！"媽笑着説，"梧桐巷王家的那娃子，你説他叫在……什麽的！"

"哦哦，在田！"我記起了，重喜兒是他的小名。"他怎樣了？"

“他冒有死。”

“他没有死？他在哪裏？媽真好，真細心，我問了問倒忘記了，媽還到哪裏去打聽了的麽？”

“真不喜歡這種假情假意的人！一出門，一二十年不回來，再説想媽也要人肯信！當着面了，又媽這樣好、媽那樣好地説奉承話！”媽裝着不高興，可是掩不住嘴角的笑。“他在松橋當雜役！”

“在松橋當雜役？在什麽機關？”

“不曉得！冒得人曉得。我問過了。”

我茫然了很久。并不以爲在田一定該做什麽大事；但做雜役，即機關團體裏的聽差的，客氣點的稱呼“工友”，未免太屈辱了。他并非從太低微的人家出來的，至少，讀過書，還寫得一手好字！不用説，我還没有把門第或尊卑貴賤之類的觀念泯盡。

是因爲他太不幸呢，還是他的消息得來的太不容易，竟一時衝動，想看見他一下，想到松橋去找他。松橋是離城三十里的一個小村鎮。

前幾天，馨甫曾請我到他家裏去玩。馨甫是縣立中學的教員，家在松橋跟前。因爲時局關係，先生同學生上課都不起勁了，他就想請兩天假，到家裏招待一下。馨甫是個新朋友，這回回家纔認識的。無緣無故，跑幾十里路，去打擾人家，有什麽意思呢？我没有去。聽到在田的消息之後，當天就去找馨甫。

“馨甫！到你家裏去！”

“哪一天？”他高興地問。

“今天，立刻就走！”

“立刻？現在什麽時候了！天黑得早，怕走不到。”

“不到兩點。拼它五點天黑，還有三個多鐘頭。松橋這三十里，向來衹當二十里走的。”

“我的老哥呀！”他叫苦似地説，“我是説，肯捨駕，就定個日子，好帶個信到屋裏，叫屋裏人先買點菜安置。現在看，你殺我一個措手不及！”

口裏這樣説，還是請了假，跟我一同走了。

在路上，我問他曉得不曉得在田，他不曉得，於是跟他講在田的歷史；一面講，一面也更記起在田的許多事來。

二

在田的父親以前的先輩是幹什麼的，我不知道；他的父親是做錢糧櫃的，即當“櫃書”，又名徵收生。

我們這小城裏，除了做手藝，做生意，種菜，當教員，先輩做過官，留下多少田地還未賣完的人們以外，差不多都靠做和衙門有關的事情過日子，比如差人、禁子、刑杖、三小子等等。高級點的就是當櫃書，跑税契，當代書（訟師，一稱歇家）。本地話謂之“做衙門”。衙門并非誰要做就可以做，比如錢糧櫃吧，先得有錢糧櫃的“衙門”（用現代的話説，或者該用資格、權利之類字樣），錢糧櫃的衙門分一百成（一百權），分掌在一些什麼人手裏，每成值多少錢，是可以買賣的。櫃上有缺，自己有人，這纔上去做。一做，就是終身而且可以遺交下代的職業。没有人做，每年也可按成數分一筆錢。錢糧櫃分甲櫃、乙櫃、由單科、推收科幾種。甲乙櫃是正式收錢糧的，公開的秘密是浮收——“收尾子”、“收尾子包分”，“收尾子包兩分”。花户們應完的錢糧，多是零數，幾錢幾分幾厘，即完給公家的數目。櫃上向花户們收的時候却不這樣算，凡零數一厘至九厘，都當作一分，謂之收尾子，紳士們自己來完差的時候這樣算。厘當作分之後再加一分，謂之收尾子包分，是對於熟人的算法。普通花户，一律收尾子包兩分。浮收下來的錢，除了提一點給有衙門而没有做的人以外，歸櫃書們分。推收科是管“立户”、“倒户”、增糧和減糧的。立户和增糧，除了公家規定的之外，要喜錢，可以隨便要，對立户（即以前没有産業，未完過糧，現在新立起的户頭）尤其敲得凶。減糧和倒户（産業完了，把完糧的户頭注銷），公家是不要錢的，櫃書們却要脱手費。他不替你倒或減，你就會永遠替别人負擔差錢。由單科是給花户們畫“由單”的，有了這“由單”，櫃上纔收你的錢糧。畫由單的錢是一定的，除了對立户要喜錢以外，不能怎麽需索。錢糧櫃大概以由單科的收入最差。在田的父親就是做由單科的，内場人簡稱爲“單科”。

在田的父親名叫王雅臣，在我和在田同學的那年，大概就已經五十歲了，是個又瘦又小又駝背的老頭子，尖臉，一頭花白頭髮，近視眼，取下眼鏡就對面不見人。冷天，穿着毛藍布罩袍，熱天是藍竹布長衫，總很舊。這不稀奇，不是過年，又不是走人家，穿新衣服做什麽呢？稀奇的是，都興穿“朝鞋”了，他還穿雙鼻梁鞋；都興穿白竹布，頂少是漂白布襪子，他還穿青布襪子；都興扎褲脚，他却露出一兩寸長的細腿杆。在家裏，在櫃上的時候，是什麽樣子，没有看見過。看見的時候，他總在街上走。低着頭，哪裏也不看，或者衹在看自己的脚，看是不是踩死了螞蟻。看見他來了，照這地方的規矩，走在旁邊一點，半鞠躬地喊他一聲：“王伯伯”，他看見了，聽見了，就點點頭，用一隻手把眼鏡架子扶一下，表示要取下，取眼鏡是這城裏的禮貌。如果衹聽見喊，没有看清是誰，就用鼻子唔唔。但最多的時候是没有看見，也没有聽見，就那樣走過去。一碰到這種時候，我就起一種反感，心裏想：這鬼老頭子，糊裏糊塗，魂被無常大爹勾去了！他住在學校隔壁，學生們每天都要碰見他，頑皮的就望着他告狀：“王伯伯！看王龍……”或者“王龍，你爹來了，你還……”下面決没有好話，不是打人駡人就是搶人家的東西。這時候，在田其實不在跟前；如果在，他們反而不敢告狀的。一有人告，老頭子總是隨口駡一句：“婊子養的!”當然是駡在田；但聽起來却像是駡告狀的。駡得孩子們起了火，背地跟他取了一個混名：“婊子養的”!

在田的媽，也老了，大白臉，頭髮落得看得見頂，眼睛也近視，因爲是塌鼻子，説起話來一點點聲音。大門外有兩個石凳，她常常坐在那兒，看學生們玩耍。我們看見她了，都喊她“王媽媽”，孩子們通常都不喜歡喊人；但都樂於喊“王媽媽”，因爲“王媽媽”這話，在這個地方，有着特殊的含義：窮，老，醜，懶，髒的女人的代名詞。比如要説人家的文章不好，總是説："王媽媽的'裹脚'，又臭又長!"在田還有一個妹妹，大我一兩歲，跟他媽一樣的相，也是近視眼，衹不是塌鼻子。裹着一雙小得像菱角的脚，走起路來，像跳"顛顛跛"，走不幾步就要坐在人家門口的石階上歇。"哥哥！哥哥!"喊在田的時候，聲音尖得像吹麥秆。

一屋四個人，衹有在田的樣子好些。不矮，不瘦，不塌鼻，不是禿子，高高大大，跟他媽一樣白，臉也跟他媽一樣大；但比他媽跟妹妹都好看些，大概那樣的臉是男人臉，長在他身上纔算長着了地方。對於相，他很自負，認爲是龍眉鳳目，虎臂狼腰，單憑相也該做皇帝。可是也有缺陷，頭髮生得低，頭髮和眉毛之間衹能容兩個指頭；兩顆門牙之間有一條容得下一根撥燈棒的縫。不用説，他的這缺點，我們當面都不敢提。不但樣子好，穿着也好，别的不説，他穿的是白襪子，朝鞋，并且是扎褲脚的。

在田雖説是皇帝，却决不是暴君。他從來不打人罵人，也不跟人家打架，到他爹面前告狀，是調皮佬逗他爹的。他的天下不是打來的，是人大，書高，人自然心悦誠服的。不用説，他喜歡别人"完差"——吃東西的時候擘一小半給他，"進貢"——送他的"學書紙"之類；如果人家不肯完差進貢，他也不强要；人家完的差，進的貢，他還分給他的娘娘們，甚至賞給臣下。他讀書不聰明，閉了筆兩三年，聽先生的口風，文章有時還没有剛開筆的人做得好。衹有一個長處：會寫字，先生説他寫得比先生的還好，先生如果有他那筆字，早就"入學"（考取秀才）了。寫字既得到了獎勵，對寫字的興味就特别濃厚；每天除了跟同學們改"引本"——蒙在紙裹學字的範本，照例是先生寫的——之外，自己還寫兩張大字，兩百小字。他説："我爹説過，衹要會寫字，長大了就有飯吃。"

前面説過：這年是翻民國的那年。八月中秋的時候，就聽見"講反"，説别處已經"格門"了，白盔白甲的"格門黨"要到我們這裹來破城。"打"過"孔夫聖人會"（紀念孔誕）之後，我就跟大人們一路到北山裹"躲反"去了。及至回來，城裹已變成了民國，碰見人就要剪辮子。

但印象最深的却是先生不見了，這年的以後幾個月没有上學。第二年從了旁的先生，同學的也换了一批，舊同學除了鍾山，衹有很少的幾個人。在田不知到哪裏去了，他的爹媽們也不知到哪裏去了。這樣一下子過了好幾年。

三

十六歲的那年，我們縣裏又辦選舉了，以前曾辦過一回。這在我們住在城裏又會寫幾個字的無事漢，是個難得的機會。辦選舉，首先要造選民册。那册子是要我們造的。一張册頁寫二十個選民，首先是姓名，其次年齡，再籍貫，職業，末了“直接税二元”或“不動産五百元”。一張三個銅角子（外面叫銅板）。要是專門寫，一天可以寫一百頁。造册子不但得錢，那事情本身也很有趣，把册子拿回來，隨你寫什麽名字。誰耐煩想名字呢，還不是把《水滸》、《封神》、《西游》、《儒林外史》等翻出來一抄。册子造好之後，就鎖到事務所的櫃子裏，本數又多，不會有人翻。假如翻，就會發覺：楊戬、哪吒、孫悟空、猪八戒，全部下凡來選舉了。

發選民册的那天，我到選舉事務所去，看見十幾個人圍在事務員周圍。事務員一時登記繕寫人的名字，一時數册頁，忙得滿頭是汗。我擠進去没有好久，覺得肩膊上有人拍了一下，回頭一看，靠近的没有太熟的人，大概是誰誤撞了，又掉轉頭去看那事務員的背面有幾條青筋的手的動作。但立刻覺得又有人拍，比先拍得還重。這回回頭，就看見一張帶着笑的臉。我愣了一下，隨即不自覺地叫了出來：

“王龍！”

“你還認得！”

那人一面説，一面就捉住我的胳膀，把我拉到人叢外面，拉到辦公室外面的太陽底下，從上到下從下到上地打量。

“那個！”——這是他從前喊我的口頭語。急切中喊不出名字，或太熟了，用不着喊名字，就用“那個”代替。——“不得了!”他説，“簡直長成大人了!”他同我靠攏，比了一下説：“簡直跟我一樣高了！難怪剛纔還以爲不是你咧!”滿臉現出又高興又驚奇的神色。

“你纔真是大人了咧。”我説。

我也不住地打量他。不錯，他是王龍，但又跟記憶中的王龍完全兩樣，又高又結實，實在真是大人了。穿着鐵灰竹布長衫，墨青布馬褂，好像都是新的。衹是臉没有小時候白，也没有那樣豐潤，兩邊的顴骨突起來了。從前，他一點都不像他的父親，現在有地方像；可是是最不應該像的地方：眉眼。眉毛又粗又長，兩邊嚮下，一個八字形，和眼睛隔得很近，好像常常蹙着，好像有許多憂愁壓在上面。眼睛好像還没有從前大，而且有點喜歡眨來眨去的！這就是驕傲過的龍眉鳳目麼！但一頭烏雲蓋頂的頭髮還是那樣，門牙之間的縫還是那樣。

“我當然是大人哪，二十歲了，要是還不是大人還了得!”

“報水荒吧，就二十了?”

“丁酉的，你去算！你也有十五六了吧？痴長你四五歲，我記得很清楚。”一面説，一面又眨眼睛。

“真是!”我説，“我們都有這麼大了！一同讀書，你做皇帝，我做臣子，不還像昨天前天的事一樣麽？難怪大人們總説光陰過得快！哦，我們多少年没看見了?”

“很容易算。我是民國元年離開城裏的，今年是民國八年。”

“什麽時候回來的呢?”

“去年冬月間。”

“怎麽，半年多了？爲什麽没有看見你，我們隔得不遠哪!”

“我不常出來，不大往你們門口走。但我是找過你的，找你陪十弟兄。你不在屋裏。”

“陪十弟兄？你過了喜事?”這城裏的規矩，結婚的先一天，要請九個没有結婚的少年和新郎一同坐席，謂之“陪十弟兄”，新娘那邊也要“陪十姊妹”。通常總是找親戚；他和我不沾親，彼此的屋裏向來不通慶吊。找我陪十弟兄，恐怕是説説的吧。這没有關係。總之，他結了婚。於是我問："什麽時候?"

"三月間。找你。説你到團裏去了。"

"是的，三四月間，我都在團裏。"

"團"，也是一種"衙門"。買了田産，要把契約拿到衙門裏完税，衙門裏收了税，把一張印刷好的蓋了縣印的官契紙連同原契紙發還給業主，謂之税契。鄉下人離城遠，置了産業并不急於進城來完税或者根本就不想完，衙門裏就派人去收。去收税這件事，謂之"跑税契"，或謂之"跑團"，因爲收税的地區範圍是依照爲辦團防而劃分的"團"（即現在的"鄉"、"鎮"之類的意思）而定的。這種團，在跑税契這件事上説，謂之"税契團"，内場人則簡稱爲"團"。團，也跟錢糧櫃一樣，是可以買賣的。鄉下人不知道税額，隨跑團的人要，本來衹買價的百分之十三左右，却可收十五乃至二十。原契拿回來了，税款收了，并不真把原契送去"紅"（即變成蓋了印的契約之意），有的把價目改小，千改爲百，百改爲十，"紅"了再改還原。有的就乾脆用自己仿造的假官契紙和假印——這些東西每個有團的人家都有，也有人專門製造。我家裏就有一個這種團。我們的團，本是雇人在跑。父親看見我閑着没事，在家裏又常常吵要進中學，中學衹有很遠的地方纔有，要花好多錢纔能進，我們家裏没有這多錢，就叫我到團裏去玩，同時也跟着雇的人見習，見習了，將來好自己跑，免得雇的人又偷我們的税。每年我總有一兩個月在團裏。

"以後也很想找你。"他説，"你不曉得，我有很多事想找你。後來聽見説你很狂！哦，知道麽，你很有點名氣，連鄉下都有人説你是才子。但也有人説你是狂生。我想，他會看不起我的吧，就不敢找你了。"

"爲什麽要聽人家的閑話呢？我們是老同學！你有什麽事要找我?"

"不瞞你説，我現在拜了文俊先生的門，"文俊是一個"歇家"，又在衙門裏當書記，"一面又自己看點書：無非《公文程式》《刀筆大全》那些。小時候讀書就冒有用過功，又荒了這幾年，這樣的事情，有時候摸頭不着腦，又不好樣樣都麻煩老師。你從小就有天分，人人講你書讀得好，想找你……”

“那樣的事情我不懂的。”

“請教的地方，當然是你懂的。比如談做了‘詞’（狀子），你幫我改改……”

説到這裏，裏面喊領册子。我們的談話就停下了。

一個人挾了一大抱册頁，從事務所出來，一面走一面談。他告訴我他這幾年在鄉下在别處的經過，他説他起初跟家裏搬到鄉下去種稞田，他媽領着他跟他妹妹做活，做了一兩年。後來到别處一家雜貨店學小倌，出了師，當“先生”了。可是一年衹有幾串工錢，做了半年，就回來了；想自己弄個門面擺攤子，找不到本錢，想來想去，還是衹有做衙門容易一點。

“不過，”他説，“還要用功，用苦功。唉唉，筆下太那個了！”

這裏應補説幾句：

民國元年，錢糧櫃改了新辦法，不管有没有“衙門”，都可以上去做，但要考。不準浮收，改爲薪給制。一考，許多人被刷下來了，在田的父親也是一個。自己老了，兒女還小，一家幾口，靠什麽過日子呢？就搬到鄉下去替人家種田，一直到過了幾年，衙門恢復了老辦法——據説是把全體櫃書的薪水送給知事（縣長）做外水，纔被准許那班老人上去和新人一同做——纔又搬回城裏來。但在田没有跟着回來，他去學生意去了。後來知道他并没有學生意，是學的手藝，大概因爲説學生意好聽一點吧；我們這地方是最看不起手藝人的。

那天以後，他真地常來找我，一玩半天。他非常會講話，也喜歡聽，隨便什麽，他都有意見，都能講得有道理，有條理；道理又常常是我没有聽見過的。我想，他不是在學生意麽？對於世間上的事情爲什麽懂得這麽多呢？我們很快就成了好朋友。他也把他的“詞”稿拿給我看，有時還有詩。詞稿，本是打官司的人請他的老師做的，老師或者偷懶，或者要他練習，就叫他做；做了，經過一番改動之後，有時也能用。但我看，那些稿子，比他的樣子和談吐都差得很遠，簡直像小學生的作文。

不是不會想，衹是寫不出，寫出來，不是層次不清，就是字句不妥，總鬥不攏來。至於詩，更不用談，連韻，連平仄，都不懂得。衹有字還寫得可以，但也不過是可以；怎麽好，也談不上。要當歇家，正像他自己説的："還要用苦功！"

四

一天，夜飯過後，獨自一個走出小東門，忽然想到河邊去散散步。夏天，傍晚的時間很長，三朋四友，在沙灘上走走，看落日，看流雲，看盤旋的老鷹從天空投下的斜影，高興起來，就脱去衣服游游水，都是常事。現在天凉了，好久没有去，也真想去看着。但是要找個什麽人一伴兒纔好咧。正在這樣想，看見前面一個背影在慢慢地移動，駝着背，穿着一件舊藍布秋襖子。那襖子，短得幾乎衹齊膝蓋，看樣子有點像在田，這時候，我曉得他的大號了。

"在田!"趕上幾步認清了真是他，我喊。

他回頭了。但没有做聲，臉上木木地，没有任何表情，甚至連眼睛都没有眨。那每回看見我都顯得很高興的樣子，那普通人在這種情形之下，雖不説出來，一定會有的"原來是你!"的那種表情都没有。好像我并没有喊他，好像我喊他一點也不出乎他的意外。

"到哪裏去?"

"隨便走走。"他無精打采地回答。

"我也隨便走走。我們到哪裏去玩一下好吧?"

我的意思是説要到河邊，看他的樣子很冷淡，就没有説。跟他并肩地走了好一會，他都没有説話。

"你有事麽?"我忍不住問。

"冒得。"

"你一定有事，我是説你心裏一定有事，一句話也不説。"

"是麽?"他立刻要把什麽趕開似地，"明天早上要交一張詞，正在打腹稿。好吧，現在不想它，我們説話。哦，你説到哪裏去玩?”

“我是説你高興的話。”

“冒得什麽不高興。有什麽不高興呢?”

“那麽，到河邊去走走好不好?”

“河邊?”他望望天，“也好。從花臺堰那邊彎過去吧！——你吃過飯麽?——我們好多天冒有碰到了，——天氣涼起來了！——你跟我改的那詞，文俊先生又用了，賣了十串錢。天下事就這樣，我們費心血，他賺錢！——哦，你真跟我一樣高了，——明天又要交卷！這回不請你改，不用就不用，要用就叫他也費點事。——這麽凉，我都穿棉袍了——你的樣子真瀟灑，祇是瘦一點兒，不要緊，過幾年會胖起來了。……”

“在田。”

“什麽?”

“你心裏有事!”

“冒得。扯假話的不是人！冒得！有什麽事呢?”

“一定有，恐怕還不是什麽小事咧。你聽你講的話吧?”

“我講的話怎樣?”

“我們這回碰見以來，有兩個多月了。近來這十多天除外，三兩天總在一塊兒；碰見了就一玩半天。”

“是呵，我們玩得很好。”

“我覺得你每回都很高興。説過很多話。但没有話説的時候就不説。”

“不説也不是不高興。”

“對了。我們用不着找話説。今天，你却找話説了。你現在説的話，一種是無意思的，‘吃過飯没有’，‘天凉了’；其餘的却都是已經説過的。并且到河邊，爲什麽從花臺堰那邊彎去?現在就彎，不近得多麽?你不看見你自己，你連背都有點彎了，走路的步子都亂了，你給一種憂愁壓倒了!”

“嘿嘿!”他假笑，“你是福爾摩斯?我冒得心事。我這幾天身上不安逸。”

“那就是了。總有點跟平常不一樣。”

口裹雖這樣説，其實并未釋然。我覺得他不是身上不舒服，而是心裹。他既不肯説，也就不好追下去了。

不覺走完了小東門外的那節街，到了花臺堰邊。花臺堰是城内外最大的一個水塘，附近的婦女都在這裹搗衣服。幾年前還種過荷花。老人家們説，它從前是多寶寺大殿前面的天井，多寶寺荒廢了之後，纔變成水塘。多寶寺三個字，在我們腦子裹衹是花臺堰北邊的一片大荒場，衹看見過一個坐在露天裹的“三尊佛爺”和幾個斷手缺脚的“十八羅漢”。現在連那些也没有了。

在堰邊站了一忽兒，我不覺轉身朝南走，走了幾步，發覺衹自己一個人了。回頭一看，在田却還站在那兒，低着頭。好像望那映在水裹的自己的影子。我又走轉來。

“那麽，”我説，看他没有到河邊去的意思，就改了口，“到多寶寺那邊去走走吧?”

“好!”

一面應和，他一面抬脚就走，樣子甚至有點欣然，使我想到大概他本來就打算一個人到多寶寺去。

走過了多寶寺荒場，也就是到了花臺堰的東邊的盡頭。那兒有一座跨在街心的過街樓，底下可以走人，兩邊可以上去，上面有一口大鐘。這樓，這地方，都叫做鐘鼓樓，據説原來也在多寶寺裹面的。走到鐘鼓樓面前，他停住了，衹向鐘鼓樓過去的那邊望了一望，那邊又是一節冷落的街。

“到塔園裹去吧!”

他忽然想起似地説。説着就從鐘鼓樓旁邊有一條小路斜過去，向塔園那邊走了。我衹好跟着。

塔園，最初當然是多寶寺的和尚們的埋骨之地，小時候也的確看見過一兩座塔。但多寶寺早已廟也没有，和尚也没有了，它就成了没有錢買墓地的人家的公共墳場。這時候是秋末冬初時節，落葉正從樹上飄墜，夕陽已經下山，晚風吹得幾處的人來深的半焦黄的亂草沙沙地響，幾隻晚歸的飛鳥正從别處飛來；我跟着他高一脚低一脚地在高高低低、坑坑窪窪的塔園裏走着。說高高低低，坑坑窪窪，因爲遍地都是墳，一個個連着的墳，墳上又堆墳的墳。新墳，舊墳，完好的墳，裂開，陷下，被什麽挖空了的墳。

突然，我看見在田蹲下去了。走攏去一看，他正在把那地上的石頭瓦塊，撿得摔開去。那地上，土很鬆，似乎比别處低一點。土是灰黄色，草也是灰黄色，石頭瓦塊也是灰黄色，在這傍晚，實在不容易看出那一塊兒有什麽東西來！

“冒得了！”他翻了一會兒，站起來，拍了一下手上的灰土，向四下裏望了一下，自言自語地說。“什麽都冒得了！”

“你找什麽？”

“冒得什麽！”

他茫無所措地走到一棵樹底下——那是一棵榆樹，樹葉已很稀疏了，樹上一個大老鴉窠，兩三個小老鴉在樹枝上散步：一隻大老鴉，大概是它們的母親，從窠裏伸出頭來。呀呀地叫，好像喊它們進屋裏去。他好像怕倒了似地扶着那樹幹呆了半晌，纔挽着我的手，默默地穿過塔園，走到一條横街上，意思是轉到鐘鼓樓東街，回城裏去。他把手搭在我的肩上，靠我靠得很緊。

“在田！”

“什麽？”

“你不說話！”

“你不叫我不要找話說麽？”

“我現在想聽話。你跟我講個故事吧，一個朋友的故事，或者朋友的道理！”

“馬上怎想得起來呢？”

“那就我跟你講。你覺得鮑叔牙跟管仲如何？”

“自然好囉！”

“我覺得他們衹算是半邊朋友。鮑叔牙是管仲的知己，管仲是不是鮑叔牙的知己，我是説知己得那樣深，却還不得而知。同樣，鍾子期跟伯牙也是，子期死了，伯牙終身不復鼓琴。如果死的是伯牙呢？……”

“唔唔，有道理。還有呢？”

“朋友是兩方面的。雖説不能用秤稱，一邊半斤，一邊就得八兩；但如果衹一方面，就衹能算半邊朋友。”

“你的意思我懂得。你是説我不把你當朋友，有事情不告訴你。你不知道，我倒是在想把什麽都告訴你。可是那個！老弟！你不嫌我喊你是老弟吧？儘管你精靈，會察言觀色，又會轉彎抹角地講話；究竟太年輕，又過着比我幸運得多的日子，對於像我現在這種，這種什麽呢？用你説的字眼：心事，憂愁，怎會懂得呢？我是説，怎會深切地體會呢？好吧，我就告訴你！可是唉唉！叫我從哪裏説起呢？”

五

天漸漸黑了。這兒的街，本來冷落，這時候更其清静，有的人家都關了門。

我們走着。都没有説話。我等他説，他却儘着不説。他沉默了這麽久，這麽久，我甚至以爲他不會説了。

“那個！”他終於開口，“你剛纔説有的話是冒得意思的：‘吃過飯没有？’‘今天天氣……’是的，這有什麽意思呢？但有些人一輩子都説的這種話，有些人衹能對他説這種話，如果對他講幾句真情實話，他會以爲你是痴子，有神經病，是發瘋。如果我把我的事告訴你了，你也會以爲我是發瘋的吧？”

“説吧，如果你認爲我配聽你的肺腑……”

“一輩子説着無意思的話，無論説過多少，等於一句話都冒有説。説有意思的，説心裏的話，哪怕衹一句兩句，一兩個字，總算真正説過話了。是不是？人活在世上的這件事，完全跟這一樣。有人活得舒舒服服，無憂無慮，不愁吃，不愁穿，一樣吃飯，睡覺，接堂客，生兒女；但什麽事都不懂，什麽事都冇有經驗過，活一百歲，豈不也等於一天也冇有活麽？有人雖然壽命短，却過着不平常的日子，他從哪怕衹幾天的日子中間，經驗了許多事情，懂得了許多人情世態，想到了許多别人想不到的，從來冇得人説過的道理，覺得自己聰明起來了，强起來了，拳頭捏得軋軋地響，想跟什麽人打打架，試試自己的力氣，你説，他是不是真活過了呢？”

啊啊！我暗暗納罕：他講的什麽呢？要講什麽呢？跟文章一樣。起了這麽大一個頭，底下一定是一篇洋洋灑灑的大文章。我没有做聲，衹是緊緊地摟住他，好像説：“我在留心聽，講下去吧！”

“你不是問我在塔園裏找什麽？告訴你吧，找我的兒子！”

“你的兒子！”我驚問，這是我完全没有想到的。我不知道他有兒子。難怪他憂愁，他的兒子死了。

“我的兒子！我的兒子的小尸首！是我前幾天親手埋在那裏的。正是這樣時候，我把他用一床破草席包着，挾在身邊，一個兒走到塔園裏，看準了那根榆樹正南五步光景的地方，衹有那兒稍爲平一點。没有帶挖土的東西，就用手刨了一個小坑，用浮土，用磚頭瓦塊把它蓋住，踩了好幾脚，踩得有點緊了，又用一塊這麽大的石頭（他用手比了一下）壓在那小墳頂上，算是做的記號。前三四天去看，還在那裏，可是今天却冇得了。樹在，那塊大石頭也在，衹是小墳冇得了，小尸首冇得了，想是什麽野物拖出吃了，唉唉，連席子的草，連破布都冇得一掏兒了。”

“你什麽時候有了兒子？什麽時候又死了？我一點都不知道！你不是過喜事没有好久麽？”

“你也……”他突然站住，推了我一下，似乎想把我推開，不跟我一起走，但是没有辦到，我摟他摟得緊。於是，他又走，用更凄惶的聲音低語：“是呵！是呵！就是這麽一句話！就是這句話把我的兒子的命送了。”

“我的話把你的兒子的命送了？”

“那兒子，”他不理我，衹管説下去。“是不是我的，我的堂客在娘家争不争氣！這是我的事，與别人屁相干！我的堂客跟我好，我喜歡她，無論什麽，衹要我認賬，衹要我……”

“在田！”我叫起來，真没有想到，我的話竟在無意之間戳着他的痛處了！我怕他誤會，我説：“剛纔的話，是無心説出來的！我一點什麽意思都没有，我完全不知道你的事！……”

“不！不！不是説你，與你不相干！我是説那殺我的兒子的，那斷我的生路的！”

“殺你的兒子？”

“那一天，我的堂客生産了，是一個兒子，我們屋裏世代人口稀，生了一個兒子，大家都高興，爹、媽、我一面爲這事情忙，一面都笑得眼合縫；我到堂客家裏，妹妹家裏去報喜，到外面買鷄蛋，買挂面。誰也冒有想起别的事，連媽也冒有想起。第二天早晨，爹在櫃上跟同事説了。同事們都向他道喜，要紅鷄蛋吃，他們自己又商量怎樣送情。正在商量的時候，張爲和，住在你們對門的那張老二，你知道，他向來是個刻薄鬼，忽然説：‘王哥！哪樣攪的？我們是三月尾上到你屋裏去吃的喜酒，現在還衹九月初，你的孫兒添得好快呀！’他一説，全體都哈哈大笑起來。笑得爹不過意，口裏説，‘養七不養八，七個月了’；心裏却算來算去衹有六個月。他一氣，回來什麽都不説，拍！拍！把媽打了兩個嘴巴！爹是善事人，連對我們都不大聲駡一句的，跟媽一生冒有紅過臉。媽挨了打，馬上叫起没頭冤屈來，本來，關她什麽事呢？弄清楚了之後，就跑到月母子房裏哭、吵、駡，説我的堂客閨門不謹，辱門敗户，出乖丢醜……種種難聽的話，堂客雖説冒得娘老子，祖父祖母還是看她看得很嬌的，哪裏聽過那些粗話？氣起來，把生下來衹一天的娃兒用力一摔，摔在地上，跌死了！”

“哦哦！原來……”

我叫，但自己也不明白是什麽意思。這時候我們已經轉了彎，走到了鐘鼓樓東首的街上，天完全黑了。

“起初!”他接着説,“我還莫名其妙,屋裏出那些事的時候,我在書記室,回來之後,也冒得人跟我説,我什麽都不明白,以爲娃兒是自己死的,就很懊喪地把那小尸首挾去埋了;本來可以出兩百錢,叫個人挾去,媽却一定要我自己挾。晚上,媽看我的樣子還在爲那娃兒難過,對我説:‘還冒有想通,衹有六個月呀!’我説:‘六個月就一定養不活的麽?爲什麽生下來又是好好的呢?六個月了,還不小心,還做出力的事,讓他没有足月就掉了!’媽聽了,氣衝衝地一掀,到房裏去了。奇怪,我又冒有埋怨媽,媽生什麽氣呢?第二天,在巷子裏走,鄧老八門口有幾個姑娘婆婆在那裏唧唧咕咕,當然冒有管她們説什麽就走過去了,有一句話却清清楚楚地在背後:‘衹六個月呀!’我想!這些人真好管閑事!下午,到書記室,你知道,書記室有好幾個書記,還有幾個跟我一樣的徒弟。他們好像先就在談什麽,這一去,一個人望了我一眼,説:‘堂客出了這種事。一句話也不説。這是什麽男子漢,大丈夫!’如果是平常,我會好奇地問問什麽事,誰的事;這天我心裏不舒服,冒有管它!下班的時候,一個人背着我説:‘我們那位宋公明回烏龍院去了?’另一個人回頭看見我了,連忙把頸子一縮,舌頭一伸,扭過頭去了。好像説:‘他還在這裏呀!’我恍然大悟:不是説我麽!把他們的話,巷子裏聽到的話跟媽的話,媽的態度一鬥攏,可不就是那麽一回事!連忙跑回去問媽,媽把這一兩天出的事都告訴我,我纔完全明白!”

“那麽你就……”我幾乎説出來。但抑制着,專聽他説。我急於想聽他對於這件事做了些什麽。本來他提起那小尸體,以及整個講這事的口氣,已經把態度表明白了。不知爲什麽,我覺得不是我所希望的。不用説,我不滿意别人譏笑他,指他的背脊骨;但對他自己又希望跟作文章一樣,有一個“轉筆”!

“還冒有聽完,我就駡,‘狗日!欺負老子!’一面就往房裏鑽。‘在田!在田!’媽在後頭喊,怕我在氣頭上做出什麽來!我想,媽要是這時候拉住我,我一定一拳把她打倒的。我不知道我到房裏去會做出什麽事來,打她?駡她?或者……可是一進房,啊啊,我看見了什麽呀!我看見……我連忙喊，‘媽！快來！舍了！’媽在外面問，‘什麽事?’我説，‘吊頸鬼！吊頸鬼!’我的堂客，她，吊在床架上！我連忙跑上去，打了她兩個嘴巴①，把她抱住。媽這時候也進來了，跟她解開了繩子。你要知道，她前天纔生過娃兒，躺在床上動都不能動，到哪裏找的繩子呢?怎能起來把繩子穿到床頂上去的呢?床架子衹那麽高，并没有真正吊起，脚還拖在踏板上。自然冒有死；但樣子却比死了還難看，頭髮全披着，臉像用‘黄表’（一種敬神用的黄紙）貼的；上身的短襖子扣都冒有扣好，下面連褲子也冒有穿，腿上還在流血！媽跟我把她弄到床上躺好了，媽又篩熱茶灌給她喝，她一句話不説，哼也不哼，衹是流眼雨，流眼雨，流眼雨，就像黄河决了口子。

“夜間我睡在鋪上——她生産了之後，我在床檔頭臨時擱的一個鋪，翻來覆去睡不着。心口像有什麽填着，壓着，箍着，緊緊地，連氣也不能吐！又像給一顆炸彈炸得粉稀瓜爛了，自己也找不到自己的頭在哪裏，脚在哪裏！一切都是這個鬼堂客不好，我不能饒她；弄到這田地了，她還討死放賴，要死在我屋裏！可是我該怎樣呢?我在趁她動也不能動，差一口氣就是死尸的時候，一拳把她打死麽?還是當她上吊的時候，根本不救她；看見她冒有吊好，幫她高高地吊起呢?一面胡思亂想，一面又禁不住把頭伸出去望那床邊，望那她上吊的地方。一盞洋油燈扭得像鬼火一樣小，房裏陰慘慘地。我好像看見她還在那兒上吊，好像吊頸鬼就在房裏走，好像床上就停的她的死尸。我怕極了！

“‘聽請冒②!’那‘死尸’在床上喊，聲音就像要斷氣的，‘你睡着了麽?’我不做聲。過了一會兒，她説，‘我要喝！哪個篩杯茶給我!’我一面想，乾死她！一面又起來跟她篩茶。遞茶給她的時候，她伸出手來，

---

① 這地方風俗：發現人上吊時，首先須打上吊的兩個耳光，不論已死未死。據説是把附在上吊者身上的吊頸鬼趕掉。

② “聽請冒”，爲“聽見麽”或“聽清麽”的忠實録音。專詞，夫婦間昵稱，等於摩登語中的“大令”。最初當爲在人前之招呼語，成專詞後，年輕夫婦多不讓此語爲他人聽見。

并不接茶，却捏住我的手。她的手，像打瘧疾似地發顫，帶着我的手也顫，把茶都顫潑在床上了；我用另一隻手端着茶。她說：‘聽請冒，是你麼？是你救了我？是你不叫我死？’‘你這娼婦！偷過多少人？偷的誰？他在哪裏？告訴我！我跟他拼命去！’我想這樣説，可是説不出來，連把手從她手裏抽出來的力氣都冒得！她說：‘我該死！早就該死！該死在娘屋裏，該死在花轎裏頭，但那時候我還不曉得是真有喜（孕）。等到曉得是真的了，哪天不想死，哪夜不在你背後說：‘聽請冒，我去了！對不起你！配不上你！你以後接個比我好一百倍的貞節烈女吧！’但是你待我好，我捨不得，我還冒有報你的恩！我想：作興小害人精會‘損’[①] 掉，作興一生出來就死了，作興生的時候，我會死掉；這不都是可以是有的事麼？我就這樣拖着日子！現在，真不能活下去了，外頭的人說什麼，爹怎樣打媽的嘴巴，媽對你說什麼；妹妹回來連我的門幔子也不掀一下，衹躲在媽房裏跟媽對哭，這些我都曉得。我還有什麼活頭呢？誰知你又把我救轉來了！聽請冒！你是真不要我死麼？我想了半天，別人怎樣，都不管；衹要你要我活，衹要是真的，我就活。你說一句，是真的麼？說呀！是，一個字；不是，兩個字！說別的話也行，衹聽聽聲音，我就知道我是活還是死！’我說：‘你睡吧！現在不要談這些！’‘好！意思好！聲音好！你是叫我活！多謝你！我要報你的恩，來生裏變猪變狗；不，今生裏一輩子當猪當狗報你的恩！哦，你去睡吧！’她放開了我的手。”

説到這裏，我聽呆了！我想：他真會講啊！我覺得我的意見被他改變了，我原以爲像他的老婆那種女人，不是東西，死不足惜；現在不是那樣了。原以爲在田對她，應該提得起，放得下，有點丈夫氣概，現在又覺得不知究竟該怎樣了。真的，要是我碰到這種事，又怎麼辦呢？我不敢想下去。

“我疲倦了，”他還說他的，“躺在鋪上總睡不着，我不知道是在做夢

① “生”這個字，這地方有三種念法。一是普通音義；二是上聲，若“損”，專指流産（小産）而言；三是去聲，若“剩”，專指鳥類下蛋而言。

呢，還是真的？是喝醉了呢，還是醒着？我想，如果她冒得喜就好了；有了喜，損掉了也好了；剛生的時候，想到這些，不跟人家說，把他捏死，說是損的也好了！一這樣想，老弟，我就什麽都想穿了！你弄清楚了没有？事情完全一樣，衹是僥幸不懷孕，或者懷了又損了；或者殘忍一點，先殺死娃兒，說些假話，就完全不同！那麽，我們背時的根源，不在那事情本身，倒在於冒得那麽幸運，冒得那麽狠心和虛僞！那麽，那些當面譏諷我的，那些在我背後說話給我聽的，莫看那樣洋洋自得，又安知不是僅止比我運氣好，比我狠心，比我會扯假話呢？我簡直把世界，把一世界的人，都看穿了！我想了許多，都是和向來的道理不同的。什麽都不說，什麽都不講，現現成成地擺在面前：我的堂客，還衹有十六歲，比你大一兩個月。你，讀了許多書，懂得許多事，她不過認得幾個字罷了，什麽都不懂，是一個完完全全的小娃子！她還不知道什麽是該做的，什麽是不該做的，做了不好的事，也不過上了人家的當，吃了人家的虧，我們不是也有許多事上當吃虧麽？她說：‘你說一句我就知道我是死還是活！’就是她覺得她的性命捏在我的手裏！爲什麽她的性命捏在我的手裏，我的性命不捏在她手裏呢？我，你完全明白，算什麽呢？一個窮人的兒子，書冒有讀好，别的事也冒有做成，士農工商都與我無分，現在正在學做狀子，預備管官司，當訟棍，把黑的說成白的，白的說成黑的，賺昧心錢。并且本事還不行，未必學得好，將來不知怎麽辦。我跪在世界面前，求一世界人高抬貴手，讓我活下去，還來不及；手裏配捏着别人的性命麽？就算配，也衹有這麽一個，就一定要把她真地捏死麽？這樣想，我就決定咬緊牙巴骨，忍受無論什麽，對她決不說一句重話！”

“你對！”我說，“我相信你對！衹有這樣，纔是真正的男子漢，大丈夫；纔是真正的英雄好漢！人應該像這樣！要一個十六歲的，無知，又没有人能幫她的忙的女孩子的命，不用說，那是極容易的，而且做了，不但没有人責備，反而有人稱贊。可是仔細想想吧，那算什麽呢？那算人做的事麽？”

我説了，不錯。我這樣説了。可是這是我自己的話麽？是從我心裏説出來的麽？我不知道！不是自己的話麽？不是從心裏説出來的麽？又很難説！剛纔不還以爲他總應該對他的老婆怎麽表示一下的麽？一刻功夫，又説出這樣的話來了！他的話，正如他所預料的，我還不能深切地理解，但也不是完全不理解，我早就以爲許多道理，哪怕是書本上的道理，跟人真實地過日子這件事不相干，甚至跟真正地做人不相干，他的話不過添一個具體的例子罷了；不過説，“女慕貞節”這句話雖好，追究起來，有時帶着血腥氣罷了！但使我感動，使我同情，使我説出了上面的那幾句話的，還不是他的話裏頭的道理——他自己的道理，而是……哦，是什麽呢？我説不出！天黑了，我們又并肩在走，没法看，也看不清他説的時候，怎樣動着鼻子，眨着眼睛；他一隻手緊緊地搭着我的肩，全身又緊緊地靠着我，好像他的身上有一種東西要傳到我身上來！至於那聲音，可惜我不知該用什麽話形容！祇覺得他并不像是在講話，而是把他的心一層層地剥，一片片地扯給你看！我相信人如果真誠地説心裏的話，那些話又真和心裏的痛苦相連，那聲音一定會跟他的一樣！

“老弟！”他説，“你説得對！你的話會使我勇敢起來！但别人可不這樣啊！他們還是什麽‘明王八’，‘綠帽子’，‘男子漢大丈夫’，故意把這些話讓我聽見，用一種特别輕視、鄙薄的眼光看我，故意朝我的頭上望，像看我的帽子是不是綠的！不但外面的人，屋裏人也跟從前大不相同，爹幾天不跟我講話，喊他也不答應。媽不到我們房裏去，連月母子的茶水也不管；煮好了挂面，放在堂屋裏，喊聲：‘在田！端去給你的心肝吃’妹妹一看見我就流眼雨，好像她的親丈夫死了！哦，昨天還接到一封信咧，是那狗屁老師寫的，他説‘人之患，在好爲人師’，他的學力還不够帶徒弟，叫我以後不必到書記室去！”

“什麽意思？”

“什麽意思呢？像我這樣無志氣的傢伙，到書記室去，辱没了那些書記老爺，學徒少爺，尤其是那位好老師！不過老弟，你放心，他們越是這樣我越不怕。天生人必養人，一根草一滴露水，我不相信當不成訟棍就會餓死！我要試試究竟是他們對還是我對；是他們的力氣大些，還是我的？説句老實話，我本來跟堂客并不多好，也不曉得她有冒得什麽好處，這之後，反越想她越好了。我以後要待她更好，要真正愛她。甚至那娃兒，明知不是我的，我也……”

説到這裏，他停下脚步，回頭向塔園那邊望：這時候，我們已走過多寶寺的荒場了。天黑已久，鐘鼓樓那節冷落街没有一點火星，塔園那邊更是夢一樣迷糊了！

六

新年後的一個夜間，我正在堂屋裏點着走馬燈玩；這燈是在田在年三十夜間提來送我的。他説是他扎的。普通的走馬燈總是“三戰吕布”，他的却是“没遮欄追趕及時雨”，前面三個人，提枷的宋江，提包裹雨傘的兩個解差，隔不好遠就是穆弘、穆春兄弟，後面跟着一連串的拿槍械火把的莊漢們。都是奔跑的樣子，宋江一面跑，一面還回頭看。穆弘高大一點，在前，一手拿器械，一手高舉着，像在吶喊；穆春拿着火把，人在穆弘之後，火把則舉在穆弘之前。一點上蠟燭，所有的人都活了。衹有一個缺點，轉來轉去，搞不清究竟是没遮欄追趕及時雨呢，還是及時雨追趕没遮欄！

“那個！那個！”

廳房裏有人喊我，一聽就曉得是誰。我跑出去招呼。

“你不是説要下鄉去的麽？”我問，“我還以爲你已經下鄉了。”

那回從塔園回來之後，他下鄉去過了一些時候，説是在什麽地方當録事，一直快過年纔回來，説了過了年又要去的。

“就去，明天就去！二叔在屋裏麽？”他問起爹。

“在屋裏。”

“有點事求二叔一下。”他就跑進爹房裏去了。

爹正躺在煙鋪上過癮，他坐在鋪面前，東拉西扯，説了許多客氣話。

“二叔!”最後他說，“六區區長周子千，聽説跟您駕相好。”

“認識就是了。”爹說，“我們的税契在他那邊，每年春上總要拿張片子或寫封信去跟他拜年；他有時間也回一張片子。”

“可不可以求二叔寫封信，薦我到他那裏寫字，他在辦團防咧!”

“當然可以。不過有效冒得，很難說。我説過，我們的税契在那邊，要他幫忙，有求於他；他却無求於我……”

“管它有效冒得! 反正我跑跑腿也不值什麼!”

爹一時高興，就跟他把信寫了。

他還不走。跟爹談詩，把他作的詩念給爹聽，就是他曾給我看過的那本稿本上的。天知道那是一些什麽詩，比城隍廟的簽譜子還不如! 爹聽得亂皺眉毛，一面又連聲贊“好!”

爹晚上總要吃點什麽的。坐了一會兒，就叫媽去煮豆餅（外面叫豆絲)。媽去抓豆餅之前，一面拿簸子，一面說：

“在田哥在我們這裏消了夜去!”(媽這時候知道他叫在田。)

媽的意思我知道，是趕他走。這是我頂不喜歡媽的一點：捨不得，怕人家吃了我們的東西。

“二嬸娘!”他說，“您駕不講禮，我就走的，天不早了!”

但是他没有走。媽看他不走，就衹好打了他的一份，到厨房去了。纔過年，家裏還剩下一些臘東臘西，媽就都端出來了。這又是媽的好處：人家没有吃，怕人家吃；真吃的時候，總把多的好的盡人家。他的一碗特別大，并且先就放了些臘肉臘魚在裏面了。

房裏的桌子是挪不動的，不好坐。他跟爹坐在桌子跟前，我跟媽都拈了點菜，在他們背後吃。我看不見他的面孔，衹聽見他吃得特别響，也特别快，平常吃東西，總是我吃得最響最快，媽總駡我：“像餓牢裏趕出來的!”現在，他却比我更響更快。我指他的背，聳起肩來學他亂扒亂吸的樣子給媽看，意思是説：“可見不是我一個人這樣!”媽用眼睛横我。舉起筷子做了一個要打的姿勢，我就不敢再學了。

“在田!”消了夜。我送他出去。我說，“你不是説你本有事在做的麽?”

“是呀!”他在昏黑裏回答,“但這幾天那邊却變了卦!”

“爲什麽呢?”

“誰知道呢?不!其實也知道一掏兒。人家叫你寫字,你就寫字好了;再就幫他跑腿,聽差好了,别的用不着管。你曉得我的脾氣,好説話!本來有話要説,怎關得住呢?一説,可把自己的一些道理也説出來。人家的道理跟我的不同,就争論,争得眼翻紅的時候也有。這就謂之‘不和人’,‘不曉得上下’……”

“那麽以後……”我想説,以後不跟人家争論;可是説不下去,因爲我也如此。我改口:“你真到六區去麽?爹説那信不保險!”

“你不知道,鄉下人對城裏人,多少有點怕處,不敢硬得罪。新年頭上,這麽遠跑去他不用,也會留我吃頓把飯,説不定還留我住夜吧,走的時候,送一兩串至少五六百茶錢。身上有四五封這樣的信,我要到四五六各區去跑一趟。成,是運氣;不成,落下兩三串錢回來,屋裏半個月的菜錢就有着落了。你知道,我爹是個忠厚人,説得不好聽一掏,迂腐。别人像他這年紀、資歷,早當了總書,他却衹有看着張爲和當;并且分起錢來,人家分多少給他就是多少,二話冒得一句。你想,人家會多分給他麽?剛翻民國那幾年,没有事做,一面種田,一面還扯了一些債,那債現在還冒有還清。他又吸那口煙!本來,快六十歲,精力也完了,不吸,連什麽也不能做!他吸得很少,衹中午一頓,可是就這樣,屋裏還是常常冒得錢!從前在書記室,逢時遇節,可以分幾個賞錢;文俊用了我的詞稿,就是那有時經你改過的,也給我一串兩串;跟客家跑了腿,客家有時也還謝我一下;一個月三五串錢好落成,現在在屋裏就衹好吃白飯!不瞞你説,今天連夜飯都冒有吃!”

“你不是學過生意的麽?人家一二十串錢就可擺個攤子。你自己約個會,弄個十串八串;我就要下團去了,雖説年頭上是閑月,没有多少進入,瞞着屋裏,私藏什麽十來串,恐怕還不算太難吧。”

“謝謝你,老弟!反正我的事你都知道,就再告訴你一掏吧:我哪裏學過生意，學的是手藝。那時候，衙門‘潑’了，爹以爲是不會‘轉來’了的，學生意雖説光彩一些，怕學了冒得本錢做，幫人家又養不活人！就叫我學手藝；不要什麽本錢就可以獨立門户。學的什麽手藝呢？花兒匠！”

“花兒匠”，在我們這兒的意思是做紙人紙馬，一切燒給死人用的東西的。

“哦哦！難怪你會扎燈！爲什麽不就開個‘紙馬鋪’呢？”

“衙門轉來了之後，爹的主意又變了，嫌做手藝太不高净（高尚）。我總還讀過幾年書，會寫幾個字，就不等我出師，叫我在鄉下又讀了兩年書，準備還是學做衙門。現在歇家怕是當不成了。爹説再過一兩年，滿了六十，他就告老，讓我到櫃上去頂他的缺！當然，萬不得已，花兒匠也衹得做。我們這地方，不做衙門，不教書，教書我當然更不行，不跟人家寫字；冒得‘家當’，冒得本錢做生意，也不懂得做。還能做什麽呢？不過做花兒匠，也不在城裏做，免得丢爹的人，他是要面子的！”

“做花兒匠有什麽呢？又不偷，又不搶，靠手藝吃飯，比舞弊弄法的做門還硬扎些！”

“老弟，你不嫌我喊你老弟吧？一個花兒匠！你説的是我們的道理。别人的道理却不這樣。我們是活在别人的道理裏面的，自己的道理什麽事也不管！”

我正有點茫然，他却説了聲“再會”，在昏黑中消失了。

我是十九歲那年離開家的。離家前的兩三年中，看見他的時候比以前少了。他常常在鄉下跑，但似乎并没跑出什麽名堂來，有時候幹上一個録事什麽的，也衹是三個月兩個月就吹了。事情大概也是一種短命事情；好説話的毛病恐怕也没有改；雖會寫字，筆下却不怎麽來得，小機關裏請不起一個光會寫字的人也説不定。這之間，他的父親死了。他把住屋賣掉安埋了父親。也曾求人對櫃上的父親的同事們講，請讓他頂他父親的名字當櫃書；當櫃書，什麽本事都不要，衹要會寫字就行，字也不要怎麽好，在田恰恰合格。但是人家乾脆拒絶了。拒絶有許多理由，一條附帶的是説：“我們這事，雖然狗屁也不值，但叫一個頭上有顔色（緑帽子）的人來，就太叫我們‘增光’了!”他們還記得那件事！屋賣了之後，曾搬到河那邊的鄉下去住過一些時，後來不知怎樣了。説不定到什麽地方當花兒匠去了。

七

“對!”馨甫接着説，“他是當花兒匠去了！在何家集。”

“你知道?”我驚異地問。我們一同在崎嶇不平的公路上走。一面走，一面跟他講着在田。其實并没有照我所知道的講得那麽詳細，我還以爲他摸不着頭腦咧，他却曉得他真做了花兒匠，并且在什麽地方做！“可是,”我説，“我先問你，你爲什麽説不知道呢?”

“你先問的是一個名叫在田的人，那個人我没聽見説過。現在聽你講，原來就是花兒匠重喜兒，是不是，他的小名叫重喜兒？這個人，你没有問起，我也没有説過不知道!”

“奇怪！我問我媽，媽衹記得他叫重喜兒。媽是老人家，看見他從小長大的，在他小的時候就喊慣了，那難怪！你爲什麽也衹知道他的小名呢?”

“我的老哥呀!”馨甫打着哈哈地説，“你真是在外面過久了，把我們這地方的好風俗都忘記完了！我們這兒，官名，大號，誰没有呢？但用得着的，却衹是上等人，至少也是中等人！至於窮家小户，尤其是‘下人’（用人）們，儘管他有一百個官名跟大號，誰高興喊呢？儘管他已經一百歲，人家還是毫不客氣，老老實實地喊他的小名：牛兒、狗兒、烏龜兒，和尚兒!”接着，他玩笑地説：“這地方的人，全懂得春秋筆法；‘一字之褒，榮於華衮，一字之貶，嚴於斧鉞!’喊一個人的名字都有這麽大的講究!”

“是麽?”我説。心裏很不高興。在記憶裏，我的家，這裏是説我的故鄉，似乎還没有這麽勢利眼的，也許是我没有留意；經他一説，實在太壞了！我也不喜歡聽“下人”兩個字。這兩個字第一次和我有點兒關係。我想，窮，做花兒匠，做雜役，有什麽呢？不偷，不搶，不是烏龜、王八——啊啊！我把我自己戳傷了！在田，我的同學，我的少年時期的好朋友，在别人看來，他已經是真正的烏龜王八了。可是我没有露聲色，我接着説：“你爲什麽又知道的呢？他不是松橋人，你不是城裏人，他跟你井水不犯河水。”

“已經好多年了。跟你説的一樣，他跟我井水不犯河水；但是他做了一件非常出色的，或者説，非常奇特的事情，我就一下子把他記住了。不光是我，全何家集、何家集四近的人，没有不知道他的！”

“什麽事呢？”

“我在中學畢業的那年，就是北伐軍到武漢的先一年，那時候，我就聽説起你，知道你在廣州。正是七月半的時候，學校快開學，衹有這個學期就畢業了，打算早點去。家裏提前接過祖宗，你還記得這規矩麽，七月半家家都要接祖宗吃飯，燒‘袱包’，街坊上還放焰口的？跟老婆大人道了歉，我是那年春上過的喜事，就到何家集何元彬家裏去，何家集離松橋二十里；何元彬是同學，又沾點親，本來早約好這日子到他家裏去玩幾天，一同下漢口上學去的。何元彬是何家集的首户，他的爸爸何贊三是七區區長，何家集是七區的首集，區公所就設在那裏。到了他家，大吃大嚼了一頓，不必細説。第二天，何元彬説：‘我們到幺叔屋裏去，幺叔今天接祖宗！’‘接祖宗有什麽去頭？’‘不——何元彬説：接祖宗這話，是人家取笑他的；他討了一個小，今天請客，我們去混他的酒喝去！’他的幺叔名叫何仰三，四十多歲，是個有名的花花太歲。自己有的是錢，哥哥又在當區長，平常在集上要怎麽就怎麽，頗有些風流韻事，討個把婊兒，毫不足奇！既然有喜事，他家又在街邊上，去就去吧。一到那裏，客都來了，人不少，有五六桌，衹何贊三没有到。新姑娘出來篩了一回茶，二十多歲，鵝蛋臉，白白净净，家常打扮，樣子倒也不錯。當然，比武漢、比外面的新派，那是趕不上的。”

“你這狹促鬼，玩弄人，盡説些不相干的閑話！”

“老哥!”他笑着説,“聽不聽?要是不聽,就説到這裏爲止。可莫怪我,你如果永遠不想知道你那位令友的奇特的事情的話!”

“説正經的!”

“那時候,我已經有了一點新思想,對於這種事不感興趣,或者不如説很反感,也没有打聽那新姑娘姓張姓李,哪裏來的,反正不關我事,吃了飯叫聲多謝了滚蛋就是了。下午四點多鐘,正坐席的時候,忽然聽見外面放鞭,放了好一陣,當然,既然大熱舞鬧地辦喜事,難道不放鞭?正在這樣想,聽見外面鬧轟轟,許多人跑進來嚷:‘出去看!出去看呀!’七嘴八舌地,還没有聽清楚,就有許多客人席也不坐,一窩蜂地跑出去了。何元彬不知哪裏去了,他的幺叔也不見,我不由自主地跟人家跑到禾場裏去了。一去,雖然許多人擠擠嚷嚷,却也没有什麽好看的,不過一個什麽人在禾場裏燒袱包。七月半燒袱包,就是把紙錢統在紙袋裏的那東西,有什麽稀奇呢?不,有點點不同,那些袱包上面有一個大‘家宅’,那家宅出奇地大,出奇地高,恐怕有丈把高。”

“什麽家宅?”

“這也不曉得了,那燒給死人的紙屋子!那樣大的家宅,我還没有看見過。家宅正當中聳出一根竹竿子,從竿尖挂下一條幾尺長,幾寸寬的白紙條,上面寫着碗大的黑字:‘新亡元配王門徐孺人受用’!我想,大概誰家裏燒五七。這時候,火已燃了,先燒底下的稻草,接着是袱包,最後是那家宅,白粉墻,黑漆門樓,兩邊一排大窗户,就是遠看,也看得出做得蠻精緻的。家宅下半燒着了的時候,煙氣衝上去,那‘……王門徐孺人……’的紙條還在空中飄摇。一忽忽工夫,便什麽都倒在火裏了!火正旺的時候,我看見旁邊一個人,高高大大,三十來歲光景,從短褂荷包裏掏出一大把票子,向火裏抛,一面抛,一面大叫:‘脱頭,去!脱頭!……’那是真票子,數目好像還不少。外面有‘冥國銀行’的鈔票,我們這裏還没有。他一抛,旁邊的人們就齊聲吼:‘好!好!’孩子們還跑到火裏去搶,搶得打架!我完全不懂是怎麽回事,正想找個人問問,可是看熱鬧的人,灣子裏的人也好,客人也好,都不認得,他們自己講的話，又東一句，西一句，聽不出頭腦。這時候，就看見何仰三帶着幾個人從集上回來，滿面怒容，其勢汹汹地嚷：‘捶那個狗日的！反了！土匪狗日！把他抓走！’一面駡，一面挽袖子，要去打那抛票子的人。何元彬扯住他，不叫他走攏去，别的人也一齊圍上去扯勸。但是那人還是給他帶來的人抓到集上去了。我們的一場酒席完全不歡而散了！懂了麽？你的令友，就是那個抛票子到火裏去的，他做了這樣一件奇特的事情！”

“且慢！”我説，“馨甫！二者必居其一；要麽，你根本不會講故事，講得這麽不清不楚；要麽，我今天有點糊裏糊塗，摸不清裏面的綫索！請問：他燒東西給他的老婆，不用説，那家宅是他自己做的，依你説，做得特别好，這有什麽奇特呢？他丢了多少票子到火裏，有點近於愚，近於迂，近於瘋狂；既然老婆死了，精神上當然是個大打擊……”

“不，你没有弄清楚，奇特的是，他的老婆并没有死，那個時候還没有死！剛纔還在屋裏跟我們篩茶咧！”

“跟你們篩茶？”我想了想説，“哦哦！你是説那何什麽的姨太太就是他的老婆？”

“一點也不錯！”

“且慢！讓我想想看！他還活着，老婆却嫁給人家做姨太太去了。這是……”

“不必用腦筋了，還是我告訴你吧！起初，我也完全莫名其妙；後來問過何元彬，又聽見别人講了些，這纔明白過來。前面説過，何仰三本來是花花太歲，有錢有勢，平常就喜歡惹草拈花，不知什麽時候，就跟他的老婆勾搭上了。他的老婆先也跟别人來往過。何仰三上了手之後，就把她接到家裏藏起來了，然後叫人跟她的男人説，出兩百塊錢給他，叫他寫一張‘脱頭’，曉得麽，就是賣老婆的字據。”

“唔唔，他寫了没有呢？”

“起初自然不肯寫。你要曉得，何仰三在何家集，除了他的哥哥，就衹有他了。一個花兒匠怎麽拗得過？不知使了些什麽法，使他不能不寫。

脱頭寫了，錢也得了；不過老婆被人家奪跑了的人，總是受了很大的刺激，想來想去想不過格，最後衹好當老婆死了，死了還不是要難過的麽？但讓他們逍遥自在，又覺得太便宜，就趁何家請客的這天做了這一件誰也意料不到的事，讓他們也不舒服一下！表示不是爲錢賣老婆，就把寫脱頭得來的錢，抛到火裏去燒了！”

“是麽？”我説，“是這樣麽？”

但這話其實毫無意義。是不是這樣，除非叫在田自己來説，恐怕他自己現在也不一定弄得清楚了。馨甫講得這麽入情入理，顯然是細心考慮過，大概“雖不中，不遠矣”。照馨甫的説法，在田雖説總算盡了自己所能做到的，小小地報復了一下，還未有點阿Q氣。爲了他是我的朋友，我願意作另一種解釋：老婆跑了，“侯門一入深如海，從此蕭郎是路人”，要對她説一聲最後的再會都不可能了，自己的感情又不能不傳達，這纔用這辦法來告訴她：“看哪，你走了，我是怎樣地傷心哪！”如果是這樣，男女關係真太微妙。從前原諒她，因爲她年輕，“是個完完全全的小孩子”；現在她不是那樣的小孩子了，還是那麽“江山易改，本性難移”，有什麽值得留戀的呢？在田一輩子倒霉，那女人是個很大的原因；她却一點不内疚，不改悔，還是我行我素地幹她的；這樣的女人跑了，竟還要那麽痛苦！這實在太難理解了！

“那位仁兄，”馨甫接着説，“被抓到區公所去了。也没有吃什麽虧，關了兩天，放出來了。何仰三本想把他當做土匪整一整；倒是他哥曉得這件事不是好玩的，知道的人也太多，衹好放了他。可是就在他出來的那天晚上，他的老婆却在何仰三屋裏一繩子吊死了！”

“終於還是吊死了！”我不覺叫出來。心裏覺得幸而有這麽一來。但立刻又覺得這種心理不對，爲什麽高興人家的死呢？不過她一死，就證明她還有人心，説不定真有些值得憐愛之處，難怪在田那麽疼她了。“唔唔，”我問，“以後呢？”

“以後？以後我也不知道。幾天之後，我就同何元彬一路上學去了，離開了何家集。過了很久很久，纔聽見講起，説他以後不做花兒匠了，也不住在何家集，倒在這裏那裏打流，一時在大煙館裏扇爐子，一時在茶館裏跑堂，一時又在什麽公所地方當雜役。”

“現在呢？”

“老哥呀！莫太把我當‘紹’[①] 了！難道還不明白你的意思？”

“什麽意思？”

“你哪是到我屋裏去做客？你是去找他的！你一定早知道他在松橋了。”

“你也道他在松橋？”我驚喜地説，“在松橋什麽地方？”

“你還不知道他在什麽地方？這真是無巧不成書！你問别人，作興不知道，要是你不講他的故事，我也不知道你要找的是誰，他就在松橋的中心小學。”

踏破鐵靴無覓處，得來全不費工夫！我不覺望着那初冬的原野透了一口氣。

八

——在田！啊啊！是你麽？

——那個！是你麽？哦，多少年不見了！老弟！你不嫌我喊你老弟吧？看！我們都快老了！我今年已經四十，你也三十五六了吧？痴長你四五歲，我記得清清楚楚。

——是呵是呵！真是快得很！我們在一個學校裏讀書，你是皇帝，我是臣子，鍾山是正宫娘娘……那情景就像今朝昨日一樣！

——莫談了！我這皇帝，蒙塵了一輩子！

---

① “紹”下平聲。傻之音變。川人謂紅薯（即山芋，北人謂爲山藥）爲“紅紹”，鄂人則簡稱紹，與紅薯一詞并行。惟鄂人多將傻與紅薯混爲一談，以紅薯爲傻子之象徵物，川人似無此意；因其對傻義以“哈”表之也。川人寫紅薯徑作“紅苕”，苕一讀若眺，嫌音不切，以‘紹’爲之。紹，鄂人都讀下平。又：此字北人謂之“蒜”，吴人謂之“壽”，粤人音近梭。

——我知道！我知道！你的境遇……唉唉！不過，你不錯，始終是真正的男子漢，大丈夫——照我們自己的道理生活，没有投降給别人的道理！

——哪裏！雖説冒有投降，也給别人的道理打得粉稀瓜爛了！

……

“怎麽？喝酒呵！好像‘過暈’（發呆）的樣子！”馨甫的話把我叫醒了。原來對着豐盛的饌肴，腦子裏却在描畫：如果在田來了，我們會講些什麽話。

走到馨甫的家，天已經快黑了。我要馬上到松橋去，松橋離馨甫的家還有二三里路。馨甫却説走累了，肚子也餓了，弄飯吃要緊。恐怕還有没有説出來的理由：一兩個月纔回家一次，也應該同太太叙叙契闊；松橋熟人多，一去，不是張三就是李四綁住，不會讓他深更半夜摸回來！

但他怕我性急，就在村裏找了一個人送信去給那學校的校長——我自然不認識，他是本地人，又都是教育界，熟得很——説：劉先生回來了，跟城裏一個什麽人一路，明天早晨到學校裏去看他，在學校裏吃中飯，叫他準備。同時請他叫校工重喜兒來一趟，他的老同學×先生要見他。

真的，如果在田來了，會是一種怎樣的情景呢？他穿着什麽衣服，戴着什麽帽子，變成怎樣的臉相了呢？假如一來，看見我們了，喊一聲：“劉先生！×先生！”啊啊！我不能想下去！爲什麽要看見他，爲什麽要找他？看見了又怎樣？能够給他什麽？幫助他什麽？替他弄點錢，叫他再開紙馬鋪麽？介紹他到哪裏去寫字麽？即使辦得到，和他現在又究竟有什麽分别？能給他什麽真正的好處？除非把他的生活重新安排過，照自己的意見安排，叫他從頭過起！但這是誰也辦不到的！而且即使辦得到，即使一切都照他的環境所許可的向幸運方面發展到現在：他的老婆冰清玉潔；他學成了歇家，能够管官事；又承繼他父親的職位，做了櫃書；他的母親没有出家；他有兒女，有錢；别人喊他先生甚至老爺；試問，又有什麽意思呢！果真要這樣纔是好，像他所過的那種是不好的麽？

我簡直想不通！

我們在堂屋裏吃飯。一盞荷葉帽洋油燈照得滿屋通亮，連神櫃上貼的“世芳取字馨甫親友請呼”幾個字都看得清清楚楚，那當然是十幾年前，他過喜事的時候貼的。但從堂屋裏望出去，那外面的天井裏却是烏漆墨黑的。

“哪個？”端菜的女傭人在堂屋外面喊，“什麽人！黑裏漆抹，鬼頭鬼腦，把人嚇了一大跳！”

“什麽事？”馨甫等她端菜進來了的時候問。

“不曉得是哪個，在天井那邊廊檐底下張張望望！我一喊，他就出去了！”

“大門拴了没有？”

“没有。不是還有人要回來的麽？”

“没有拴門，曉得是誰呢？想是塆（村）裏哪個聽説我回來了，又來了一個稀客，特爲來看看；看見我們在吃飯，不好進來，就又走了。”

吃過了飯，去的人回來了。

“×校長説，”他説，“劉先生的話，知道了。本想馬上來看×先生跟劉先生，因爲不早了，屋裏還有點事要回去。叫我問候×先生跟劉先生。明天早晨在學校裏等，請一定去！”

“重喜兒呢？”馨甫問。

“他轉去了！”

“轉去了，怎麽轉去了？”

“×校長叫他來，他就跟我來。一出學堂門就問：‘我跟劉先生不熟，他找我做什麽？’我告訴他：×先生特爲來找他的。他説：‘他來了！’樣子蠻高興。走到藥鋪門口，説：‘你站一下兒，我進去就來！’我看見他進去向人家討了一張紙，畫了幾個字就統在身上出來了。一路上他走得很快，快到的時候，説‘我先去看看，你慢慢來！’簡直就跑起來。等我走到塆門口，却碰見他轉去。説：‘我已經偷看了×先生一下。現在攪成這樣子，不好意思見他。我轉去了。我有事，明天一清早就到官橋埠去。

一張字請你交給他。’他把那在藥鋪裏寫的字交給我了，這不是!”

他把字交給馨甫，馨甫又遞給我。我接過手一看，一張皺成一團的包藥紙上用淡墨寫的潦潦草草的兩個字，正是他的筆迹：

“天壤”。

“這是什麼意思?”我沈吟了一會兒，又把字遞給馨甫。

“哦!”馨甫想了想，説，“大概是説你們兩人的境遇如天壤之别……”

“那麽,”我像閃了一跤，凄然地説，“他是決心不見我了！馨甫，你再想法子通知那位校長吧，明天不到松橋去了!”

一九四八，一一，二七，香港

棉　褲

團長，營長，保安隊長騎起馬在城外頭四方八面跑，跑到泰山廟，跑到紫霞宮，跑到肩膊山山頂上；太陽 giang[①] 冒過屋山子就跑出去，太陽偏 da[②] 西又跑回來。馬的蹄子打在街心的石頭上，響成很脆的聲氣[③]，響得一城人的心 zsan[④] 跳。

——來 da！來 da！

謠言就 kiang[⑤] 這秋天裏的風，吹落根根樹上的葉子，也吹得個個人的心緊 fungbung 的。

街上的人，就 kiang 瘋 da 一樣，三個人 pung[⑥] 在一塊，五個人 pung 在一塊，kiligungli 說。各人的臉，都板得 kiang 死人，眉毛 ki 得緊緊地。nanggao[⑦] 呢？nanggao 呢？好 kiang 他們的生意都叫小摸[⑧]摸走 da。

有錢的人們搶天搶地朝城裏頭搬。早晨搬走 da 商會會長，吃中飯的時候，搬走的是團□主任。不到一天，東街裏搬走 da 十幾家。長得體體面面[⑨]的年輕的少奶奶小姐們光起臉，披起頭髮，穿起跟她們那體面不

---

① 剛，剛纔，讀“將”或“薑”。
② 助動詞。表過去完了意，即普通話的“了”。
③ 聲音。
④ 不住地。讀“衹三”。
⑤ 即“像”，讀“槍”。
⑥ 圍攏，聚集，讀“蓬”。
⑦ 怎麽辦，讀“朗稿”。
⑧ 賊之小者，不敢挖洞，衹乘人不備，竊取小東西，略同“扒手”。
⑨ 美麗，好看。

相稱的壞衣服，ka[①]的跟那體面不相稱的大步子，朝城裏頭走。街上的人，看見她們那kiang真正躲反去的樣子，心裏格外慌起來；也有些幸灾樂禍的傢伙，不曉得是怎樣，倒覺得舒服。他們想：

——E，這些破屁股[②]也有今朝的！

六十幾歲的吴aiba[③]背起炸油窩子[④]的傢傢伙夥，回屋裏去。她的背本有ikar[⑤]駝，背起東西，格外顯得kiang山da。今朝生意很不好，xai[⑥]剩下十幾個油窩子mao[⑦]賣完。這幾天，灰面跟黄豆都漲da價，今朝就多花da一百幾十錢的血本，賣的錢倒maode[⑧]往常多。世界一亂，連小生意都不消做得da！吴aiba一路走，一路頭也是摇，氣也是吐。

吴aiba是城墻上的麻雀，嚇大da膽的。活da六十歲，該見過多少事，甚土匪，甚反王，不拘哪樣凶，無非是奸，擄，燒，殺。這些都不怕；自己是窮人，是孤老[⑨]，反也反不到我頭上來。作算死，幾十歲，也是順便一條路；人家殺我syngguo[⑩]呢？可恨的是，一不太平，趕街的人就少da，油窩子賣不得；還有，别人該自己的賬，收不回！

老頭子在，靠老頭子；兒子在，靠兒子；如今，都maode靠的da，靠自己牙齒縫裏積幾個錢，做生意，放賬，過日子。要是生意不好，賬收不回，天，吃syngguo呢？喝syngguo呢？説反不到頭上來，xai是反到頭上來da！這些血cang[⑪]死的，活過da月，造反！

---

① 跨步，進步，此音無漢字可寫。
② 指女人，下流話。
③ 老太婆，讀“哀巴”。
④ 一種油炸的食物，不知别處叫做什麽。
⑤ 一點兒。
⑥ 即還，讀“孩”。
⑦ 未，讀“冒”。
⑧ 讀“冒得”，專作“無”用。
⑨ 年老無子者，無依者。
⑩ 什麽，什麽東西，讀“悚個”。
⑪ 氣促，讀“蒼”。

到 da 屋，腰裏搜出鑰匙來開脱門，聞一聞屋裏的氣色[①]，她就背起傢傢伙夥進去 da。這屋，在大東門外頭濠溝對門，是靠别人的大屋，用竹子編好搭起來的，頂上是茅草跟蘆蓆。從前太平時候，窮人們蓋不起屋，就在城墻跟濠溝中間，靠 dou[②] 城墻根，搭起這樣草棚子來住，爲的便宜幾個錢。後來世界亂，怕來攻城的靠這些草棚子會有些甚方便，衙門裏就叫把這些屋拆 da。圍城一轉幾百家，maode 地方住，就搬過濠溝，靠 dou 人家的大屋，搭起跟原先一樣的草棚子來。住在這樣的草棚子裏的人，有做小生意的，有做手藝的，有挑水的，抬轎子的，洗衣服的。他們都窮，叫住瓦屋的人看不起，不跟他們結親，有親的也不走[③]。他們另外成一個世界。吴 aiba 就住在這另外的世界裏。

屋衹有一間，裏頭黑漆漆的；窗子也 maode，衹有壁眼縫裏射進來 ikar 亮光。現在天已經黑下來 da，屋裏格外跟夜 ga[④] 一樣。黑是黑，吴 aiba 倒是摸熟 da 的；别看她是個爛 anxian[⑤]，在這屋裏，她 syngguo 都看得見。她放下 da 傢傢伙夥，自己捶 da 捶腰，馬上從籃子裏摸出洋火來燒夜飯。

夜飯過後，她把碗傢什都檢 da，該出去收一回賬。擺鹵盒子的老七屋裏兩百，陳裁縫四百，李跛子三百……一共一串出頭，她天天都是要去收的。這幾十串錢，差不多一半是這幾天放出去的。要是真來 da，nanggao 呢；他們 xai 肯還！事到如今，要多賠小心，自己多捏 ikar 皮[⑥]。

風聲一天緊一天，搬家的格外多起來，挨門抵户的人家上 da 鎖，搭的封條。城外頭的機關都搬進城去 da，扎的軍隊也扯進城去 da。報信的

---

① 氣味。

② 助動詞，表存在，得到，讀“鬥”，或爲“到”之訛。

③ 走，來往。

④ “夜 ga”爲一詞，夜間，夜晚。

⑤ “爛 anxian”爲一詞，即爛眼沿，讀“爛俺嫌”。

⑥ “捏皮”爲一詞，聽别人的斥責，忍氣吞聲。

馬，接二連三，不曉得從哪裏跑來，飛一樣跑進城去。街心裏揚起丈把高的灰，馬蹄打在石頭上 kuad kuadi 響。天一黑，街上就 maode 人走。城上一夜到天亮有燈，有人守城。半夜裏衹要哪裏有 syngguo 一響，馬上，mao 睡着的人推醒睡着 da 的人，慌裏慌張爬起來，豎起耳朵聽。

不曉得是甚鬼，説要來，就真地要來 da。哪個也 dan① 不住。他們到 da 天門，到 da 皂市，到哪裏就燒到哪裏，殺到哪裏。gao② 得鬼哭神嚎，鷄飛狗上屋。那凶法，就 kiang 比人多幾個腦殼跟胳膊，就 kiang 心都不是肉做的。真估不透，不是説都是鄉裏種田打土 fa③ 的麽？平常趕街進城的時候，一個個都蠻老實的，怎陡然這樣凶呢？有人説，這回可真不是玩的，那些鄉巴佬，平常受飽 da 城裏人的轄制④；賣柴賣米，受行裏經紀的轄制；完差，受櫃上的先生跟粘竿子⑤們的轄制；打官司受歇家⑥跟司法狗子⑦們的轄制；質穀借錢，受債主的轄制；送稞又受田東老爺的轄制！如今，他們反 da，要來 da，有冤的報冤，有仇的報仇，白刀子進，紅刀子出！明白 da 吧，爲甚事人們拼命朝城裏頭搬。

吴 aiba 底油窩子越過越賣不得 da。到那家去收錢，那家不把；到這家去收錢，這家也不把。不是説，這日子哪個吃鹵菜呢？就是説，這日子哪個做衣服呢？好話説 da 千千萬，半個錢也收不到手。你要吵，該錢的人比你 xai 狠些：

“這是甚日子，討債！”

“怎樣，債都討不得 da！又不是偷來的，又不是搶來的，就是反，

---

① 阻止，讀“膽”。

② 做，弄，幹，讀“稿”，大約是攪之訛。

③ “土 fa”爲一詞，即土，打土 fa，也是種田意。

④ 欺負。

⑤ 替人辦完差手續而從中取利者。

⑥ 替人做狀子，打官司者。

⑦ 法警，因一名司法警察，故省爲“司法”；狗子，替人跑路，欺負窮人之意，有警狗子，團防狗子，灰狗子（兵）等名。

也 xai mao 來呀。”“mao 來？就要來 da！放胯子錢[①]神氣不過！看吧，有仇的報仇，有冤的報冤，一來，少不得問，哪個是放胯子錢的呢？現在知 ikar 趣兒，到那時候，大家不做聲。不的話，哼……”

“哎喲，ar[②]，少說些！我是孤老，我也是住草屋的；天底下，地上頭，哪裏 maode 孤老放胯子錢呢？你再說得嚇人些，就說油窩子也炸不得，我也不怕。”

“好，你天不怕，地不怕，閻王是你的乾親家！你也住草屋，我們該你的錢；你是孤老，我們養活你！”

“哪樣？你養活我？你養得活我？”

“你說過，giangas[③]，衹有五串錢，如今五十串都不止；哪裏來的呢？動不動，就恃起孤老，草棚子狠，到人家裏討死放 pian[④]，不把錢不走。去年胡媽叫你逼得上吊，不是我們救的話。好，說一是一，說二是二，你說你不怕。吳媽，nna[⑤] 是放胯子錢的麼？來，賞一百塊！”

吳 aiba 心裏有 ikar 抱黄[⑥]；哪樣？胯子錢也放不得，這是甚洋理性[⑦]呢？xai 說反不到我頭上來咧。

一夜睡不着，一翻翻到這邊，一翻翻到那邊。油窩子生意不好，糧食漲 da 價，胯子錢放不得！有冤的報冤，有仇的報仇！

月亮從壁眼縫裏一條條射進來，屋裏黑洞洞的，又 kiang 看得見一些傢傢伙夥的影子。不曉得 nanggao 的，她有 ikar 怕。

死 da 十幾年的老頭子的臉。那死鬼在世是當司法的，一生裏不曉得到鄉下去苛詐 da 多少人，ga[⑧] 鏈子箍 da 多少人來 da。死 da 好幾年的兒

---

① 印子錢。
② 孩子。
③ 剛開始。
④ 放 pian 爲一詞，放賴。
⑤ 你之尊稱，等於您。
⑥ 抱黄爲一詞，着慌，無主張。
⑦ 道理。
⑧ “用”，“以”。

子是當刑杖的，打鄉裏人的板子，皮鞭，xai 上壓杠。現在，鄉裏人反 da，有冤的報冤，有仇的報仇！他們都死 da，莫非要報到自己頭上？

半夜三更，一 giou[1] 就起來 da。點燃 maode 罩子的洋油燈；燈在桌子上，壁眼縫裏進來的風吹得一閃一閃。挨 dou 桌子的壁子上，貼的一張脱 da 色的紅紙條兒，有歪鼻斜臉的"天地君親師"幾個字。她洗 da 手，想敬神，香也 maode，錢紙也 maode，一 ke 膝[2]跪在地下。頭碰得 dundunsen[3] 響；滚熱的眼雨[4]從爛 anxian 裏頭流出來，流到兩個顴骨的時候，就老實一下，kiang 下山地流到那凹進去幾深的腮顎子那裏去，一滿的折[5]子的臉，歪得不成樣子。

"天，菩薩，祖宗，要睁開眼睛；各人做的事各人當，那些死鬼都短 da 陽壽，報應報到他們身上 da。我，我……我再不放膀子錢，我不曉得放不得的；放出去 da 的，别人還，我要；不還，算 da。衹當害 da 病吃 da 藥的。説一句算一句，衹要菩薩睁眼睛，如有瞞心昧己，閻王割我的舌頭！"

報信的馬飛一樣地從别處跑來，城門一天衹開幾個鐘頭。一升米兩串，一擔柴四串，xai 搶不到手。搬的人越發多 da，從前搬的人是幹差事的，當紳士的，吃衙門飯[6]的，大商家；現在差不多的人都進去 da。有親戚的進去靠親戚，有朋友的進去靠朋友，没有的就租房子住，找廟住，找大户人家的門樓子住。城裏頭的人，把茅厠都填平 da 來出租，城外頭一條一條街的房子 maode 人住！

來 da，的確來 da，到 da 天王寺，到 da 瓦廟集，那裏連街都洗 da，打倒劣紳土豪！打倒流氓地痞！打倒放債的，質穀的！死 da 不曉得多少

---

① 躺着抬起身來之動作。

② ke 膝爲一詞，膝頭。

③ duudun 擬聲；sen，副詞語尾。

④ 眼泪。

⑤ 皺紋。

⑥ 在衙門（或政府）做事的。

人，不曉得多少人入 da 他們的伙；還有隔得很遠的人們，一聽見他們來 da 一鬧一伙地跑去跟他們一路 gao。不光衹鄉裏人，就是城跟前的人，這幾天陡然不見 da 的也不少，賣湯元子的陳味清，摸魚的毛老二，種菜園子的石頭……都不見 da。説是進城去 da 吧，總該帶起被窩傢伙，總該有人曉得。看，不拘 syngguo 都 mao 帶走，不拘哪個也没有説一聲，衹是人不見 da。屋裏東西 yanfuyanxiao①！

以前説來 da 來 da，xai 以爲是外鄉人，是鄉裏人；如今可真不得了，本鄉本土的人，城跟前的人，都有！有冤的報冤，有仇的報仇，哪個是哪個，都曉得頭穿底落！一聲不對，這些傢伙們翻臉不認人，可不是玩的！害人之心不可有，防人之心不可無，xai 是早 ikar 溜之大走！連打更的和尚都跑進去城 da。

無早八早，吴 aiba 就爬起來 da。洋燈點在桌子上，翻箱倒籠地在找她的東西，清她的東西；她也要朝城裏頭搬。連夜裏睡不着，連夜裏聽見鬼 wang②，就算不怕，就算菩薩有眼睛，城外頭的人太少 da，不叫人嚇死，也會叫鬼嚇死。城裏頭人堆成山，説不定 xai 可以做做生意，她 xai 有十幾串錢。

城裏頭没有親戚，幾個熟人，不是愁吃就是少穿的，也招呼③不起她；不過，她不管，搬進去 da 再説。那大一個城裏頭，就多 da 一個人不成？

她有兩隻大菜籃，一口木箱子。她想 ga 籃子裝炸油窩子的燒飯的傢傢伙夥，箱子裏就裝衣服被窩傢伙。她把箱子裏的衣服一件件清出來看，棉衣服傢伙都有，衹是舊的。她想好 da 今年冬天做一件棉襖的，哪個 ginguo④ 會躲反的呢？衹有一條棉褲是新的，今年春上纔做，做 da 也 mao 捨得穿。别人不曉得，她幾十歲 da，又無兒無女的，説聲有甚事，

---

① 原樣，讀“原福原消”。

② 哭，叫，讀“汪”。

③ 接待，款待。

④ 想到，以爲，讀“井過”。

哪個跟她籌這樣籌那樣呢？衹有自己跟自己辦。她春上做 da 棉褲，冬天裏就做棉襖，明年春上，把放出去的錢都收回來，好幾十串。她要看哪裏有好壽器，買一口。老頭子死 da，没有壽器，兒子死 da，没有壽器，都作 da 大難；自己又没有哪兒靠，不先弄好，叫鴉雀老 wa[①] 收尸？世界一亂，錢收不回，不曉得明年太不太平，一想起就好哭。

她把棉褲拿出來抖開，在亮跟前翻過來翻過去看。褲襠那裏，有 ikar 草渣子，連忙用手拈得丢 da。怕有灰，摸 da 又摸；怕不平展，摸 da 又摸。棉褲軟軟的，鋪 da 寸把厚的棉花，穿起曉得多暖和。面子是漆黑的，是三陽鎮出的上好的黑青布，要串把多錢一尺。kiang 緞子一樣光溜，大呢一樣厚，在城裏有錢也不容易謀[②] dou。裏子，腰，都是上好的家機布，賽過捻縐。不是説的，些把些[③]的人，都没有穿過這樣好的料當[④]。自然，這棉褲不是暈的；又不是官家，又不是宦家，穿暈的做 syngguo 呢？她站起，把褲腰靠着自己腰裏那塊兒，褲脚拖到脚跟前，這樣比一比，長短恰恰合式。是陳裁縫做的。那雜種，看人樣子不出，倒一手好手藝。xai 是料當好，身上的衣服，本來又破又髒，滿處都是油印子，跟新棉褲一比，格外顯得 kiang 鬼 da。她低起頭看 dou 棉褲，來回地走 da 幾步，當作褲子穿在身上一樣，看好不好。臉，乾得 kiang 過 da 幾個六月的劈柴，衹有這氣工[⑤]，臉上的每一個折子裏面都露出 da ikar 笑的意味，人也覺得年輕些 da。

她從前有一個舅母子[⑥]，是做月母子[⑦]死的。死的時候 mao 穿褲子。被窩一揭，一陣血腥氣，真難聞。後來入材[⑧]，褲子是穿 da 的，可是單

---

① 老 wa 爲一詞，即烏鴉；鴉雀爲另一種。

② 搜尋。

③ 平常的，普通的，隨便的，輕易的。

④ 材料。

⑤ 一瞬，一忽兒；一口氣的工夫之略。

⑥ 女人的兄弟之妻。

⑦ 生産後未滿月的産母。

⑧ 專名詞，指死人進棺材的那一個整節日。

褲子。聽説一個人落氣的時候穿的甚衣服，死過去做鬼也 xai 是穿的甚衣服；落氣打的是長赤膊[①]，做鬼也 xai 不是打長赤膊。一個女人家，不曉得前生裏做 da 甚 guai[②] 事，死的時候，連羞都 mao 顧住！老頭子死，兒子死，都穿 da 褲子的，xai 是棉褲，可惜都是舊的，都是洋貨[③]，哪有自己的這新墨青布的好呢？她想起這些，好 kiang 就算現在這樣死 da，就算 xai maode 新棉褲，maode 棺材，總算有 da 一條新棉褲，也不枉一場 da。

棉褲叠好 da，周周正正 ga[④] 進箱子 giou[⑤]，她又一樁樁地清別的東西。

月亮毛毛糊糊地照在城跟前的濠溝上。濠溝當中有一口口兒水。月亮一照，水 giou 看得見天，看得見月亮跟雲頭在水 giou 走，好 kiang 溝裏的水 xai 蠻深的。

離濠溝一丈多遠，是横七竪八的一些草棚子。草棚子都很矮，屋檐 maode 一男人高；都是靠 dou 别人的磚墻高屋搭起來的。横着一望：從小東門到大東門，從大東門到新南門，到小河溝子，有百把多家。在這夜 ga，大街上都黑漆漆地，静板板地，鬼也摸不 dou 人。衹有這些草棚子的壁眼縫裏，射出些亮光來；比 dou 天上的月亮跟水 giou 的月亮，草棚子，這一回倒顯得蠻氣象，好 kiang 臘月三十的夜 ga 一樣。

濠溝那邊，城墻上也有些稀稀朗朗的燈火。守城的人們，三個一起，兩個一起，在 kiligunli[⑥] 講話。守城的不是兵，也不是保安隊；是城裏頭住的做買賣的做手藝的老闆跟夥計們。他們都打的短把式[⑦]，手裏拿

① 長赤膊：爲一裸體，一名 tiaotou，無字可寫。
② 壞，惡，讀“拐”。
③ 專指便宜，好看，不經穿之日本織物。
④ 放，置。
⑤ 名詞，裏面，内中之意。與前文抬起身之動詞同音，讀“糾”。
⑥ 表低聲之副詞，第一節同。
⑦ 打，用途極廣，穿短衣叫做打短把式；不穿衣叫做打赤膊；短把式，短裝。

的矛子、大刀、馬棒傢伙。

屠户劉歪嘴拍 da 拍麻花子王慶三的背説：

“giang 跟縣裏老爺來查夜的那個大個頭是哪個？”

“c！你 xai 不認得，是團長呀。”

“認是認得喲，黑裏 kima[①]，哪個看得清楚呢？e，他們在這裏站 da 好半天，手朝外頭指呀指地，説的些 syngguo？”

“哪個曉得呢？看那樣子，kiang 是説城外頭的那些草棚子。不過，作興是説那草棚子裏住的人。——口令！”

遠處有幾個黑影子攏來 da。

團長跟縣長在城上查夜的時候，吴 aiba xai 在任皮匠屋裏 mao 回去。

一間草棚子，一盞洋油燈。皮匠老婆在皮匠擔子上坐起納自己的鞋底，看，她 xai 在納鞋底咧。

“nna 怕 syngguo？”皮匠拿起一根水煙簞，坐在鋪上，一路 xo[②]，一路説：“我們都不走的。有錢的人怕，做 da guai 事的人怕，我們不怕，包 nna maode 甚事。”

“你不曉得，這 inangz[③]，眼皮總是跳，睡也睡不安，天天聽見鬼 wang；幾十歲，xai 怕死不成？受不得這罪。”

“是呀，”皮匠老婆插嘴，“世道不好，一個兒，也是有 ikar 怕喲。”

“好吧，吴媽！”皮匠站起來正經八兩地，“來跟我們一塊兒過，有柴帶 ikar 柴來，有米帶一顆兒米來，maode 也就算 da，各憑各個的良心。”

“ar[④]！有這心兒，菩薩都要保護你的。這日子，各顧各 xai 顧不來，我哪好來吵[⑤]你們呢？不 wo，我看風聲，好，xai 是不搬的喲。”

“甚看風聲？nna 怎 xi mao 想轉？不要緊的。殺呀砍，是殺的那些有

---

① 黑裏 kima，必連用，朦朧模糊之意。

② 吸。

③ 好些日子，讀“一浪子”。

④ 孩子，親昵或輕視意，多用於年老人對年輕人的稱呼，讀“阿兒”。

⑤ 叨擾。

錢的人們，做 da guai 事的人們，與我們甚相干！經得是的也是三斧頭，不是的也是斧頭三，那不連人都要絶種？”

吴 aiba 有自己的心事，看見皮匠兩口子都不懂，衹好自己吞吞吐吐地説出來：

“你們不曉得；他們説我是……你看我從前又不曉得。再，那些死鬼們，又 mao 跟我留下一樁好事；他們説，有冤的報冤……”

她説完 da，三個人都不做聲。皮匠 fud，吹燃火香[①] xo 煙；皮匠老婆 oy 地在鞋底上 gida[②] 一錐子。

“不過，”皮匠有聲 mao 氣地説，“不過，我看不要緊吧。吴伯伯跟吴大哥都死 da，哪個 xai 問起不成？放膀子錢，放膀子錢……”

“我説，”皮匠老婆説，“我説，放賬的又不止哪個一個人；好多住高屋，有錢的人 xai 放賬，xai 放大加一，大加二的錢咧！”

“可不是麽？”皮匠經老婆一提，有話説 da，“放賬，也有各式各樣的人。有錢的人，不做事，放賬，要不得，nna 是一個兒，無依無倚，不放賬，吃 syngguo 呢？喝 syngguo 呢？”

“你看，”吴 aiba 吐 da 一口長氣[③]，“我從前又不曉得。”

“不要緊，不要緊，”皮匠説，“nna 又 mao 得罪哪個，哪個去尖這嘴[④]呢？作算有事，衹要我們在，我們幫 nna 説。”

鑾夜深 da，皮匠兩口子送吴 aiba 出來。皮匠老婆端起燈，照在門口。

“喲！”皮匠老婆説，“外頭漆黑的，要皮匠送 nna 回去吧。”

“不要，不要，maode 好遠，有月亮，我摸慣 da 的，看得見。”

“nna 不消怕得。”皮匠跟在後頭説，“叫 nna 來跟我們一塊兒住，又不；一聲有事，xai 是來吧，我們不要 nna 的 syngguo。”

---

① 一種没有簽子的香，專爲吸水煙用者，能吹燃，如紙煤子。

② gi，刺，錐也，動詞；da，即表過去之 da。

③ 吐長氣必連用，嘆息意。

④ 尖嘴必連用，告密意。

"好 wo，好 wo，聽你們的話，不怕，好歹碰我這老命吧，en[①]！"

在路上，吴 aiba 聽見城上的人説話的聲氣。

城裏頭，文廟裏滿的人，武廟裏滿的人，城隍廟，萬壽宫也滿的人。老頭子，aibaz，多的是，姑娘 az[②]，兒 az 懷裏 cyaidou[③] 奶 az 的母媽們也多的是。az 們的爸爸呢？那些當家的，賺錢的男子漢們呢？一個也望不見。

他們都是從城外頭搬進來的。城裏頭的屋都住滿 da 人，租也租不到，借也借不到，都叫先搬進來的搶起跑 da。先搬進來的都有錢，不怕貴，就算剩下的也有吧，他們也租不起。無法，搶廟住。先來的搶大殿，後來的住兩邊，住山門，再後來的住廊檐；到 da 廊檐都搶完 da 的時候，衹有在天井裏開地鋪，風來 da，搪風；雨來 da，cya[④] 雨。

一滿廟都是人。一滿廟都是鋪。一滿廟都是鍋呀竈。一滿廟都是屎呀尿。az 們哭呀吵的。大人們喊呀駡的。老傢伙們吼[⑤]呀啃[⑥]的。一座廟變成 da 從前躲長毛的砦子。

giang 搬進來的時候，各户人家一家人 xai 是在一塊兒的。過不到兩天，衙門裏來叫男人家們去守城；區公所營盤裏也來叫男人家去守城。個個都要去。一回不去打，兩回不去關，三回四回，哼槍斃。天天守，夜夜守。az 們看不見爸爸，堂客們看不見男的，老傢伙們看不見兒子 da。

天咯，叫那砍頭的們不來吧！——天咯，叫炮子子長眼睛吧！——天咯，叫……

---

① 嘆息聲。

② 孩子也，跟前文 ar 一樣；不過 ar 多用於喊人的時候，此則一般場合都用。讀"阿子"。又，作爲名詞語尾，表幼小，如小刀爲"刀 az"，小箱爲"箱 az"；故姑娘 az 即女孩，兒 az 即男孩，還未成年者都可用；奶 az 即嬰兒。

③ 抱，藏，讀"揣"，上平，無漢字可寫。

④ 淋。

⑤ 喘，哮。

⑥ 咳嗽。

吳 aiba 到底 xai 是搬進城 da。擠在很多人當中，好容易在城隍廟大殿前頭的苑子裏找 dou ga 東西的地方。這裏有很多她認得的人，有很多是從東街裏搬進來的人；衹是住草棚子的，除 da 自己就衹有一個年紀小 ikar 的王 aiba——王 aiba 也跟她一樣，是放胯子錢的孤老。她就跟王 aiba 睡在一塊兒，算是一張鋪；鋪當頭，ga 的她們的東西傢伙。

“nna 屋裏的東西都搬進來 da 嗎?”

王 aiba 看見她 maode 甚東西，覺得她，聽説手裏 xai 有幾個，不該窮到這步田地，忍不住問 da 一聲。

不説起東西 xai 好，説起東西真傷 da 她的心。

“en!”她吐長氣，“窮家小户 man，有 syngguo 呢? 搬不動的爛傢爛夥，僅它去；换洗的幾件舊衣服，離不得身，就帶來 da。xai 有 syngguo 呢?”

口裏這樣説，心裏蠻不好過的。一箱子衣服，兩籃子别的東西，收拾好 da，説 da 搬進來的；mao 想到自己年紀來 da，東西本也不少，蠻重的；挑也挑不動，扛也扛不動！請人搬吧，那些草棚子裏多的是人，可不好請得。他們都勸她不搬，她也答應 da 不搬的；又去請，他們要笑，説這老傢伙這樣怕死！并且，一個男人進 da 城，聽説不容易出來，城裏頭拉夫守城拉得蠻凶。nanggao 呢? nanggao 呢！拼 da 吧，不搬他娘！

不搬，一夜睡不着，一夜聽見鬼 wang，一夜怕。頭 wung[①] 在被窩裏 xai 嚇得 kinkinsen[②]。第二天，又是無早八早爬起來，滿屋瞄，看有地方 sh 她那搬不動的東西 maode。她把那條新棉褲卷起來，卷得緊緊地，ga 舊布包 da 一層，又 ga 油紙包一層，外頭又 ga 舊布包一層；

① 蒙，蓋，讀“翁”。

② 戰栗。讀“慶慶聲”。

zaxa[①]纔跟幾件別的舊衣服，gade[②]一口小篾箱子裏，撳 da 又掀，zou-da[③]又 zou，箱子外頭，鎖 da 一把小鎖。弄好 da，自己跪在地下，鑽進床脚底裏，把那口小箱子 ga 在墻 golao[④]裏，又爬出來，把床上的床巴草 xa[⑤]起來 zou 到床脚底裏，把那箱子 wungdouda；xai 有 ikar 没有燒完的 yang 柴[⑥]，也一齊 zou 到床脚底裏 da。zixa，她又掃 da 掃鋪板，掃 da 掃地，看 dg 看，這屋裏不 kiung sn[⑦]得有 syngguo 的樣子，她纔放 da 心，纔又收拾別的。

別的東西，她很隨便地 zou 到一個籃子裏，蓋的，墊的，布衫子，褲子。一顆顆米跟灰麵，一口小鍋，鍋鏟，飯碗……竈，就是炸油窩子的小竈，太重 da，没有 ga 進去。她提 da 提籃子，雖説也不輕，自己總算弄得動 da。找 da 一把鑾 fus[⑧]的鎖鎖門，提起，不，拖起她的籃子出來 da。她累 da。氣吼八吼地忙 da 大半天，水都没有喝一口，她進城的時候，太陽偏 da 西，已經快關城門 da。

從她的屋裏到城門口，雖説衹 ikakar 路，她也回頭望 da 好幾回；又是捨不得屋跟屋裏的東西，又是怕隔壁左右看見 da。一擠進城門，不曉爲甚事，忍不住一陣鼻子酸，一路走，一路抽地抽地哭起來。

月亮照在城隍廟大殿前的苑子裏，照得大殿裏頭跟旁邊的十殿裏頭，毛毛糊糊，有好多大神小鬼的泥巴像，欲看見不看見。az 們，白天裏，

---

① 這一下，這之後，再；讀“札嚇”。

② 放到。

③ 將某物置於某物中，以力使入之動詞。

④ 隅。有人寫爲角落，讀“各老”。

⑤ 鷄子以足爬搔地上之物之動詞，無漢字。

⑥ 軟柴，對劈柴之硬者言，大都爲樹枝之類。yang 讀“讓”，平聲。

⑦ 藏，秘藏，讀“實”。

⑧ 結實，讀“富實”。

從齒子門[①]的門縫裏擠進十殿裏頭，無章打緑野地[②]，la[③] 閻王的蟒袍，嘗無常大爹的口 a[④] 裏吊下來的鴉片煙膏子，大人 dan 都 dan 不住；一到夜 ga，看見十殿裏頭黑黑的，好 kiang 菩薩們都活 da，在動，就怕起來；哭，喊，往母媽的懷裏鑽。母媽們一滿肚子心事，maode 幾多工夫招呼 az 們，一聽見哭，就不耐煩，不是駡，就是幾巴掌。az 們格外好哭，吵得 maode az 的人，也睡不着。

老頭子們一路 xo 水煙，一路望天上的雲頭跟月亮賽跑。聽見 az 們哭，喊怕，自己也覺得這地方是該有些不 linsin[⑤]，小 az 們是不曉得説假話的，他們的火光又低，自然看得見，一想，就禁不住身上打冷噤。張三爹是個講鬼的好老。他肚子里衹怕記得百把個鬼故事。哪一年，哪個半夜三更從這廟門口過，聽見裏頭人 xoxosn[⑥]，跑進去一瞄，是城隍老爺在審案；哪一年，哪個夜 ga 在十字街碰見城隍老爺查夜，xai 在街心裏匍 dou 挨過幾十板屁股；xai 有，哪個做夢，看見城隍廟裏出來 da 三個姑娘，走進自己家裏的大門來 da，第二天起來，原來是母狗過 da 三個狗子……

現在他開口講："人無神，寸步難行"，古話 xai 有錯的？才兒，一些年輕 az 們，信洋教，進洋學堂，不信神；所以，世道不好，反；這是末劫年到 da!

他一講，不光衹 az 們，連大人也有 ikar 怕。

怕得最狠的是吴 aiba。本來這夜 ga 有 ikar 風，她簡直身上 kinkinsen，把跟她一塊兒睡的王 aiba 擠得緊緊地。隨做甚事都要菩薩保護。油窩子賣不得，錢收不回，辛辛苦苦存的幾件衣服，ga 在城外頭，不曉得

---

① 栅欄。

② 膾大妄爲，不守禮法等意。

③ 以手觸物之動詞。

④ 口 a，口角也。

⑤ 原爲潔净，齊整意，此處加不，轉爲有鬼意。

⑥ 喧囂。

xai是不是自己的，這怕不都是菩薩的意思。説起菩薩，這人嘞，真該死，giang進來的時候，怎連錢紙香都没有帶ikar來燒的呢？好城隍老爺，大神不見小怪，我明朝一定去買來加補。

夜深下來da，maode az們哭da，講鬼的也講得有一句mao一句地。吳aiba可没有睡着。東西ga在城外頭，真不放心，明朝要回去看看纔行。要來的xai mao來，爲甚事不去拿進來呢？xai等來da纔去拿麽？搬進來da兩天，作算當天來不ce①再出城，昨兒跟今朝，就該出去拿。是的，出去要買通行證。買就買吧，衹要一串二百錢；那些東西，總不值這些錢。一個人大處不慳小處慳，sa②得疼不疼！就説怕隔壁左右的人看見吧，這日子，活得成就算da，xai怕甚醜呢？

記dou，明朝有兩樁大事！第一，出去拿東西；第二，買錢紙香來敬神。不，第一敬神，第二拿東西。菩薩保護。那砍頭的們要來，也等把明朝過da再來。想到這裏，她翻過來翻過去，恨不得天馬上就亮。

她睡得半醒不着，忽然一陣zazawawa③，把她吵醒da。睜開眼睛一看，天xai mao亮；很多人都爬起來da，七嘴八舌，不曉得在吵syngguo。az們也叫大人吵醒da，醒得不新鮮④，“a，nanggao的！”亂wang亂喊，格外吵得凶。

“火！火！”在很多人的聲氣中，不曉得是哪個在説。她抬望一望，在月亮跟雲頭的底下，當真好像有一道淡紅色的光跟些煙子。是哪個不小心，一定是xo水煙的人撞的事。她慌忙火急地爬起來，這苑子裏xai是黑黑地，月亮xai是迷迷糊糊地，meideikar火星子。大殿裏，兩旁，山門那邊，也是一樣。她放da心，不是這廟裏。

黑裏kima，哪個也不曉得是哪個，衹好kiang有人站在陔檐坡子上，

---

① 來不ce連用。來不及也，ce讀策。

② 傻之變音讀“紹”，下平聲。

③ 喧嘩，讀“查查瓦瓦”。

④ 清楚，衹有用於剛睡醒時有此意。

有人爬到右首那十殿的柱頭上，有人爬在 kua[1]da 半截的墻上，朝外頭望。口裏聽不清楚地亂喊——

哦！好喲！大煙子！——哦，喲好大火！——哦，曉得 zazasen 響呢！——一定是來 da！——抱起媽入的們來 da！——不要跑出去呀，街上不許走的呀！

王 aiba mao 看見火，衹看見半天裏一些紅光，是的，xai 有些煙子。怎麽，是城外頭麽？城外頭都看得見麽？天咯，那砍頭的們就來 da，那殺腦殼的們這樣快就來 da！——來就放火，這砍頭的們不怕王法！菩薩保護，該不是從我們那條街上來的吧，没有燒到我們那裏的吧。不能够的，我屋裏離城離得頂近，衹隔一條濠溝，城上守城的人多的是，那砍頭的們就當真不怕死不成！

幾十個 az 們扯起喉嚨在 wang，幾十張嘴幾百張嘴在駡，砍頭的，遭炮子打死的，千刀萬割的，衹要駡得出來的話都駡出來 da。站在高 ikar 地方的，踮起脚來望，望到 ikar syngguo da，口裏就喊，别的人聽也聽不清。幾十張嘴都在叫别人不做聲，聽喊的些 syngguo。可是哪個也没有不做聲，扯起喉嚨來問這問那，問出來 da 也 meide 人回。

哦，越燒越大 da！——看喲，那火球，一衝幾丈高！——你説你説呀，是燒的哪裏？——聽，xai 有人在喊哩。——是東頭，是東頭呀！——看得見麽？是不是來 da？——遠不遠？泰山廟麽？春秋閣麽？——聽，城上的人們説得 xoxosen 哩——爲 syngguo 不開槍？聽見槍響 da 没有？——maode 好遠呀，不曉得在哪一帶，很近很近，kiang 就在城跟前——開兵出去呀，開槍呀，要守城的做 syngguo 的？——近極 da，就在大東門外頭。

天啦，很近，就在大東門外頭，獨獨在大東門外頭！不是我屋裏？——吴 aiba 在很多話中間，聽見 da 這幾句話，kiang 聽見打一個炸雷，嚇痴 da。她踮起脚來想看，人矮，背又有 ikar 駝，maode 用。跑到

① 坍塌，倒下，音略同瞀，上聲。

大殿裏，爬 da 爬柱頭，爬不上；又爬到苑子裏那壞 da 的墻，抓掉 da 幾口磚；磚打在自己脚上也不曉得疼。站在墻上的兩個老頭子不許她上去，wo[①] 她，扳開她的手。她，手一鬆，脚一軟，一個仰面朝天，da 在地上 da。

這時候，城外頭的火燒得正旺。吴 aiba 的那間大屋，叫火舌頭衹一舐，早舐得海乾山拉 da。

一城人講 gao[②]da 各種各樣的謡言。本來都以爲是來 da 的可并 mao 來。槍也 mao 聽見放，仗也 mao 聽見説打，大東門 xai 是一天開幾個鐘頭，哪裏 kiang 來 da 的樣子呢？没有來，大東門外頭髮那樣大的火；這就難怪人家講。

有人説，李六老爺是個大煙鬼，他的家眷早已騰進城 da，他捨不得他的東西，就自己跟一個 tosouz[③] 留在屋裏照門，不等真的來 da 是不肯走的。他 xo 煙，他底 tosouz 也 xo 煙。兩個人半夜裏過迷癮，把燈 qao 潑 da，這樣引起火的——説這話的就是李六爺門口住過屋的，爲屋錢他挨過李六爺的兩個嘴巴。

從火神廟的道士那裏又講出另外一種話——火神廟在大東門外頭，道士也是進城來躲反的。這火不是人放的，人放的不能這樣大。這是天火，是火神菩薩的意思。火神廟裏，本來有好多火龍，火虎，火鷄，火鴨，這回跑出來 da。

又有人説，都不是，是來 da。雖説没有都來，先派 da 一批人來放火的。守城的有人看見火光裏有穿軍裝戴軍帽的人，拿的槍，不許人救火，救火就開槍。看見濠溝對門草棚子 gion 的人們哭，喊，跪 dou 求，道不放火。要救火，吃拿槍的人 ga 槍 do[④]，ga 刺刀刺，看見幾十幾百個草棚子 zion 的人，連哭帶喊地，拖兒帶女地，叫别人不曉得趕到哪裏去 da。

① 呵斥，讀“惡”，想是呵之訛。

② 普遍，讀“高”。

③ 聽差的，讀“妥手子”。

④ 以棍棒或矛槍之端嚮人刺之動詞，讀多，入聲。

放火的也不見da。

“爲甚事不開槍打呢?”聽的人問。

“開槍?軍隊mao上城，别人又maode槍；把da一百道信給兵們，兵們説，不要緊，不要緊。”

謡言是各式各樣，不曉得哪一樣對。衹苦da大東門外頭住的人，聽説燒da百把多家，聽説草棚子燒得一展平陽da。

吴aiba瘋da。衝da幾回城，要出去看，mao出得成，幾回喊天喊地要上城望望自己的屋，又叫兵們拉下來da。她滿街跑，滿街打聽，碰見人就扯起喉嚨喊：

“我的屋呢?我的東西呢?我的棉褲呢?我的裝老衣①呢?”

她打聽到，火是兵們放的，是團長叫放的。她滿街問團長在哪裏，營盤裏在哪裏，她要去向他要賠，去拼。可是不曉得去。

下午三點鐘，團長從團部裏出來到縣政府去。四個挂盒子炮的在他後頭。走到翰林牌，忽然十幾個老百姓跪來dan dou da。團長嚇da一跳，挂盒子炮的連忙從盒子裏頭搜傢伙。老百姓們跪在街心裏亂磕頭亂喊。

“什麽事?什麽事?”團長站dou問。

“大大人呀——救救——團長呀——開恩呀——可憐……”

“起來，有事好好地説，站起來説，一個人説。”

“説呀，説呀!”大家xai不站起來。一個年輕人推一個老頭子：“大人叫説，劉三伯，你説呀!”

“你你……”，劉三伯身上zsan②，結③da半天，結不出一個字來，“你你們説，我我……”

“你説，”年輕人説，“你的年紀……”

---

① 死人穿的衣服。

② 戰栗。

③ 口吃。

“隨便哪個說，不要推哪!”團長說。

“回大人的話。”年輕人壯起膽子來，“我們求大人開恩，我們十幾個人，都是窮人，求大人的恩典……”

“説就説，不要大人大人地，都站起來。”

“聽見 mao!”挂盒子炮的一個，“不許叫大人，要叫團長!”

“是是，團長大人恩典，我們窮，都是西城外頭的人，在西街裏住 da 幾十年 da……”

“是呀”，十幾個人又吼起來，“幾十年，求大人，團長……”

什麽事呢？團長戚[1]起眉毛。

“東街裏燒 da 幾條街，”年輕人又說，“聽説是造反的要來，不好打仗；怕他們上屋，怕他們躲在草棚子裏頭，是團長下命令叫……”

“胡説！謡言……”

“胡説!”挂盒子炮的，“不準胡説!”

“聽説西街裏也要……求團長成全。我們的屋，都是挨 dou 那些草棚子的。求團長，我們是窮人，辛辛苦苦，一 xiang[2] 屋，求團長想法子，不要燒我們的……”

陡然又一個人從人空[3]裏鑽進來，一個老虎下山[4]，一雙手抱 dou 團長底靴統子，跪在地上亂 wang 亂喊：

“團長呀！大人呀！我的屋，我的裝老衣呀！我是孤老，我是住草棚子的呀！是，是團長叫燒的呀！洪昌發裏老闆跟高全長扯皮[5]，要賠他的瓦屋。説團 mao 叫燒瓦屋的呀！這不是説團長叫燒草棚子的麽？xai 有，聽説，一擦黑[6]，老總們叫草棚子 giou 的人趕快搬東西，搬起走；

---

① 皺。

② 一 xiang，一棟也，讀“同”。

③ 隙，縫，讀“控”，去聲。

④ 猛撲之姿勢。

⑤ 搗蛋。

⑥ 黄昏。

人家不搬，半夜裏就把他們趕出來，放火。這不是團長……别人我不管，我是孤老，我的裝老衣，我的……”

這個人是吴 aiba。

“趕開他們!” 團長命令挂盒子炮的；自己一脚踢開吴 aiba 拿脚就走。挂盒子炮的們比 dou 手槍，向跪 dou 的十幾個人亂打亂 zya①。吴 aiba 在地下打 da 一個滚，又爬起來跟在後頭 kiang 猪子拖去殺地那樣亂叫。别的十幾個都爬起來跟 dou 喊。街上看熱鬧的人跟起走的一兩百。一個兵，從對面跑來，一個敬禮：

“報告：大東門外頭有幾百人要衝進來。”

“什麽人？城門 xai mao 關麽?”

“關 da。是那些草棚子 giou 的人!”

十二月八日，一九三四

（原載 1935 年 4 月 20 日《木屑文叢》第 1 輯）

① 踢，無漢字。

家

一

“啊，老臧！久不見！你好！你住在……”

“你好。我？我？我没有住在哪裏。”

老臧碰見第一個問他住在哪裏的時候，好像不好怎麽説地這樣答復。

“哈哈，有趣！‘没有住哪裏’幽默之至！”

“可不是我們的臧詩人麽！早就要找你，找不着！你，你住在什麽地方？”

“我，我没有住在什麽地方。”

臧詩人對第二個人説。

“究竟是詩人的話。不過，你總得有一個地方住呀。”

“對呀，我總得有個地方住；不過，不過我真没有住在什麽地方。”

人覺得詩人的脾氣有點兒怪，跟詩人是説不清的，也就不朝下説了。

“喂，你住在哪裏？”

“我不住在哪裏。”

“什麽話，你總……”

“是的，我總……但是……”

“你夜晚總得在一個地方睡覺呀！”

“睡覺麽？昨晚在老段那裏，前晚跟老周在睡，大前晚……但是我并不能算住家在他們那裏了。”

“那末，你今天晚上呢？”

“今天？今天還早咧，現在還没打算。”

老臧簡直覺得太麻煩了。一個人爲什麽要有這麽多的無謂的應酬呢?應酬倒也罷了；偏偏幾乎個個都要問你住在什麽地方！怎麽？你是户口調查員？你是包打聽？啐，無聊不無聊！

是的，他們有地方住，住得好好地，不懂得没有地方住的人的苦處！

一個人不能有點傷痕；一有，别人一眼就看見了；并且，個個都要來戳一下——好像没有地方住是椿蠻丢醜的事。

不過，我得找個地方住；不，馬上得找！真是，連住的地方都没有，這算個什麽日子呢！

二

老臧在南京當新聞記者已經三四年了。他剛到南京的時候，“首都”這個名詞，人們還没有説慣。

剛離開大學，就找到一個月有百把塊錢的收入的職業，他自己是很滿足的。

他的脾氣有點兒怪，又蠻性急。喜歡做一兩首詩，寫點不三不四的文章；他寫東西的時候，怕吵怕得要命。所以别的什麽，他蠻不講究；住房子，要清静，要他看得順眼。一點不對勁，就搬家。寧可住旅館，寧可住在熟人的地方，他不住不合式房子。

起初，他住在成賢街一個單家獨院的洋樓。他住那房子的四分之一。同住的都是熟人，又没有什麽老的小的，除了有時大家高興，打打麻將，可説是蠻清静的。可惜這日子很快就過去了。

南京，不是麽，變動得真快。從前聽説并不怎麽繁盛的，自從有人叫它是“首都”以來，情形可大不相同了。三山五岳的人，都向南京跑，人一天天加多了。旅館都漲了價，并且擠滿了人，新開的旅館到處都是。每條街上都有人在蓋新房子。本地人把自己的房子，連茅房都填平了拿出來出租。新的房子，新的街道，跟新的達官貴人，新的王孫公子……一齊，把這古舊的南京，點綴成另一種顔色了。這新氣象，馬上就影響到老臧他們，影響到他們的“住”的問題。

老臧還在睡早覺。同住的朋友來拍門，把他叫醒了。

“什麽事?”

“房東通知，要我們搬家咧。”

“爲什麽?”

“他説，他説他的房子要賣了。”

“真的麽? 賣給誰? 我看，喂，説不定是要加租吧。”

“我也以爲是。咱們先討討他的口氣看。如果是，你説……”

“加就加好了。現在找房子不容易，搬家又麻煩。”

果然，他們猜着了。加了租。老臧每個月增加了五塊錢的負擔。

“管它咧，衹當打牌輸了的!”

過了兩個月，房東又來了，又加，加到了原來的房租的一倍。

剛剛一個月，房東又要加。加壞了規矩!

“豈有此理，簡直每個月都要加租。”

“房東太不講理，這樣加下去還得了麽? 老臧，我看咱們還是三十六計吧。”

“好的，受不來這樣的氣。不信除了這裹就再没有房子。寧可住還貴的去，寧可住壞的房子去。搬，不搬不是人。”

他們就這樣搬走了。

從那時候起，差不多一年光景，老臧又搬幾回家。搬一回，他出的租錢多一回；可是房子倒越搬越壞了。

到了最近，他簡直連壞房子也没有住的。一到連壞房子也没有住的時候，不知怎樣，他變得有點多疑，感傷起來了。

他最怕有人問：“你住在哪裹。”尤其怕人説：“晚上總有個地方在睡覺呀。”他覺得這句話太殘酷，太刺心了。一個無家的人最怕的是睡覺的問題。白天，有辦公室可坐，小館子可吃飯，馬路上可走，公園、游戲場可玩；一到晚上，這問題就迫切地臨到頭上！自然，他是從來不會露宿過一次；但誰能瞭解夜裹九十點鐘以後，在街上望望這頭，又看看那頭，於是打算“今晚到哪裏去睡覺呢”的人的苦痛呢？

三

到完全成爲一個無家可歸的人的時候，老臧還經過一個住不要錢的房子的階段。

龍蟠書店老闆跟他同過學，準備出一個刊物，想找他編。這樣，他就被搬到那書店的樓上去住。書店每天晚上九點鐘就得鎖大門。九點以後，書店説過，出進走那緊隔壁的另一座門。老臧在通訊社的事，每天總要晚上七八點鐘纔完。完了，吃一頓飯，或者找找朋友，逛逛馬路；回去，過了九點鐘，是常有的。

九點鐘以後，也還有遲早。早，門虛掩着，推開，鑽進去，没有事。遲了，門上了栓，要進去，就得拍門。

嗵嗵，嗵嗵。

“誰？”

“我。”

“你是誰？”

“我姓臧。”

“姓張？姓張的多嘞——半夜三更，拍門打户，找誰。”

“不是，我住在裏面。我是書店裏……”

背了一回履歷，門算打開了。可是怪，開門的并不是書店裏的人，倒是幾個穿老虎皮的高大漢子。看見他進來，瞪起眼睛，一臉不耐煩。怎麽回事呢？拍錯了門？四下一打量，没有錯；摸到自己的房裏，也是自己的房。噫？

過後他明白了。書店老闆是兼作政治活動的。隔壁這座房子，是給軍政界的朋友在做公館。那跟他開門的人，就是那公館裏的聽差或勤務兵。唉，要别人的勤務兵給自己開門，這太難了！

他没法，衹得提早回家。提不早，就硬着頭皮拍門，硬着頭皮背履歷，看面孔，有時甚至還得硬着頭皮聽那當面的教訓跟那使之聞之的譏誚。不過，無論他的頭皮怎樣硬，久而久之，回家這件事，在他，不期而然地成爲長遠了。“朋友，現在幾點鐘？十點了麽？唉唉！”之後，接連而來的想頭是，“到老段那裏去睡呢？還是到老周那裏呢？”其實，某公館的大門，這時候也許還敞着在。

是冬天。辦公室燒着紅通通的火爐。窗外颳着呼呼的老北風，鵝毛團在北風裏跳舞。事辦完了，望望窗外又望望屋子裏的火，想走，有點捨不得。圍着爐子，跟同事們談談閑天，推測推測政局的變動，交换一下彼此得到的秘聞，然後，叫館子裏送點東西來吃，喝一兩杯酒擋擋寒。一耽擱，就是幾個鐘頭。老臧心裏想，遲了？回去，風大雪也大，冷，不消説。黄包車，貴，也許還叫不到。他媽的，反正明天還得來，隨便在哪兒倒一下，來往的冷跟車費豈不可以免掉？何况，即使忍着凍，回去叫不叫得開門，還是問題？

於是老段那裏——老段，他的朋友，在附近一個大機關作事，住的是“職員寄宿舍”。

“喂，對不起，今晚跟你睡。”

“媽的，又來了。上回叫你擠得氣也喘不過來；并且，被窩，因爲分給你蓋，太薄了，冷，受了寒，咳嗽還没好清楚……”

“你看，這不是我故意不回去，風跟雪，這樣大，車又叫不着——反正衹這一次，以後不來好不好？”

這之外，還賠上許多小心，結果，在人家分的一點薄被窩之下，寬不到一尺的一張小鐵床的餘隙上睡了。心裏想：老段，待我真好呀！

有時，跑到周君的宿舍，裝得嬉皮笑臉地説：

“你一件不幸的事出來了。”

“怎麽，你又來睡覺麽？你晚上睡得太遲，又看書，又喝酒；燈燃着，人家不容易睡。并且，現在十一點鐘就熄燈，你也過不來。”

“不要緊，我帶的有洋燭。”

“唉唉，真是……”

“誰叫你是我的朋友的呢?”

同樣的情景，又跑到别處。因爲常常在一個地方，吵一個人，就算别人願意，他也很不安。最難的是，附近的地方都太去多了，不回到書店去，又已經成了習慣，晚上十點鐘以後，不得不跑到離通訊社很遠的地方，像夫子廟或者三牌樓那些地方去找朋友。因爲遠，必須搭公共汽車。南京的公共汽車，怕人的難等；望見一輛車來了，蠻高興；一走攏，滿車的人，不停！有時甚至連坐車的錢也没有，衹得難爲兩條腿；等到走到，離天亮的時候已經不遠了。

近來他常常住在鼓樓興華旅館，也是一個朋友的地方。朋友是個機關上的起碼職員，所以住的房子很小，又是一個屋頂間。窗子的兩旁，像各放着一張樓梯似的屋的斜頂，表示這屋裏應有的空氣的一半，已經被擯斥在屋子之外了。晚上是他工作的時候。想看看書，寫點什麽，無奈這屋子的主人，每天早晨八點鐘以前就得起來去辦公，因之晚上不能有同屋的人不睡，尤其不能燃燈。無法，他睁起眼睛躺在床上。耳朵裏擠滿了别的房間的胡琴、京戲、麻將以及打哈哈的聲音。他拼命地想睡，可是拼命地睡不着，又不敢多翻身，多嘆氣，怕驚醒了朋友。早晨，該讓他休養一下了吧，可是，窗外是中山大道，南去北來的汽車，大卡車的輪子在地上滚，喇叭不住地叫；車馬的鐵蹄，打在馬路上波羅波羅響，簡直像在他身上踐踏一樣。還有，對過就是一家木廠，廠裏有一個煙囱，嘟嘟、嘟嘟嘟永遠不知道休息。他，要睡，又怎能睡得舒服！

不行！得馬上找個地方住！

他發奮要找房子，要重新把家建立起來。

四

因爲要租房子，老臧天天在路上留心那些出租房子的招貼。五顔六色的招貼很多，他看了一天，没有一處合適。高樓門，周必由巷，有幾幢新式洋樓，大小一二十間。招貼上説，這些房子，適宜於做要人公館或機關的辦事處。一打聽，每月租金，兩百塊，三百塊；押租，八百，一千。他衹有伸舌頭。

當然，便宜房子是有的。平房一間或二間，甚至客堂厨房還可以公用。租金二十幾，十幾塊。不過，旁邊注的小字："合意者請到某某巷第幾號三進或四進接洽。"這注，把他攔住，他怎樣也不會去看的。這樣的房子，他也曾住過幾天，都是幾百年以前的建築。一間大屋子，横七竪八地用六七尺長的薄板子把靠地下的這半截一隔，隔成好幾間，要你住！板子本來薄，隔的時候，恐怕還是濕溜溜的。一乾，板子們彼此就失掉了聯絡，裂出一條條的縫。他住在這樣的屋子裏的時候，隔壁住的是一對年輕的夫婦。白天裏，兩口子在房裏用汽爐子燒飯，爐子不住地呼呼地響。煤油味，煤油煙子味，炒菜的油味，辣椒味，飯煳了的味，從板壁縫裏，從靠屋頂的連隔也没有隔的空隙的地方穿過來，衝得人鼻子打噴！早晨夜晚，還要聽那太太上馬桶，聞那從馬桶裏噴出來的香氣。不用説，隔壁戲，西洋鏡，他是享受得太多了。

這樣的房子，還有一個重要的特點，就是往往生在房東老闆的大厦裏面，第四進或者第五進。回去遲了，大門上了栓；拍拍，不應；叫喊，無法。於是彎彎路，拍後門，也一樣。就算有人開恩，開開門；一望，一抹黑；要黑洞洞地摸過三四個天井，轉四五道彎，跨十幾道門坎；馬虎一點，又不是踢了脚就是碰了頭。一次兩次還可，日子又是這麽長！

他開始去看房子，是在一場大雪之後。雪是停了，可是還是陰天！老北風依然無情地颸。路上全是雪、泥、水。

南京的路，你知道，雖然已經有了一條中山大道，很可以對着舊時的南京驕傲一下；但中山大道以外的地方，還是保持着古代的陳規。尤其是中山大道兩旁的街巷，因爲大道是没下水道的，宣泄機關就藉重了它們，所以大道上雖然早已水乾地燥，而它們還是泥濘糊塗，甚至是一片澤國。

地方是五台山脚下。從交通部斜過去，還有兩三里之遥，他由一個朋友領着，在泥濘的道上搜尋着可以踏脚的地方。那幢房子，是建在一個糞園跟菜園之間，没有路，要從菜園裏穿過去。這菜園，除了菜，就是雪，除了雪就是泥。地上軟軟的，一踏一個脚印，前脚踏穩之後，後脚陷在泥裏，有時簡直拔不出來。他是個耐性很小的人，在這樣情形之下，已覺得寧可不住房子，像這種地方，即使房子再好，也不租了。同來的朋友却很熱心，不住地宣傳那房子好；他雖老大地不願意，却也不知不覺地跟着走進去了。

房子的確很好，嶄新的獨院，完全西式，租價也不很貴。如果能找一個朋友合租，一個月衹消三十來塊錢，并且很够住。讀書，寫文章，蠻適宜，絶不會有人吵。在南京，這種機會是蠻少的。他看了，就贊不絶口；同來的朋友，也直慫恿他下定錢。

但是有問題呀。第一，這房子，離他辦公的地方以及大街都太遠，他没有汽車來去，買東西或上辦公室都不方便。第二，没有路可通，晴天猶可，陰雨就不是事。第三，静，太静了，静得可怕；夜晚從遠道回來，在朦朧的月光之下，一望都是墳，其情况也不很可以羨慕。第四，他也找不着願意同他來住這個偏僻房子的朋友。結果，衹得長嘆一聲，拖着一身泥水離開了"家"，離開了那裏。

回來，順便看了幾處中山大道旁邊的樓房。下面是商店，從早晨到午夜都在汽車喇叭的叫聲中過生活，而且房租很貴。如司法院對門"唯一"理髮館樓上，一大間隔成兩小間，厨房，下房，茅房，都没有。月租五十元。二房東説：

"怎麽？嫌貴麽？再不能便宜了。這是没有押租的呀。"

"没有押租也住不起！"

鼓樓北街，新起了一個里分，名叫"忠賢里"，衹差一兩天就完工了。

新修的房子，常常是不等造好就租出去了的。已經快完工，難道還會有空着的麽？要是早下决心找房子，説不定可以定下一幢，現在，一定太遲了。管它呢？去看看，也許……

房子跟上海的弄堂房子一樣，一樓一底。蓋得還不錯。房租，照南京的情形，總算還公道。不過也是得找人合住。問了問在粉刷墻壁的匠人們，説是都租出去了。最後一個人説，還有一幢，隔壁那幢，還没租出去。

“向誰租呢?”

“中國銀行姓王的。你可以先打個電話去問問。哦，現在不行了。幾點鐘，可不是麽？他已經不辦公了。”

第二天早晨，他帶了錢，準備到中國銀行去。半途上，碰見一個熟人，密司楊。

“喂，老臧，到哪裹去?”

本來是一句平常打招呼的話，衹要點點頭，或裝點笑臉，或者鼻子裹哄一下就完了的。也許因爲看好了房子，很得意吧，他鬼使神差地説：

“到中國銀行。”

“上銀行存錢?”

“不是，不是，是去定房子咧——我現在打算找房子住。”

“哦，是説的忠賢里麽?”

“你怎麽知道?”

“我怎麽不知道呢？中國銀行姓王的蓋的房子，衹有第一排第三家一幢還未租出去。行租七十，押租一百五。昨天晚上，老邵已經定下了。”

“真的定下了?”

“當然真的。不信，你去問老邵。”

她説的頭穿底落，一清二楚，老邵又是熟人，不是問不着的，怎能叫他不信?

“得喜遇見你；不是，要白跑一趟狗腿。”

他轉去了。

過了兩天，碰見老邵。老邵説，没有定。那房子太貴，自己人又少，划不來。除非跟别人合住。

“我跟你們合住，好麽?”

“那怕不好。你一個人，省事極了。”

“那麽，現在就去定吧。”

“等一等，打個電話去問問看。”

他聽着老邵打電話：

“你是王先生麽？我姓邵，我是……忠賢里的房子……怎麽？都租出去了？三號呢？呢！今天纔……没有辦法？……”

老邵挂上了電話筒説：

“他媽的，今天早晨纔租出去！”

在辦公室。

“臧先生，有人會你。”

聽差的説。什麽人呢？

在新華旅館住的老胡。老胡説：

“你不是要租房子嗎？成賢街有一張招貼，似乎是新貼的；可以去看看。”

“什麽樣的房子，在什麽地方，行租、押租多少？”

老胡不知道，衹在車上看見一下，似乎不壞，地址大約在成賢街一帶。反正要租房子，跑路就不應當怕，去吧，他很奮勇地同老胡出發。

“黄包車！”

黄包車看見他們很急地要趕路吧，非三毛錢不可，人一氣，爽性就走去。

路是不能算頂遠，比夫子廟或下關算近很多，路上雪泥水似乎也衹是最後的掙扎了。走喲，朋友，中央大學已落在背後。

“招貼在什麽地方？”

“總在這裏一帶。”

於是他們向兩邊的壁上搜尋。幾家的書店過去了，招貼未發現；中大宿舍，電療院也過去了，還没有；什麽食堂旅館之類，過去了，没有，没有，類似的東西也找不出。

“已經租出了吧？貼子都扯掉了！”他説。

“没有的事，我剛從這裏過，没有好一會兒。”

“但是成賢街也將走完了!”

天啦，那不是招貼嗎？在浮橋附近，一根電綫杆子上，老遠的就呈顯面前。這時候，他像哥侖布望見新大陸一樣，三步當作兩步走地衝上前去。一看，上面寫着：

“兹有新式洋樓一棟，大小十餘間，坐落周必由巷××號……”

“這不是早就在北門橋看了嗎?”

“誰知道又在這裏招貼呢?”

“黄包車!”

時間不值錢，氣力盡義務，算止花了幾毛車錢，又在辦公室坐着了。

五

偶然在電影院碰見以前跟他同住過一個朋友，也問起他在哪兒住。那朋友説自己家裏附近有一棟房子要出租——十幾天之後，原住的人就要搬走。押租跟行租還不算貴，房子跟自己住的差不多，地方也很合適。一句話，是一棟他理想的房子。他聽了，很高興，馬上請朋友代爲定下。

過了一天，朋友通知他：已説妥了，定錢不必要，衹候月底人家搬走。

“哈哈!”他笑，“‘踏破鐵鞋無覓處，得來全不費工夫’，真是！到那時候，人家問‘你住在哪兒?’我就坦然地答復：‘我住××街第××號’了。”

第一天過去了。他高興得了不得。因爲離有家的日期近了一天了。請人寫的字畫的畫，送到裱糊店去了。

過去了第二天，他了不得地高興。當然咯，他要有家了，而且又挨進了一天。傢具店跑了三趟，胡蝶、阮玲玉、麥唐納等電影明星的相片送到玻璃店安框了。

三天四天流水般地過去了。他一天比一天高興，堆着的髒衣服都送到洗衣店；被單、枕套、帳子，一切等類都一齊叫人拿去洗去了。

九天十天……

離搬進去住的日子，最多不過一個星期了吧。他想。天下没有一個人有他那樣快活。

朋友喲，我快有家了。我會請你到我家去玩、打牌、吃酒。

但是要雇個傭人纔好呀。老媽子，要；小大姐，要十九歲的，要愛乾净的，不長得唔啥的，要……

過去了十天，他接到了這樣的一封信：

老臧：

房東來告，原住人已不搬家，房子……罷論！專此奉聞，順候

文綏

弟××　×月×日

“我的家呢？我的家的夢呢？完了！”他倒在辦公室的藤椅上，幾乎暈過去了。

（原載1935年11月1日《中華月報》第3卷第11期）

支那人

一

天低得用手都摸得着，昏昏沉沉，不知是在害病還是喝醉了酒。

四十幾個人在路上。

紅眼斑走在頂前頭。他頂好講話，一路上就没住過嘴。押隊的吆喝他的時候，他就笑眯着眼睛説：

“嘿嘿您啦，説説鬧鬧，俺們走起來就那個些呀，嘿嘿……”

他是個老營混子。他説他打過幾十回仗，説他連人肉都吃過。瞧，眼睛發紅就是憑據。

“人肉，”他説，“聽俺説，那是頂不好吃的東西；一煮熟，黏不及及地，像糨糊，又酸又怎麽的，這味兒——呸！”一路説一路吐口水，像那黏不及及的東西還沾在他的舌頭上。——“簡直……不過，人的心肝腰子倒蠻有味兒。”

“别吹了，紅眼斑！”

跟他挎在一個手銬子上的小傢伙王小亭説。

“吹？嗎叫做吹？中國十八省，俺差不多走了十七省，北京、天津、河南、山東……哪一省没到過？不打仗不打仗，打了百把多回，帶了七八回彩。瞧瞧俺這胳膊，這是嗎假的！”

他的聲音越説越大，脖子上的青筋暴起來一大拇指粗，口水像下雨地噴在小傢伙的臉上；那隻自由的手，揩了一下嘴唇和鬍鬚子上的口沫，又要來捲那隻跟小傢伙合了家的胳膊上的袖子。不知是銬得緊，衣服多，不好捲，不知是并没有嗎傷疤，他的袖子結果没捲起來。不過他的話可又說下去了。

“你們以爲俺怎麼來的呢?”

“在奉天的時候，鬼子兵來了，官長叫不開槍，跑! 這是嗎玩意兒的? 好多弟兄都氣不過，請的請假，開的開小差，俺也……”

他并不覺得他的話裏頭攙了多少水，祇是心裏捉摸：這麼說，小傢伙該再不會看不起俺了吧，於是他就格外得意忘形地朝下說：

“俺跑到長春，想找朋友，想混點事兒，没想到長春也給鬼子占了，俺没有錢也没有吃的。俺的朋友在當巡長，要薦引俺也當警察。俺就不幹那玩意兒。那兒的警察有嗎好，幫鬼子當的。俺想一路討飯回俺的山東。”

“不幹嗎你就不知道嗎，俺說回家鄉，嘿，回家鄉的人纔真多咧。鬼子一來，嗎都加了稅；還有嗎人頭稅鬼頭稅，買賣就格外不好做啦；誰不想滚他娘的蛋? 說滚可也不容易，車不通，鬼子又要請嗎護照，又不準帶多錢，老鄉們就偷着跑，有的混過了昭關，有的倒霉給鬼子捉回來。俺也是……”

“八個鴉頭! 你的你的……”

看守長齊藤舉起手裏的藤條子要打紅眼斑。他懂得話裏頭的“鬼子”，捉摸着就没有嗎好話。

紅眼斑馬上笑眯着眼睛!

“嘿嘿您啦……”

小傢伙鼻子裏哼了一下低聲說：

“丘八老爺就没鳥用，瞧這貪生怕死的樣兒!”

紅眼斑把銬住的這隻手朝懷裏一拉又朝外頭一送，小傢伙没提防，馬上打了一個蹶子，差點兒摔倒了。紅眼斑抿着嘴笑：

“這位 lynggyn 同志真有本事啊!”

二

天低得用手都摸得着；西北風迎面吹來，雖説不怎麽厲害，臉上可是有點兒凉。

這野外一望，一片枯黄的顔色；遠處的山也正跟天一樣昏昏沉沉地，看不怎麽清楚。遠遠近近有些很稀少的樹木，都衹剩下幾根丫枝。一路上不知有多少倒塌了的屋子。從外頭看去，屋子裏嗎也没有，靠墻的有崩壞了的竈，竈邊裏是給煙子熏黑了的墻。

四十幾個人在塵土裏頭趕路。

“口渴得很咧!”紅眼斑説。

一説起大家都有點兒口渴了。可是没有哪兒有水池子，水溝子。衹有看守長身上挂着一個熱水瓶。

“唉唉!”走在紅眼斑後頭的陳老黑在嘆氣兒。“這世界變得真快呀。從前這路上有好些小店兒，買茶買水挺方便的，不到一年工夫，就一家也没有了。不過還好，快到了。瞧，那不是耶穌林。”

很遠的前頭一堆黑影子果然看得出了。

“耶穌林?”小傢伙叫，“有名的地方啊!”

“嗎野獸林!”紅眼斑問，“值得這麽……”

“媽得，丘八老爺就不懂！耶穌林，小白龍春上在這兒幹掉了他媽的一連鬼子。”

小傢伙的話引起好些人的興味，都留心望那快要到面前來的有名的地方。脚步格外放快了。

耶穌林，打遠處一望，有好幾十棵大樹。那些樹都老了，光着他們的頂蓋，伸出一隻隻粗大的胳膊，張着一隻隻凶惡的手爪子；那手爪子在風裏一摇一擺，就像要抓人。

“瞧！這是嗎玩意兒”，有人喊，“那樹枝子上挂的?”

不錯，一眼看去，好多樹上挂着一團黑東西，有的大，有的小，有的長，有的短。

“嘿！那是，”小傢伙又叫，“那是人啦！那長的簡直跟一個人一樣”。

一說是人，就越看越像；那短的小的可又是嗎呢？

一點兒也不錯，那林子裏挂的正是人。他們漸漸走攏，漸漸看清楚了，不光那長的大的，就是短的小的也是人，半截人；有的打腰杆兒底下就没有了，有的衹剩下一個腦袋，底下拖泥帶水，不知是些嗎玩意兒。一股臭味兒打那裏送來。

小傢伙心裏捉摸：怎麽，小白龍幹掉的那些鬼子，是誰給挂起來了麽？不對，那不能過這麽久。瞧，這些死尸穿的都是破破爛爛的便衣，不是鬼子的軍裝。莫非小白龍幾時在這兒吃了敗仗，同志們給鬼子……

“汪汪汪”！好幾條狗在林子裏打架。一條狗含着一塊不知是嗎玩意兒在前頭跑，四五條狗在後頭追。它們跑出林子，打這四十幾個人的面前横過，不一會兒不知跑到哪兒去了。另外還有一兩條狗没有跟着追，還在那林子裏的地下舐，伸出鮮紅的舌頭。

耶穌林打前頭移到他們的旁邊了。他們扭轉頭去看那些林子裏的尸首。這是怎麽一回事呢？

“啊，那多怕人啦”！一個人指着一副尸首。

紅眼斑朝那指的地方看，一副長長的尸首，脚梗子和腰杆兒都有一截兒光光地露在外頭；一頭又深又亂的頭髮，一嘴一腮的亂鬍子，舌頭伸在外頭尺把長，眼睛是兩個大黑洞，淤血打那洞裏流出來，還没有乾，糊在臉上，腮幫子上，鬍子上；眼珠子不知給嗎玩意兒啄跑了。那尸首挂在樹上，風一吹，頭髮和衣服的破片兒都動起來，就像整個人都在動。不用説又是一股臭味兒朝紅眼斑口裏鑽。紅眼斑不知看見過多少死尸，這回可不知不覺地打了一個冷噤。

幾十個人在心裏問：這是怎麽一回事呢？

“咱們快到了。”一個中國看守説，“過去四五里路就是山河鎮了。打明天起，咱們就得在林子那邊不遠的地方幹活兒”。

媽的，偏要在靠這林子不遠的地方幹活兒！

三

這時候，四十幾個人中間有一個頂快活的人：陳老黑。他是山河鎮邊裏的人，已經有大半年没有看見山河鎮，現在一下子不是回來了麼？要是他的媳婦兒曉得他今天要回來，一定會抱着他的兩歲多一點的兒子來接他，叫那小東西喊爸爸的吧。不過她不見得曉得他今天會回來。那不要緊，一到鎮上，一定會碰見幾個熟人，不是誰都可以捎個信兒給她麼？

他太快活了。像要别人都明白他心裏怎樣快活，像要把自己的快活分點給别人，他憋不住地故意找人講話。

“喂，山河鎮就要到了。到了山河鎮，就衹當到了我的家。如今，你們是客，我是東道了。要是咱們都能够自己作主，我該請你們到我家裏去……，你們真是請也請不到的貴客呀。”

天慢慢黑下來，格外顯得昏昏沉沉地。晚風迎面地吹。山河鎮的矮房子，隱約可以從幾棵稀稀薄薄的樹木裏邊看出。房頂還裊着幾點燒過晚飯火的煙子。

“我問你，老黑！”紅眼斑説，“你們山河鎮幹嗎要我們來挖嗎土，來折磨我們呢？”

“嘿嘿”，陳老黑没有開口就先笑，像真是東道一樣地賠小心，“真是對不起咧！我們這個敝地你不知道，是個很枯燥的地方。瞧，離城又遠，人煙又稀。就因爲這裏四面好幾里路都没有一條河，連一年四季有水的溝子都没有。别提種莊稼，就是吃，我們也一年是幾個月要吃那井裏池子裏的泥巴漿子的。”

紅眼斑朝四下裏望了一下，除了那耶穌林就衹有山河鎮那裏有幾棵樹木，别處就找不出生過青的草、緑的葉子的痕迹。這兒的土地實在并不怎麼肥。

“自然”，陳老黑接着説，“你們説鬼子不好，那是真的；不過叫我們山河鎮的人説鬼子也并不像你們説的那麼壞。”

“媽的，”小傢伙插嘴，“你説鬼子還有好的麼?”

“别吵，”紅眼斑説，“讓他説下去；可是你的話和鬼子好不好有嗎關係呢?”

“我好像説過的，”陳老黑説，“我還小的時候，鎮上的紳士和商家們就想領頭來挖一條坑，把大隆山流下來的泉水引來，叫它轉一個彎了再流到縣河裏去。有人説，我們這兒是火神菩薩的治下——街頭上就有一座火神廟——那麼一來，火神菩薩是要發脾氣的。當然，大隆山下來的泉水還在耶穌林那邊，離鎮上差不多十來里路；到底下去呢，也有十多里纔是縣河。轉一個彎不打緊，不多不少，足足要挖二十里路的坑。我們這兒人又少又窮，這工程又太大。……”

“你是説鬼子一來，就跟你們挖坑麽?”這是紅眼斑的話。

“鬼子自己當然不挖，”陳老黑説，“可是肯叫人挖也是好的。第一，鬼子不信神，第二，鬼子要怎麽，誰也不敢不依。不是當中打了幾回仗，怕早就完工了咧。”

“媽的，”小傢伙冒火了，“你是漢奸，幫鬼子吹……”

“不過，”陳老黑看小傢伙生了氣，紅眼斑的樣子也像不怎麽好看，馬上添加説，“不過鬼子也不好，愛錢。有錢的出錢，無錢的出力也好，偏要我們窮人捐。我就是没有錢捐，給捉到城裏去的。”

説着説着，山河鎮已經到了眼前，嘩啦啦啦的人聲送到耳朵裏來了。

四

挖了一整天土，晚上回來，大家像癱了一樣地散了勁兒。有的一路哼氣兒一路用拳頭捶自己的腰，有的一倒在用高粱秆兒鋪成的地鋪上就打呼嚕。衹有小傢伙照例是一隻夜猫，他知道另外一隻夜猫紅眼斑總要趁這一天當中頂閑散的時候，看守們不大管事兒的時候，演一通説的。他準備着聽；不，他準備着跟這位丘八頂嘴。

小傢伙是個鄉下人，可没有田没有地，也没有别的嗎玩意兒。小的時候幫人家放牲口，後來就慢慢在這兒那兒趕短工。

“趕短工有嗎出息呢？連一個媳婦兒都弄不到手！”

忽然他不見了。到了鬼子進了城，好多鄉下人被捉到牢裏去，别人纔在牢裏看見了他。

他是因爲 lynggyn 的嫌疑捉來的。在裏面常常提起 lynggyn，提起他們的頭兒小白龍。一有人發愁他就勸：

“不消急得，夥計，小白龍總是要來的。那時候咱們全出去，把鬼子一個個捉來，殺，殺，殺！”

他是頂個快活的人，嗎也不愁，嗎也不怕，除了跟紅眼斑或者别個抬杠，有時會抬得紅臉以外，從來就看不見他生氣。

他坐在紅眼斑旁邊，歪着頭，瞅着紅眼斑的臉，等候他打開話匣子來。

紅眼斑正背着隔得很遠的一盞馬燈坐着，看不清他臉上是嗎樣子；衹見他低着頭，兩隻手交叉地放在那很短的袖筒裏，一聲不響，像在打盹兒。看樣子就像没有打算開口。

他累了麽？小傢伙心裏捉摸，這傢伙白有了一副牛一樣的身體。纔趕了一天活兒，就這麽不行了。可是這樣子在紅眼斑究竟是少有的，莫非他心裏有嗎事兒麽？

“喂，”小傢伙很同情地問，“丘八老爺，你在捉摸嗎呀？”

紅眼斑半天抬不起頭來，可也終究抬起來了。小傢伙覺得他在昏黑裏閃動那發紅的眼睛。

“你説小白龍要來，是真的麽，小傢伙？”

一開腔倒叫小傢伙吃了一驚。第一，這聲音小得剛剛衹聽得見，這就是紅眼斑嚮來没有。再，無論幾時跟他談起小白龍，他總要馬上扯到白金龍，并且馬上又扯到大英牌上去的；這回怎自己倒先提起了呢？是的，丘八老爺，那“鬍子”們是一定要來的！於是説：

“當然是真的呀！”

“你説春上他們在耶穌林幹掉了一連鬼子，也是真的麽?”

“那還假得了麽?”

“唉唉。”

“怎麽?”

“你聽見老黑説過麽，他們山河鎮没有水，鬼子叫人挖坑，給引别處的水來。俺想那簡直是鬼話。”

“真的麽?”小傢伙高興起來，“我也覺得鬼子没有那麽好。可是……”

“你打過仗没有?”

“怎麽?”

“俺要問你看見過戰坑没有?”

“没有。怎麽，咱們挖的就是戰坑麽?”

“對了，”紅眼斑的聲音漸漸大起來，“别人已經先挖出許多來了，這麽深，這麽寬。俺看見過幾十回戰坑，錯不了，那一定是”。

他的話馬上吸住了人。没有睡着的都坐起來，隔得遠一點兒的就向他們這兒爬。鐐和高粱秆兒叮叮當當嘰嘰喳喳地響。

陳老黑也醒了，剛在夢裏頭跟他的媳婦兒分了手，就懵裹懵懂地説：

“不是。那是河溝子，引大隆山下來的……”

“不是!”紅眼斑説，“那一定是戰坑，一條大戰坑，幾團人都……”

“嘘”……有人覺得他的聲音太高，朝門口挑了一嘴。大家都明白，馬上静下來，想聽外頭有没有看守在偷聽。

夜風在院子裏吼，稀稀落落的雨點打在屋上，鎮上的狗在有聲没氣地叫，遠處像有鬼在“嗚呼”；别的可嗎也没有聽見。

“真是戰坑麽”？過了一會兒，小傢伙又叫起來，不過聲音低了一些。“唉唉，那不是準備打仗，準備打我們的人的麽？這不能幹啦，咱們不能給鬼子挖戰坑了來打……”

“不幹又有嗎法子呢?”紅眼斑頹喪地説，“這戰坑早就有人挖過的，那些挖的人到哪兒去了呢？俺想過，那林子裏的尸首，説不定就是挖坑的人們。他們不肯挖，或者又鬧着旁的嗎玩意兒，結果就成了那樣。咱們不幹，還不是……”

“就算那樣吧，也還是不能挖的呀！寧可死，也……”

小傢伙的話叫大家心裏緊綳綳地。發表意見的漸漸多了。

五

看守魏大鵬打了一個呵欠，兩隻手舉得高高地伸了一個懶腰，看看燈光底下的鬧鐘，差不多還有半點纔得交班。

他累了。瞌睡壓在他的眼皮上，能够打這麽一個五分鐘的盹兒就好了。

不行：看守長説過，這批新來的“八個鴉頭”，得好好地管住；前一回的那批，簡直連一個也不能留下來幹活兒，那都是看守們太不負責任了。這回要嚴，要留心。要是打盹兒，看守長剛剛來碰見，那還了得。

唉唉！他嘆氣兒。這玩意兒真没有嗎幹頭，半夜三更都不能好好地睡一覺。從前，官府是中國人，有事没事兒，馬馬虎虎；如今連看守頭兒都换了，一聲不對，誰還講客氣？從前，中國人打中國人，殺中國人，鬧慣了，不知不覺，如今，衹有給打給殺的是中國人了，打的殺的都换了鬼子，就算有不是鬼子的吧，也跟鬼子差不離。唉，這玩意兒叫人怎幹得熨帖？可是不幹也難，吃嗎喝嗎呢？端人家的碗，服人家管，有嗎法兒想呢？

他一路這麽想，一路不知不覺地站了起來。反正呆在屋子裏把瞌睡無法，就去看看那些傢伙們有嗎囉挖没有。

一跨門坎，院子裏的風朝他的衣服領子裏、袖筒裏直灌。啊，好冷！他忘記了這兒不是縣政府的監獄，是山河鎮邊裏的一個小廟子。他朝右轉彎，穿過院子，冰冷的雨點灑在他的臉上，他清醒了好多。他輕脚輕手地踏上了正殿外頭的走廊，到那正殿門口去，正殿裏就住着那四十幾個犯人。正殿門鎖得好好的。裏頭一陣呼嚕呼嚕的聲音。

縣政府號子的門都開着一個四方洞，在外頭可以朝裏頭瞧。這正殿的門没有那個洞没法兒瞧。他抬起頭來，門上頭的横木那兒，新挖的一個小窗户，是透氣兒和放燈的地方。那太高，跕起脚來也够不着。打門縫裏瞧一下，裏頭衹有一點點兒燈光，嗎都迷而八糊地，瞧不清楚。他把耳朵靠近門聽：

呼呼呼呼，不知多少人在呼嚕。

"媽得，把胳膊壓在人胸前……"

"你的腿擱在我背裏幹嗎……"

"媽呀，那不行，我的……"

"啊，鬼子來了，殺……"

醒着的人在爲睡得不好吵嘴，睡着的在説夢話，衹有一兩個人在講嗎，隔得遠，聽不大清楚。好半天，他聽見：

"戰坑，大的戰坑……"

"啊啊打仗的……"

這是兩個人的聲音。頭一個的聲音很熟悉，是紅眼斑，錯不了；第二個，不巧，正有别人的夢話打了岔兒，簡直不曉得是誰。

他連氣兒也不敢喘，站了好半天好半天，再也聽不見了。

不得了，不得了，這傢伙們也……可是唉，幹嗎拿性命當玩意兒玩呢！

他在外頭愣了這麽一個幾秒鐘，怎麽辦呢？去報告吧，他們總有人要逃不了；不咧，了事兒，自己又倒霉。唉！他嘆了一口氣。有一步没一步地回到屋子裏，喊醒了一個夥計，自己跑到看守長那兒去了。

六

大半夜了，陳老黑還没有睡着。别人的呼嚕，吵得他心裏煩極了。翻了一回身，又翻一回身，想睡，總没有法子。

現在他不是在挂念着他的媳婦兒和兒子，倒是山河鎮要水吃的那樁事煩擾着他。這樁事從頭到尾，他知道得頂清楚：鬼子吃不慣泥巴漿子，鬼子領頭捐錢，鬼子把錢捐了，可不都拿出招工，倒仗牢裏的犯人們來挖……

可是人家説挖的不是水溝，倒是打仗的戰坑，是真的麼？不錯，鬼子來了以後，這兒打過幾回戰。可是跟鬼子打仗的并不是嗎正經隊伍，有時候簡直是些鬍子。就算是戰坑吧，把鬍子擋住，地方上不是也安静些麼？小傢伙像當過鬍子的：他説不願意挖，寧可死，活該。别人没有當過鬍子，幹嗎也聽他的話呢？他聽説那林子裏挂的人都是不肯挖土的，莫非是真的麼？那些人也不見得都當過鬍子，幹嗎也不肯挖呢？這麼多的人，不怕死，怕挖土，多麼怪呀！要是我，我是寧可挖……

一百個不懂，一百個奇怪，他心裏穿來穿去，他睡不着。

起床的時候，看守們跟往天一樣在門口點名，點一個出去一個，發給昨天晚上收回去的繩子、鏟子和挖鋤。自家把繩子拴好——一頭在鏈子上，一頭在腰杆兒上，這樣，人纔好邁步兒，纔好趕出去挖土——以後，一隻手拿挖鋤鏟子傢伙，另外一隻手伸出來等看守拿手銬子來跟别人的銬在一起，一對一對地走出去。可是今天——

“吴伯成！”没有人答應。

“白雲飛！”没有人答應。

點到陳老黑，陳老黑心裏卜卜地跳。是答應好呢？是不答應好呢？大家商量了的；死也不出去，就不答應吧。他把頭鑽在破毯子裏，裝着打呼嚕。

點了十幾個人的名字還没有答應。

“八個鴉頭！”站在門口的看守長氣兒一衝就跑進屋子，用他穿着皮鞋的脚在人身上亂踢，頭上亂踢；把一屋人踢起來了用藤條子亂抽，抽得一屋人亂滚亂叫亂竄亂撞。

陳老黑受了傷：藤條子打在他的背上，頭碰在墻上，硬的鐐格痛了他的腿，别人倒下來又壓在他身上。他覺得渾身上下都在痛，一直痛到他的心裏。莫非這回就要死了麼，他抽地抽地哭起來。

“吴伯成!”

外頭又在點名，還是没有人答應。看守長在屋子裏喊:“吴不清，吴不清”，可是找不着，吴伯成不知壓到哪兒去了。看守長找不着人，又是閉起眼睛一頓藤條子。幾十個人重新又叫。外頭點名的聲音怕聽都没有人聽見了。

又點到陳老黑。

“有!”陳老黑打人堆子裏爬起來，揩着眼泪，哼着氣兒，丁丁當當，丁丁當當，出去了。

拍！拍！屋裏聽見他在挨嘴巴。

出去了一個，大家都像散了勁兒，第二個答應“有”的人也有了。接着第三第四……慢一點兒，看守長就在背後用藤條子抽。後來就一個都不剩了。

七

天快黑了。耶穌林的腥風吹到，幾十個人在幹活兒，那兒的人們正在站隊。

“來了，來了!”看守長齊藤望着遠處説。

來的是六七個鬼子，都穿的制服，有一個鼻子底下蓄着貼兒小胡子。他的制服頂整齊，皮鞋頂亮，手套子頂雪白；他走在頂前頭。齊藤和看守們都給他立正，敬禮。

“收!”小胡子叫收去了那四十幾個人手裏的挖鋤傢伙。

這是幹嗎呢？紅眼斑剛一琢磨，就聽見點他的名:

“劉金鏢!”

“有!”

“八個鴉頭！你的麼?”

小胡子把手一揮，看守們就在隊伍裏抓住了紅眼斑，解開他跟别人聯在一起的手銬子，銬在他一個人手上。跟他一起的小傢伙知道事情有點兒不妙了。

“幹麽幹麽？俺又没有犯……”

紅眼斑叫。他早就受了傷，又趕了一天活兒，累了，叫也叫不出，像誰勒住了他的喉管兒，他在挣扎。

“八個鴉頭！你的没有犯？……你的夜間……”

小翳子罵。拍！一嘴巴打在紅眼斑臉上，紅眼斑朝後一退差點兒絆倒了，一個鬼子扶住他。

“嗚嗚……”

紅眼斑像小孩鬼一樣地嚎；血打嘴裏直淌。

小傢伙看見紅眼斑挨打，聽見他叫，哭；鼻子裏一陣子酸。他恨不得把紅眼斑一爪子抓過來，把鬼子們一齊幹掉；要不是他脚上有鐐，手裏是空的話。

“挂！”小翳子把手朝耶穌林一揮，别的鬼子就來抬紅眼斑。

“啊啊！”紅眼斑拼命裏吼，拼命地挣扎，他的脚和手可不能動。

“荷荷！”四十幾個人一陣子騷動。

“别……别！不干你們的事兒！”

看守們吆喝，藤條子打在地上嚓嚓地響。

原來這個小傢伙這纔明白那耶穌林裏挂着的，真是像紅眼斑，像自己……多麽狠心的鬼子喲！無名火在頭上直冒，可没有法兒想。他想在這昏黑裏看紅眼斑最後一眼，一個背影把他遮住了。

小翳子的背影。隔得有這麽四五步遠。

“媽的！”陡然像有一千斤力氣在他身上，朝兩邊望了一下，心一横，牙齒一咬，兩脚一縮，朝前縱起有這麽兩三尺高，兩手飛地就打背後去勒那小翳子的喉管。他要勒死他，要咬掉他的耳朵，要……

小翳子一點兒也没有提防，給這麽一衝，朝前蹿了好幾步摔倒了，小傢伙没有抓住人，也倒在小翳子後頭。頭摔昏了，鐐又絆住了腿，簡直爬不起來。看守們馬上抓住他，拳頭嘴巴像一陣雨。

“挂！”小胡子給别個鬼子扶起來，喘了一陣子氣，説。鬼子們把小傢伙跟紅眼斑一起抬到林子裏去。

“嗚嗚!”在旁邊嚇得發了半天痴的陳老黑哭起來。

“嗚嗚!”給鐐着銬着的四十幾個人全哭起來。

看守們的藤條子在抽動。天完全黑了。

(原載 1936 年 4 月 1 日《文學叢報》月刊誕生號)

石頭墳

上千的人圍繞着一個犯奸的婦人跟耶穌，一個個擦拳磨掌，準備用自己的手懲戒這婦人，祇等着聖人的一句話。那婦人披頭散髮，衣服被扯破得掩蔽不住身體，她羞愧、恐懼，捧着臉匍匐在地上哭泣。

耶穌想起自己的母親，那真是偉大的聖母呵！然而在做閨女的時代就有些閑言閑語給人們説了。一個女人的被認爲有罪，跟她自己的靈魂的聖潔有什麽關係？甚至果真犯了世俗的所謂罪，又跟靈魂的聖潔有什麽關係呢？耶穌想赦免那婦人可是不能把心裏想的話説出來，因爲人們不會理解。他看看那些人，幾乎一半以上，他都認識而且知道他們的生平：有的强奸過幼女，有的占過别人的妻，有的偷盗，有的假造證據，有的打過父母，有的……幾乎没有人没有犯過罪。他想起把那婦人從人們手中救出來的辦法了。他説："誰没有犯過罪，就先用石頭打她！"

上千的人最初都你望我，我望你；但一眨眼的工夫，他們都福至心靈，如有神助，記起他們背後正有一座頹敗的石墻；於是一齊轉身去拾石頭，争先恐後，踉踉蹌蹌，幾乎完全同時地向那婦人投去。耶穌來不及阻止；那婦人來不及逃走，來不及喊叫，馬上變成肉醬而且被上千的石頭所掩埋了。石墻什麽都不剩了，祇剩下一兩個落後的弱小者，没有得到石頭，在那裏哭訴："我也没有罪呀！我也没有罪呀！"

"這悖謬而又不信的世代喲！我什麽時候纔可以離開你們呢？"耶穌悲哀地説。

（原載 1946 年 7 月 18 日《新湖北日報・長江》）

三嫂子

一

三嫂子怎樣到上海來的呢？記不太清楚了，總之是抗戰前一兩年，不太暖和的季節，我的孩子還没有出世，我們住在麥琪路一個小里分裏的時候。一個下午，我從外面回家，屋裏坐着一個我不曾見過的鄉下女人。三十多歲，黑而大的方臉，粗而短的眉毛，眼睛大，睫毛也多而長，衹是瞳人没有光，右邊的瞳人上没有一顆小白點；眼白幾乎跟皮膚一樣是黑黄色，看人的時候，眼睛睁得特别大，頭也有一點向前傾，一看，我就看出她的眼睛不很行。獅子鼻、大嘴、猪肝色的厚嘴唇，一口滿帶着糨糊的黄牙齒，當中的兩顆特别大、稀、長、向外暴，抿着嘴也有小半節壓在下嘴唇上。她不但眼睛大，嘴大，頭也大，身體也大，手也大，頭後的髮綹也大，穿的衣服也大——她穿的鄉下女人的那種長不長，短不短，上衣快打齊膝蓋的藍布衣服；幾乎無一不大。説是“幾乎”，那是因爲還有一樣不大的粗脚。但也不太小，不過是“天足”罷了。她看見我進來，連忙起身，嘴巴動了一下，但没有説話。當然，她不認得我。我端詳了她一會兒，心裏納罕：哪裏來的這個粗脚大手的鄉下人呢？

“老C！”我喊妻。“來了！”妻在樓上答應，隨即騰、騰、騰下來，看見我們面對面没有講話。就對我説：“不認得吧，這是三嫂子呵！”“哪裏有這什麼三嫂子？”我没有説出來。妻已經回頭對三嫂子説，“這就是老N呀！”“××哥！”三嫂子帶着笑喊我，“聽説何若在這裏吵你駕們！……”

我明白了，是何若的家裏的老婆。何若是同鄉，還同我的一個表弟沾點親，他就喊何若做三哥，她自然是三嫂子了。不用説，她是千里迢迢、從故鄉跑來找何若的。

“哪裏哪裏!”我説，“何若不住在我們這裏了。他現在的情况好些了！——你看你!”我又對妻説：“客來了，你却躲在樓上，叫客一個兒坐着！何若還不曉得吧?”

“剛剛上樓，準備拿錢叫阿寶去買菜的，你一喊，我又慌着下來，錢還没有拿，三嫂子也到了没有好久。我又没有到何若那裏去過，正等你回來去告訴他咧。”一面説，一面又要上樓，走的時候，把嘴向我一挑，叫我也跟她上樓。在樓上，她低聲地説：“怎麽辦呢？她來了！何若……”

二

何若是我的同鄉、朋友。大革命時代就參加過工作。革命失敗之後，在河南坐了幾年牢，一年前纔被放出來，關係斷了，家又不敢回，聽説我在上海，就跑來找我，其實那時候我們不過彼此知道，誰也不認得誰。我們雖説同住在一個小城裏，但我住在東街，他住在西街。我家是本地的老住户，他家是外縣來的，我家是讀書人家，他家是做小生意的，我又大他幾歲，雖説衹幾歲，在小時候却差得很遠，我們總没有玩到一塊兒過。我也窮，但既然來了，衹好一同想辦法。我是攪文學的，勸他也攪文學。他聽我的話，寫小説，發表了幾篇，名譽不壞，居然能獨立生活了。他十幾歲就結了婚，現在差不多十年了。老婆是家裏替他從小訂的，鄉下人，不認得字，兩個人没有感情。小脚，見不得世面，就是大革命時代，他在武漢工作的時候，老婆也放在家裏。以後是逃亡、監禁，自然更不在一塊兒。來上海之後，寫過信給家裏的吧，但没有叫她來?不料她却冷不防地自己來了。來了不打緊，問題是他剛剛找到了一個愛人，同居還不到一個月咧！

當他要和他的愛人同居的時候，我們也談到過關於他的老婆的事。他説：“有什麽辦法呢？老婆，一點知識都没有，没有生活能力，我們這種生活又清苦，又不安定，怎能叫她出來？她不能出來，我不知道什麼時候纔能回去，至少目前不能回，家裏無事可做，又有危險，國民黨隨時可以把我抓去。再説，我也不能爲了老婆什麼的就回家，或回去了就永遠不出來。我們這夫婦關係，看來就衹能是一種名義了。其實又哪等到現在呢？我們早就衹是名義的了，即使和她在一塊兒的時候。我也曾試探過跟她離婚。你明白，離婚，是一件怎樣的大事！我的爸爸是個專制魔王，腦筋頑固到了極點；衹聽見這兩個字就會跳三丈高，就會把我活活地吞掉，我提也不敢提。偷偷地跟她提了一下，她什麼也不説，也不哭出聲來，衹是流泪，流泪！最後她説她知道她醜，没有讀過書，我不喜歡她。我既然在外頭做事，碰着好的就討一個吧，她知道她的本分，不會多一句嘴。她可以守一輩子活寡，衹要不離婚。瞧，你還能怎樣呢？我知道，爲了這個名義上的夫人，能够終身不和别的女人發生關係，是很偉大的。但這‘偉大”太難辦到了。而且人一碰到戀愛之類的真情，總有點欲罷不能，身不由主的咧。”

我衹是他的朋友，無權也没有想到干預他的什麼事情。談到他的老婆，不過偶然無心地涉及，不料他却向我表白了一番。他説得入情入理，無可駁復。尤其是我也曾有過一個一字不識的黄臉婆，對於他的心情特别理解。如果我的黄臉婆還在，處於他這種情境，我也會説出這一番話，恐怕也衹能説出這一番話。不過我的黄臉婆早死了，我不曾處過像他這樣的情境，現在對於像他這樣的事，自然更覺得事不干己了。正因爲如此，我有可能想得比他説的稍爲多一點。我想，他的話裏面最真實的部分，還是他的老婆的話：“她醜”。如果不醜，縱然仍没有知識，情形也許要不同些，因爲知識可以獲得，容貌却很難改變，裝飾之類的力量究是有限。如果這樣，我們平常把它説得很神聖或者很神秘的什麼愛情呵，夫婦哇，豈不有一個重要關鍵竟是女性的美醜？唉唉，我不敢窮追下去。

何若説了那一番話不久，就從我們的亭子間搬到跟他的愛人同居去了。我們的亭子間太小，幾乎容不下兩個人：客堂間又似乎太没遮攔，不適於新婚生活。

三

我到何若的住處。他住在離我家不遠的一個亭子間裏。那是一個較好的房子。裏面的亭子間，有我們的那個亭子間兩個大。何若的愛人不在家，何若坐在他的鐵床上，俯在床前的一張方桌上寫文章。他現在生活負擔加重了，要趕出更多的稿子來。那小鐵床本是我們的，他來了就給他用，窄得很，剛剛可以睡一個人。我們以爲既然結婚，總會買張大點的床的，誰知他搬走的時候，還是把那小床搬走了。這裏説的結婚，是我們這些窮文人之間的通常的用語，意思衹是兩個住在一塊兒，任何形式上的東西都没有的。一則是我們都窮，鋪張不起；二則是受國民黨的壓力太大，我們這些所謂左翼作家，隨時有被捕的危險，連住處都除了一兩個最接近的人以外，彼此都不讓知道，連鋪張也無從鋪張。

“報告!”一見何若我就説，“一個不愉快的消息!”

“什麼!”他驚慌得放下了筆。似乎誤會是什麼人被捕或者誰要來捕我們了。

“不要太緊張！没有别的，是三嫂子來了。”

“她？她怎麼來的？在哪裏?”

他似乎更緊張，我以爲他縱然是聽見説魯迅被捕，那表情也不過如此。

我把我知道的都告訴他了。

“怎麼辦呢?”何若躊躇了半天説。

“無論怎樣，你總要去看她一下。”

“那自然。不過總得先和喜鵲商量（喜鵲是他的愛人的綽號）。喜鵲不是太不懂事的人，事先也知道有她的。但總得等她回來……我今天一定去。唉唉，真是……”

我没有等喜鵲回來就走了。我有事，晚上纔回家。到家的時候，三嫂子已經不見了。妻説是何若來接去了。妻還喋喋地描畫他們倆見面時的情景，看見我不熱心聽纔停住。

“怎麽還不睡?”夜深了，我開始寫稿子。一面抬頭問妻，她早過了平常睡覺的時間了。

“我在想何若他們。他跟喜鵲兩個，平常就祇有那小鐵床，嘻嘻，那祇有新婚夫婦纔好用吧？今晚多了一個人，那怎麽辦呢?”過了一會兒又説：“我們該把三嫂子留在這裏的，在亭子間擱個鋪，叫何若隔些時來看她一下。”上床的時候還説：“我總以爲何若會把三嫂子送回來的，這麽晚了，却還没有來!”

四

過了兩天，何若來找我。

“没有辦法，”他説，“三個人在一個亭子間裏，轉也轉不過身！白天裏你望我，我望你，話也没有説的。連喜鵲也不是喜鵲了，低頭縮頸，啞口無言，像雪地裏的八哥兒！我呢，事不能做，文章不能寫，出去走走吧，把她們兩個留在屋裏更不是事；帶喜鵲出來吧，又像給她太難堪了。喜鵲也不好意思和我一路出門；獨自出去又不大放心，似乎我要同三嫂子説什麽話。”

“嘻嘻，”我打趣説，“精彩的節目恐怕還是晚上吧?”

“還有什麽説的呢?”他忸怩地，“那麽一點小床，墊的蓋的又不够，把凳子椅子都鑲在床邊……唉唉，簡直没法睡，兩晚上眼皮都没有眨一下!”

“你打算……”

“我打算叫她回去。”

“她肯?”

“肯。不過表示了一點願望。”

“什麽願望?”

“她説，她説，她想生個兒子。”

“真的？怎麽説出來的呢？”

“别看她土頭土腦，人情話倒蠻會説的。她説她不知道我已經接了親，要是知道，她還來做什麽呢？她説：她本不想來，老頭子逼着要她來，老頭子脾氣躁，動不動就罵她。説她來了幾年，老鼠也没有‘過’一個！他的兒子是嫌她醜纔不落屋的。他六十歲了，衹有一個兒子，没有看見孫兒，眼看着何家要斷香爐碗了！她對喜鵲説，她喊喜鵲做妹妹，她説妹妹，你們不要多我，我過不得幾天就走的，以後打八人轎接我我也不出來了。天長地久的日子都是你們的。你們都有才學，説得來講得來，要我往哪裏擱？衹要祖宗菩薩保佑，生個一男半女，一來塞塞老人家的嘴，在家裏過日子過得清静些；二來老來有靠，用不着你們還挂着我了。——你聽，她説得多清楚明白！”

“喜鵲怎麽説呢？”

“喜鵲，你還不知道，她完全是個小孩子，會説什麽呢？衹曉得撅着嘴，撅着嘴，要哭！”

“你的意思？”

“我并没有跟她脱離。就是有勇氣跟她脱離，這女人又到哪裏去呢？鄉下這樣的事多得很，你離你的反正你在外頭不回來，她還是在你家裏住着做你的老婆，别人也都承認她是你的老婆。那還不是一樣！既然没有脱離，替她想想，她的要求并不過分！”

“你是説你接受她的要求了？”

“爲了叫她早點回去。”

“那麽，你跟她住一些時候？”

“我無所謂，喜鵲怎麽安排？”

“還是照我的辦法，”妻插嘴，“叫三嫂子住在我們這裏，何若抽空來來。”

“不，”何若説，“我的意思是都搬回來。你們不知道，三個人住在一塊兒，前樓後樓的人都看把戲，老婆子們更當我們指手畫脚，叫你受不了。再，稿子趕不出，添了一個人的伙食，我也有點負擔不起。好在房子已快到期，爽興就都搬來，我同喜鵲住在亭子間，她住在客堂後頭的房裏，叫阿寶在客堂裏的破沙發上睡幾天，都擠在一塊兒，好是不好，不過……”

“就這麽吧。”我説，“反正萬全之策總是没有的。你幾時搬呢？”

“還等什麽呢？今天。”

他們的家也真容易搬，一眨眼工夫，果真又都搬回來了。

五

我的習慣是夜晚寫稿子，因爲清静。

這晚上大約一兩點鐘了，寫着寫着，聽見亭子間有輕輕地開門的聲音，接着是一雙穿着拖鞋的脚步輕輕地下樓去了。爲了生活，天天忙趕稿子，腦子枯澀，簡直寫得苦極了，誰還有心情去聽人家的什麽呢？但這房子是一種偷工減料的廉價房子，夜又那麽静，關着房門，隔着板壁，外面的一點點小聲音都還是聽得見。一聽見，立刻就明白：大概是何若去和三嫂子“幽會”去了。

“何若!”像悶在鼓裏一樣的聲音，“何若！你在哪裏？你做什麽去了？”當然是亭子間裏的喜鵲的聲音。

“我在這裏，我解手。”何若低聲答應。

還没有下完樓梯的脚步隨即折回，較重地踏着上來，進到亭子間去了。是我的心理作用呢，還是真的如此呢？是無心偶會呢，還是……這時候，我仿佛聽見三嫂子在樓下翻身、嘆氣、甚至呻吟。

被這事一打擾，思緒更亂，什麽也想不起來，結果衹好投筆而睡了。

第二天，三嫂子没有起來吃早飯，躺在床上叫唤，説是發燒，半夜起的。原來夜間她是呻吟過。我知道輕易不出門的人，在路上很不習慣，尤其是女人，不方便之處更多。隨口問一句：“大便通不通？”她聽見了，在房裏説：“正是這毛病，已經九天没有‘行動’了。”我大吃一驚，一個人怎麽可以九天不大便呢？九天，該吃了多少東西進去！呵？但這病好醫，叫何若去替她買了一包瀉鹼。這女人的身體也真棒，差不多立刻就退了燒，吃夜飯的時候，已經坐起來，跟没有事的人一樣！

我真後悔讓他們搬來。差不多每天深夜都聽見開亭子間的門，下樓梯，“何若，你……”，於是又上樓梯等等聲音。如果没有人喊何若，又一定有樓底下兩個人的私語。妻有時没有睡着，就坐起來掩着口望着我笑，用手向外面指。一這樣，我的思緒就亂，心就煩，就把他們想得特别不好，覺得他們的這關係未免太醜惡，我討厭他們；又想到在某種場合下，我也許跟何若一樣，於是就討厭自己，甚至討厭一切男女或夫婦關係，甚至我和妻的！

但是不久也漸漸慣了，他們攪他們的，我還是寫我的文章。他們也似乎慢慢過慣了，何若總是抽空就趕稿子，喜鵲大體上算在恢復她的常態，跳跳蹦蹦，哇啦哇啦；三嫂子跟我們做菜，比誰做的都好吃。衹不會做飯，她説我們做飯的方法跟家裏的不同。

她還有一個特點，不愛講話，我真覺得没有聽見她講什麽。有時妻故意撩她，問她在家裏怎樣過日子，在這裏過不過得慣，也問一句答一句，甚至所答非所問。我暗地納罕：何若説她蠻會講話，何若轉述的她的話也真很有條理，簡直跟我得的印象相反。想不到這樣一個女人，倒不是一眼就可以看穿的。

大概過了個把月吧，何若也真努力，居然拿到了一筆大稿費，打發三嫂子回家去了。她的“願望”怎樣呢，我没有問，我忙，根本把這件事忘到九霄雲外去了。後來纔知道她真有了喜，還真地生了一個兒子。怪不怪，生兒育女的事，她好像説怎麽就怎麽。十拿九穩似的。

她走後，何若倆還跟我們住在一塊兒，一直到抗戰發生。

六

抗戰八年，時間真不算短，在我們個人生活上引起的變化更是不曾想到的。從前在上海的一些朋友都隔絶了。我，大部分的時間都在南中國的幾個城市裏跑來跑去，何若他們則在漢口還未失守的時候就到延安去了。我們没有通信，也不容易通信，有時候連彼此的生死存亡都不曉得。至於三嫂子呢，不用説，更是想也没有想起過。

日本投降後，我從重慶回到漢口，順便到故鄉去走了一趟，略略逗留了幾天。一天，我的表弟跟我説起三嫂子。他説：三嫂子這幾天正在過難，養到八九歲了，獨種兒子死了，公公在生病，聽説孫兒死了，一急，也死了。娘家早就没有人；婆家呢，何若不在家。又反正與她不相干，也等於没有人了；家裏窮，公公又病了好久，死了又安埋，一點做生意的本錢攪光了，無依無靠，不知怎樣在過日子！我聽見説，打算幾時去看她一下。不料我還没有去，她却打聽到我的地方（我住在别人家裏），跑來看我了。

她老了。臉上有許多皺紋，頭髮白了一半，眼沿爛得紅通通的，瞳人更其無光，跨門坎的時候要先扶着門框，衹少拄一根棍子，就是完全的瞎子了。乍一見，簡直不認得，心裏想，她老成這樣了！但等她一坐下，説了幾句話，又覺得没有老什麽，好像她本來就是這樣的。

“××哥！”她説，她没有望我，就那麽木然地説。不，她的聲音非常柔和，臉上似乎還在竭力地帶着笑，但聽起來仍舊是那麽木然！“聽説您駕回來了，特爲來接您駕的呀。您駕幾時討得閑？”

是的，她這樣説，説的這些話。我知道她的處境，她連自己也没有吃的，還能請什麽客呢？家裏又出了那樣大的不幸的事，又有什麽心情請客呢？多年没回家，一回來，在親友中間，好像天上掉下一個寶，“來接您駕的呀！”天天都聽到這樣的話。衹有今天聽這句話，纔覺得像要打倒我一樣地沉重。

“三嫂子！你在説些什麽？你怕我不知道麽，你……”

我想説，“你的兒子，公公……”，還没有説出，就看見她，清清楚楚地看見她的眼睛，像開了自來水龍頭地涌出泪來了。她連忙把臉扭過一邊，用袖子擦了一下，就那樣望着别處，用同原先一樣柔和的聲音對我説話。怪不怪，她能一面流泪，一面連聲音也不變地講話，莫非流泪在她竟不算一回事麽?

“做得起什麽大事?還不衹是一急思兒,横直就是顆光飯,您篤也不得見怪!也不驚動别人,衹有請五兄弟(我的表弟)陪您篤;不弄多的菜,還是您篤喜歡的那樣把兩樣,您篤不知道,我對哪個不説,‘××哥喜歡吃我做的菜咧!’您篤不去,我要怪的。想想看,在上海吵了您篤們那多日子!”

“三嫂子!”我説,一面想起何若講的真不錯,她蠻會講人情話的。“我們不是外人,何若是我的好朋友,還用得着什麽客套呢?你要請我,我高興,没有不去的道理。不過不要是現在!”

“他們説您篤就要走了。”

“是。以後總有日子的。難道我就不回來了麽?”

“但是,”她嘆了一口氣,“還是那樣會體諒人,那麽,我問您篤一句話,您篤要説實話,不要怕我受不了。何若究竟還在不在世?”

“這是什麽話?哪個説他不在了?”

“哪個不説?人家都説看見過報,什麽地方還開過追悼會的。”

她説的是真的,我在重慶也看見過那報。但那是國民黨造謡,西安的特務故意替幾十個延安工作者開追悼會,説他們是國民黨,被邊區政府殺了,那名單的第一名就是何若。這件事,《新華日報》闢過謡,後來何若自己也發表文章。

我把這經過都告訴給她。

“您篤看,”她這纔回過臉來説,“今天纔得到確信咧!本來我不信,怎會殺他呢?怕我不知道,”隨即怕别人聽見了似地低聲説,“他自己就是……呵!那麽他還是和喜鵲在一塊兒麽?生了娃兒没有?”關於這,我也不很清楚。我衹説“大概……”但她似乎没有留心聽,一談到娃兒,不知怎麽一來,就把話轉到自己的娃兒身上了:“那娃兒,您篤没有看見,長得多好,胖墩墩的。上了學,都讀三册了。算學總是一百分,記的日記像大人做的。哪個先生不誇獎!那天,跟别的娃兒們一路玩,你趕我,我趕你,跑得跌了一跤,把膝蓋碰破了皮。我一面用香灰跟他擻,一面還罵他：‘這死雜種，要死，平白跑什麽？’過了幾天起了病，文明大火燒，當天就起了一驚，不説話，牙關咬得鐵緊，眼睛往上插！找醫生來一看，説是什麽破傷風，跌了起的。要打什麽血清藥針纔醫得好。那藥，本地又没有，要到皂市去買，藥又貴，我又没有錢。等借到錢，請人下皂市，去一天，來一天，買到屋，我的娃兒都‘走了路’！‘走路’的那天早晨還喊我，説要茶喝，我以爲要好了，誰知……我輕易不罵他，通共衹一個娃兒，又本來聽話，怎樣捨得罵呢？偏偏那天像鬼板起號的不知不覺就罵出來了。那娃兒的氣性也真大，罵他要死，他就真地……”

她就這樣説，像説隔壁三家的事情，聲音也幾乎没有變。但這回是我把臉扭過一邊。我怕看那兩個開着的自來水龍頭！

七

人民共和國誕生後不幾天，我從北京回到漢口，我的表弟正在漢口工作。碰見了後第一句就問：“在北京會見過三哥没有？”他説的是何若。真是，在北京不知會見了幾多多年不見的朋友，就是没見着何若他們，他們在東北工作，没有到北京。

“三嫂子到漢口來了的呢！”他説，“前天纔回去。”

“她來做什麽呢？何若他們又不在這裏！”

“她無依無靠，過不下去了，説來找我的。”

“我真不關心，她一向在怎麽過日子呢？”

“幫人家燒燒火呀，眯起眼睛納納鞋底呀，這家那家吃一餐兩餐哪，就那麽饑一天飽一天地過哩！三哥怎不寄點錢回來呢？”

“你不知道他們都是供給制，有什麽錢呢？聽説他曾寫信給這邊的張部長，請他照顧他家裏。”

“是呵，我知道張部長和三哥是老同事，恰巧我也認得，就引三嫂子去見他。他説三哥有信拜托，正要打聽他家裏還有些什麽人咧。他給了幾萬塊錢，又寫信到縣委，叫照顧她。我跟她買了幾條香煙，帶回去賣賣，該可以過些時候了。她問三哥在什麽地方，問他生了兒子没有，一聽説外頭那個有兒有女，就謝天謝地，説是自己白做了一場人，現在衹有指望他們了。又怪自己儘着不死。説是三哥們不回湖北來做事，是因爲有她的緣故。現在外面作興一夫一妻，他要回來，非跟她離婚不可。他要離婚，她有什麽法子呢？但是他厚道，不願跟她離婚，就衹好在遠處，遠處知道他家裏還有一個老婆的少。再，外頭的那個，當然也不肯回來呀，一回來，知道的人不説她是姨太太？好説不好聽，叫她怎麽做人，怎麽做事呢？本來她早就可以逼着她離婚的，她没有逼，這是她好。……三嫂子？她就這麽説來説去，差不多是自言自語地説……”

“且慢！”我説，“這些話真是三嫂子説的？是她親口對你説的？”

“我還扯謊？”表弟失笑地説，“豈止對我説；她對哪個不説？没有人聽的時候，她説過，就是那麽念念有詞，自言自語地説；你不知道，三嫂子，雖説衹剛過四十歲，却早已有點出老相了！”

“你見過這樣的人没有？這樣無助，這樣與全世界都不相干？可又這樣無我，一點也不替自己打算！把什麽不幸都由自己擔負起來，全心全意地祝禱别人幸福！把人生、男女關係、夫婦關係、生男育女的事情，看得這樣嚴肅，把它們的地位提得這樣高，好像那些事情是衹在繁殖人類，一點點私欲的成分都没有似的！至少，她自己就是如此！何若説過，一個男子，爲了名義上的夫妻，不和别人怎麽的，偉大是偉大，但是很難，所以他放棄了。但是女性，平凡、没有什麽知識的女性，像三嫂子，却行所無事地、不知不覺地偉大了一輩子！”

“不對呀！”他糾正我，“你好像對咱們的中國不很理解似的！像三嫂子這種人，在這剛剛過去還没有完全過去的這時代，要多少有多少！偉大也衹好説是偉大的吧，但是是由於被犧牲。用你的話説：無助、不幸、而又無路可走等等逼成的。我們應該希望在新中國裏永遠没有這種偉大的人！”

一九四九年，耶誕夜香港

（原載1950年香港《文匯報》元旦增刊）